元宇宙经济的
探索与应用

周建铧　编著

中山大学出版社
SUN YAT-SEN UNIVERSITY PRESS
·广州·

图书在版编目（CIP）数据

元宇宙经济的探索与应用/周建铧编著 . —广州：中山大学出版社，2024.8

ISBN 978 – 7 – 306 – 08104 – 9

Ⅰ.①元… Ⅱ.①周… Ⅲ.①信息经济 Ⅳ.①F49

中国国家版本馆 CIP 数据核字（2024）第 101283 号

出　版　人：王天琪
策划编辑：曾育林
责任编辑：高　莹
封面设计：曾　斌
责任校对：孙碧涵
责任技编：靳晓虹
出版发行：中山大学出版社
电　　话：编辑部 020 – 84110776，84113349，84111997，84110779，84110283
　　　　　发行部 020 – 84111998，84111981，84111160
地　　址：广州市新港西路 135 号
邮　　编：510275　传　　真：020 – 84036565
网　　址：http://www.zsup.com.cn　E-mail：zdcbs@mail.sysu.edu.cn
印　刷　者：广东虎彩云印刷有限公司
规　　格：787mm×1092mm　1/16　14.25 印张　271 千字
版次印次：2024 年 8 月第 1 版　2024 年 8 月第 1 次印刷
定　　价：58.00 元

目　　录

第一章 元宇宙的背景

恰如一朵绚丽的玫瑰，浩瀚星空舒展若根枝，灿烂星河将做泥，闪耀星辰点缀，"宇宙"立于虚空之上，摇曳生姿。这是我们可感可知的"宇宙"，那么大家是否了解过仿佛并蒂双子而两相比较却宛若初生的"元宇宙"呢？以下我们将从互联网的发展引入，与您一起探讨"元宇宙"的背景及起源。

第一节 缘起——Web 1.0 的诞生之旅

谈及互联网的高速发展，就不可避免地要提到"万维网之父"蒂姆·伯纳斯－李（Tim Berners-Lee）。蒂姆·伯纳斯－李 1976 年从牛津大学物理系获得一级荣誉学位后从事集成电路和系统设计研究的工作，其顶尖的研究能力和才华也逐渐被发掘。1984 年，他抓住一次机会来到了欧洲核子研究中心（Conseil Européen pour la Recherche Nucléaire，简称 CERN）。值得一提的是，欧洲核子研究中心的首席研究员（Lead Researcher）是华裔物理学家、诺贝尔奖获得者丁肇中。为了使各国的核物理学家能通过计算机网络及时沟通传递信息来进行合作研究，蒂姆需要开发一个软件，能够让分布在全球各地的物理实验室、研究所①共享最新的信息、数据、图像资料。然而，软件开发并非蒂姆的本行。专业领域的跨越仿佛一团笼罩前方道路的瘴雾，但蒂姆并不畏惧，他似乎天生就有"不撞南墙不回头"的狠劲，无论什么大山挡在前方，也势必要将它踏平。因此，蒂姆毅然决然地接受了这个任务。虽然因为专业的差异，一个在物理学和集成电路领域的巨头在软件开发领域也如同婴儿蹒跚学步，徘徊中蒂姆渴求着一个契机来打破僵局。所幸，机遇总是眷顾有准备的人，在每天都有上百篇与超文本相关的论文被创作出来的背景下，没有人想到将超文本的技术用于计算机网络之上。戏剧性的是，有一天三十岁出头的蒂姆·伯纳斯－李端着一杯咖啡，走在实验室走廊上，经过怒放的

---

① 主要是分散在美国各州的大型国家实验室和欧洲的大型实验室，如美国的加州大学伯克利分校的劳伦斯伯克利国家实验室、麻省理工学院的林肯实验室、阿贡国家实验室，英国的国家物理实验室，德国的联邦技术物理研究所。

紫丁香花丛，盛夏幽雅的花香伴随着醇香的咖啡味，灵感霎那间在蒂姆脑中蹦了出来：人脑可以透过互相连贯的神经传递信息（咖啡香和紫丁香），电脑文件为什么不可以通过互相连接形成"超文本"呢？

在 1989 年欧洲核子研究中心已经连接因特网①（Internet）两年多的背景下，蒂姆·伯纳斯－李和罗伯特·卡利奥（Robert Calliau）为了能够更好地支持高能物理研究领域的科学家们想要在全球交流彼此的科学论文和数据的想法，二人提出了一个超文本开发计划。

同年盛夏，蒂姆·伯纳斯－李利用网景（Netscape）工作站成功地开发出了世界上第一个外部服务器和世界上第一个网页浏览器。1989 年 12 月，蒂姆·伯纳斯－李将其发明的网页浏览器定名为万维网（World Wide Web，即 WWW，后来为了避免混淆，更名为 Nexus）。为了能够成功开发出科学家们交流所需要的网页浏览器，他同时建立了最基本的网络标准，包括统一资源定位系统（Uniform Resource Locator，URL）、超文本标记语言（Hyper Text Marked Language，HTML）和超文本传输协议（Hyper Text Transfer Protocol，HTTP）等。而后几年内，受蒂姆·伯纳斯－李开发服务器与浏览器的启发，世界各地的顶级计算机科学研究中心都开始着手开发浏览器，也取得了不少的成果，比如 1992 年美国国家超级电脑应用中心（NCSA）发布了第一个可以显示图片的浏览器 Mosaic。

1994 年 10 月，蒂姆·伯纳斯－李作为麻省理工学院（MIT）的研究员，为了完成麻省理工学院与欧洲核子研究中心之间的协同工作，在麻省理工学院牵头成立了万维网联盟（World Wide Web Consortium）。自此，万维网正式诞生，同时也意味着，人类世界进入了 Web 1.0 时代。

那么 Web 1.0 是什么呢？蒂姆·伯纳斯－李开发万维网的初衷是为了在全球高能物理研究领域交流共享科学家们的论文与数据。从开发者的目的中不难看出，Web 1.0 就是通过互联网络实现人类信息资源共享的一种技术。人类迈入 Web 1.0 时代，就好比以蒂姆·伯纳斯－李为首的科学家们将相关网页浏览器和超文本传输协议转化为"钢架""混凝土"和"交通规则"等元素，修筑了一条供全球各地的学者科学家们进行信息交流的虚拟"信息高速公路"，令人惊叹的是，在这条"信息高速公路"上传输信息的速度堪比光速！在此之前，身处瑞士日内瓦欧洲核子研究中心的科学家想要和远在地

---

① 因特网是一组全球信息资源的总汇，可以理解为因特网由许多子网共同组成，而这些子网都连接着许多计算机系统设备，这些计算机将信息资源基于共同的协议共享到一起，得到的就是信息资源组合——因特网。连接到因特网的计算机可以通过自主检索的方式去得到共享的信息资源。

球另一边的美国芝加哥费米实验室的科学家进行论文、数据或者是思想方法的交流，如果他们通过因特网建立联系，那么需要他们将信息共享到因特网中，由另一方去检索，而不是点对点传输；如果他们采用传统的电报电话进行交流，那么效率将会低得可怕。而以后纳斯－李为首的科学家们建立的这条"信息高速公路"，提供了一种点对点快速传输的途径，可以实现将我的信息传输给你，你的信息传输给我，互相提供的信息会展示在一个特定 URL 确定的网页中，从而做到点对点地满足二者的信息需求，就像现实中的高速公路可以实现广州到深圳的往返而无须前往某一个集中的聚集点，再由广州、深圳接收，这有效地提高了学术交流的效率。

Web 1.0 时代的初期，全世界的互联网公司都争先恐后地探索发明与浏览器相关的技术。1994 年年底，网景（Netscape）公司发布了 Navigator 1.0，这也是网景公司研发的第一个浏览器，Navigator 1.0 的市场份额超过 90%，占领了几乎整个市场。这个版本的浏览器只能用来浏览，没有任何交互功能。客户填完所有的信息并点击提交发送后需要等待后端验证，工序十分复杂，需要等待的时间相当漫长，用户体验不尽如人意。这个时候的网景公司急需一种网页脚本语言，使得浏览器可以与网页互动。于是在 1995 年，这个迫在眉睫的问题促使网景公司雇用了知名程序员布兰登·艾奇（Brendan Eich）来开发这种网页脚本语言。布兰登·艾奇，人称"JS 之父"，也是 Mozilla 基金会和火狐浏览器的联合创始人。许是时势造英雄，网景的大厦一朝倾斜便有人挑起大梁：布兰登·艾奇设计出 JavaScript 语言仅仅花了十天时间！直到 2023 年，JavaScript 依然在 GitHub 稳坐王座，是开源世界最热门的编程语言，拥有着世界上最大的开源模块生态系统。时间线回到 1995 年年底，网景公司与 SUN 公司联合发布了 JavaScript 语言，并且将这一网页脚本语言内置于 1996 年发布的 Navigator 2.0 之中。

在此之前，一门心思开发软件和操作系统的微软（Microsoft）自然也不甘示弱，凭借独有的资源和技术优势，开始将其产品线扩张到计算机网络领域。1995 年 8 月，微软推出在线服务 MSN（Microsoft Network，微软网络），发布内核版本号为 4.0 的混合 16 位/32 位的操作系统 Windows 95，发布了 Internet Explorer（IE）1.0。IE 1.0 在微软发布之初，是一款收费的软件包，而在一年后，微软模仿网景公司开发了 JScript 网页脚本语言并内置于 IE 3.0，这样一个"青出于蓝而胜于蓝"的策略像一块巨石一样重重地砸在了网景公司的双脚上，动摇了网景公司对市场的绝对主导权和绝对话语权。网景公司和微软公司的切磋较量，称得上是万维网时代的第一次大型"军备竞赛"，在这样的背景下，蒂姆·伯纳斯－李牵头，邀请上百家著名互联网公司成立的 W3C 联盟，在防止恶性竞争、软件大战、国际互联网割裂等问题的出现上起到了极大的作用，这也是蒂姆·伯纳斯－李成立这个联盟的初衷之一。

事实上，Web 发展初期各家公司陆续进入互联网浏览器市场的现象，打响了一场公司之间没有硝烟的浏览器之争，这在很大程度上也推动了 Web 1.0 时代浏览器质量、实用性的快速进步与发展。

从论文与数据的交流共享到防止互联网公司浏览器开发的恶性竞争，谈到的都是科学家们建立万维网联盟最初的目的和期望，他们也确确实实地得到了成功的果实，但是，Web 时代带来的正外部性体现在它实现商用的过程中。商业机构走进互联网，可以说是互联网发展史的一次具有里程碑意义的飞跃，由于在商业领域中买与卖的实现形成了直接价值，因此互联网只有融入商业应用中，才能够更好地发挥出它的核心力量。

1994 年的一天，杰夫·贝索斯（Jeff Bezos）像平日一样在上网冲浪，偶然间打开了一个网站，在这里，他看到了一个惊人的数字——互联网用户每天以 2300% 的速度增加。要知道，假如持续以这样的速度扩张，哪怕起始用户是 1 人，6 天后也能轻轻松松破亿，这是多么骇人听闻的信息啊！然而，而立之年的贝索斯看到这个数字，并不只是惊叹，而是窥探到了一个非常可观的商机，受当时已经在西雅图成长起来的微软的鼓舞，他立志要做 IT 产业的弄潮儿。随后贝索斯便在一系列商品中进行了筛选，经过对各商品特性的考量和对美国当时作为出版大国所拥有的图书市场的考察，在确认书籍容易在网上展示和书店销售额占比十分低，美国图书市场有极大发展空间之后，他选择从售卖书籍开始。几周后，他就踏上了他封神的创业之路。他的火眼金睛一下子就看中了西雅图现成的技术人才和邻近大型渠道分销商 Ingram 图书部门的俄勒冈仓库两大优势，也就是在这里，杰夫·贝索斯创立了全美第一家网络零售公司——亚马逊公司（Amazon. com, Inc.）。在亚马逊公司的图书电子商务刚刚起步之时，尽管美国的消费者对图书的需求量很大，但是大家对这种崭新的销售模式充满了怀疑：在网络上付钱购书的保障如何？购置的书籍通过什么形式送到手中？书籍会不会被中途破坏？……各种问题接踵而至，对风险厌恶型消费者来说，既然线下实体店就能购买到正品图书，何必从互联网购置书籍呢？亚马逊上线之时必然要直面迭起的质疑声、诘问声、反对声，看似平静的市场上实则早已暗流汹涌。不过事实证明这种新模式是正确的并且具有不可估量的前景：上线仅两个月时间，亚马逊便已创下了高达每周 20000 美元之巨的营业额，而且保持着持续上涨的趋势，并于 1997 年在纳斯达克上市。杰夫·贝索斯始终相信，只要用户量增长上去了，自然会财源滚滚。为了吸引更大体量的客户，他利用供求原理，时常给商品降价，以致亚马逊公司的营收一度非常微薄。他的这种经营策略事实上就是如今中国消费者几乎已经离不开的淘宝、天猫的减价销售的历史渊源。虽然让利营销的决策让公司单笔的收益变得很少，但是它不仅使用户量激增，也得到了资本市场的青睐，点燃了当时互联网市场的投资者以及创业者的热情。至此，亚马逊公司，这个将互联网技术带入商业的领头羊开始了他的腾飞之路，也打通了电子商务发展的任督二脉，带领 Web 1.0 时代的互联网商业规模走向了历史上的一次顶峰。

第二节　进阶——Web 2.0 的发展壮大

Web 2.0 作为第二代互联网，对应的是"移动互联网"。Web 2.0 的发展原因以及轨迹似乎是扑朔迷离的，但沿着其留下的足迹探寻，还是能够发现蛛丝马迹的。

从 1990 年到 1997 年，仅仅 7 年间，美国家庭拥有计算机的比例从 15% 增长到了 35%；上网的用户数量也随着计算机用户数量的增长而飞速攀升，只花了 4 年就达到了 5000 万户！我们只需要进行数据对比就能知道这是多么震撼人心：在相同普及程度（用户数达到相同数量）的情况下，电视机花了 13 年，而收音机更是花了 38 年！联网的计算机越多，每一个用户所能获得的信息交流的机会也会越多。以信息为针线，以互联网用户之间的联系作为整体架构，编织成一张庞大的网络。而以太网之父——罗伯特·梅特卡夫也根据自己专门总结的互联网发展规律提出了梅特卡夫定律（Metcalfe's Law），其内容是：一个网络的价值等于该网络节点数的平方（即网络价值以用户增长数量的二次方的速度增长）。由此可见，当互联网的普及率大大提高时，不少人也看到了互联网将逐渐改变以往的生活方式。在这一片"荒地"上，很多人开始跃跃欲试，打算搭上信息时代发展的便车。1995 年，世界第一家网络零售公司——亚马逊的成立和成功仿佛打开了新纪元。亚马逊于 30 天内向美国和其他 45 个国家/地区销售了书籍。在两个月内，销售额达到了每周 20000 美元。亚马逊的成功打消了外界对电子商务的质疑。对于此前持观望态度的人来说，仿佛一条康庄大道在面前徐徐铺开。这怎能不让人眼红？自此，一大批公司披甲上阵，进军互联网市场。

1995 年到 2001 年，在欧美以及亚洲的多个国家的股票市场中，互联网相关企业股价高速上涨。在这一时期成立了大量最终投资失败的被称为

".com"的互联网公司，"快速圈地"的欲望驱使着各个公司一味地追逐增加市场份额，摒弃了传统商业模式（厂家—代理商—零售商—客户）。而发展的成果源于预期目标的实现，无法变现盈利的残酷现实揭开了多数公司体量迅速膨胀这一看似光鲜实则血淋淋的真相：就像一个肥皂泡泡，无论色彩多么鲜艳、多么炫丽，当它逐渐胀大向天空飘浮时，我们所能做的也只是静静地凝望它从完整的美丽褪色变薄，最终破裂。互联网市场发展的基本脉络实际上是由风险资本催化下的一场"烧钱"运动，陷入了"编梦、融资、烧钱、上市、再烧钱……"的怪圈。一家名为"Pet.com"的在线宠物零售公司创立2年就烧光了3亿美元，从成功IPO到破产清算也仅用时268天！在不按常理出牌的互联网市场中，当预期未曾落地，一切都有可能如虚幻的泡泡——猛然间腾空而起，却只绚烂一霎！这种至今仍然令当事人噤若寒蝉的疯狂欲望和脆弱希望的杂糅体被人们冠以"互联网泡沫"之称。

2001年的"互联网泡沫"催发的"多米诺骨牌"效应使得IT行业市场遭遇滑坡，呈现出一派低迷的气象：美国纳斯达克指数从2000年的历史最高点5048一路跌到2002年的1114，整个股市市值蒸发了三分之二。这一切使许多人对网络高新技术产业前景产生了悲观的看法，人们发现了Web 1.0存在的问题：互联网产生了大量的数据，但是因为技术瓶颈无法转化为实际盈利。2004年出版社经营者O'Reilly和Media Live International进行的一个头脑风暴会议提出了"Web 2.0"的概念。互联网先驱同时也是O'Reilly副总裁的戴尔·多尔蒙（Dale Dougherty）指出一个激动人心的现象：伴随着新程序和新网站突然规律性地出现，网络非但没有如预期般幻灭，反而发挥了更胜以往的作用。".com"公司的衰落在某种意义上可能代表了互联网的发展来到了一个转折点。而由此，引出了区别于Web 1.0的概念——Web 2.0。

实际上，2001年美国互联网泡沫幻灭虽然使得许多代表当时先进技术的高科技企业崩盘（例如以光纤技术为代表的高科技企业），但塞翁失马，焉知非福？或许恰恰是因为这些企业的破产打破了技术垄断，并降低了互联网使用的门槛，才促进了光纤技术及其基础设施真正走进寻常百姓家，为后来的微软、苹果、谷歌、FaceBook、百度、阿里巴巴、华为、腾讯、字节跳动等互联网巨头的发展提供了丰厚滋养，由此拉开了一个波澜壮阔的互联网新时代的序幕。

Web 2.0的概念与Web 1.0的概念是相对的，它们之间的主要差异在于传播模式中的传受关系。如果说Web 1.0时代用户只是信息的被动接受者，那么进入Web 2.0时代后，逐步发展成以用户为主导的内容互联网产品模式，用户开始逐步取得信息的主动权：他们不再只是网络庞杂信息的单向出口，而是联通交互的双向管道。就拿 Web 2.0 的交互性举例：在 Web 1.0 时代，如新浪、网易、搜狐一类的门户网站很少有交互，用户只能浏览由网站运营者编辑发布的内容，处于一种被动接受信息的状态；而在 Web 2.0 时代，如 Facebook、微博、博客等，用户深度参与其中，任何人都可通过平台发表时事见解、分享生活碎片并可与其他用户进行互动，信息生产和获得的方式发生了改变，通过交互式虚拟平台突破了传统的互动反馈方式。进入 Web 2.0 时代后，用户成为参与在线阅读、点评、制造内容的内容提供方，从 Web 1.0 时代简单的"读"向着"写"以及"共同建设"的方向转变，呈现出开放、互动、动态以及多元的特征。互联网活动中，逐渐构建起一张以"人"为核心线索的庞大网络。

2001 年，苹果公司推出新产品 iPod，将 5GB 的音乐存储空间装进了大小不超过一副纸牌的白色盒子里。关于 iPod，我们不可避免地要谈到其诞生缘由。1996 年，苹果在与微软的斗争中节节败退，市场份额从 20 世纪 80 年代末 16% 的最高点下降到 4%，而后险些被卖给 IBM 或太阳公司。焦头烂额的苹果公司在走投无路的情况下想起了早被"扫地出门"的乔布斯。就这样，时隔 12 年，乔布斯于 1997 年回归苹果公司这艘"底下有个大洞的船"，担任特别顾问，并且坚持：只有推出能够大卖的新产品，苹果才能复兴。正如乔布斯在苹果的 Think Different 发布之前的演讲上所提到的："现在的问题不是能不能把苹果救回来，而是我们能否让苹果再次伟大。"1999 年，乔布斯发现苹果公司有一种并未使用的新技术的专利"火线"（Firewire），比当时流行的 USB 1.1 接口的传输速度快上几十倍！通过 Firewire，苹果用户可以把数码摄像机拍摄的视频快速传到电脑进行编辑。乔布斯也马上决定，下一代 iMac 将包含 Firewire 接口。而 20 世纪 90 年代末的热门话题——数字音乐，让苹果逐渐意识到其定下的"数码生活枢纽"战略的漏洞，并使得苹果迅速将目标对准市场上的 MP3 产品，产生了新的思路：Firewire 的应用是否能够大放异彩？一个小小的偶然发现牵引起苹果公司与数字音乐的关系，对于刚执掌当时正走下坡路的苹果公司的乔布斯来说，岂不就像沙漠中饥渴的旅人乍见绿洲，又怎能不欣喜若狂？而后，在一系列努力之下，苹果公司成功推出 iPod，引起了数字音乐产业格局的激烈震荡，既为 Web 2.0 的诞生提供了硬件设施升级的新思路，也让苹果公司涅槃重生。

2003 年，美国在线解散网景。网景，这家在 Web 1.0 时代拥有无限风光的公司也终于被 Web 2.0 时代淘汰，落下了帷幕。2004 年 2 月，就读于哈佛大学的马克·扎克伯格（Mark Zuckerberg）创立了 Facebook。马克·扎克伯格——Facebook 董事长兼 CEO，2016 年福布斯全球科技业富豪榜排名第 3

名。早在 12 岁那年，扎克伯格就显出与同龄人的不同，当其他小孩子还沉迷于游戏无法自拔时，小扎克伯格就已经自主搭建了一个家庭网络；在高中时代，他创作了名为 Synapse Media Player 的音乐程序，并被 PC Magazine 的五星评价评为 3 颗星。进入哈佛之后，扎克伯格在哈佛的大学宿舍创立了 Facebook。最初围绕哈佛校园开展熟人社交的 Facebook 将触手逐步蔓延至所有常春藤院校和其他一些学校。截至 2004 年 12 月，Facebook 的用户数量已经超过 100 万。Facebook 的诞生似乎顺应了 Web 2.0 时代发展的潮流，为互联网信息的交互提供了一个新的平台。

当苹果公司起死回生并稳步向前，当人们心中对互联网更高的期待投影到市场中时，在互联网市场上群雄竞起的喧嚣中，2007 年 iPhone 横空出世。iPhone 是苹果公司对智能手机市场旧有格局发起冲锋的利器，其诞生对智能手机的发展而言具有划时代的意义。区别于传统智能手机，iPhone 无须通过触控笔的生硬划动，而只需通过手指完成多点触动，真正打破"智能"与"触屏"之间的壁垒，彻底瓦解并重塑了移动终端设备的格局，推动了触屏设备的爆发狂潮。同时，iPhone 搭载了 OS X（一款全功能的桌面操作系统）平台，可支持多种应用。iPhone 被《时代》杂志评为 2007 年度最佳发明，并被冠上"一部将永远改变手机产业的手机"之称。

2010 年，iPhone 4 和 iPad 发布。若说 iPhone 重新定义了手机，那么 iPhone 4 便是重新定义了 iPhone。iPhone 4 的定位属于行业的颠覆者，是改变世界的革命性产品。相较于 iPhone，iPhone 4 是在硬件、软件、设计上做出集中突破的划时代产品，突破性地使用商用视网膜屏幕，在工业设计上，采用前后玻璃设计、金属边框，成为当时世界上最薄的手机，手机摄像硬件和算法的双重进化也使其成为当时真正的拍照手机。iPhone 4 为其他手机打造了最经典的模板造型，在软件上，与所搭载的 iOS 4 操作系统可谓天作之合；在硬件上首次采用名为"A4 处理器"的自研芯片……iPhone 4 的诞生对普通用户而言或许只是一种改变生活方式的工具，然而对行业而言，它标志着移动互联网的开始，后续互联网市场上成功的创新创业也将由此开始。

再一次改变世界的 iPhone 4 以及逐渐成熟的安卓阵营掀起了智能手机在世界普及的浪潮。新技术使用户萌发出新的社交需求，为新的社交平台犁开板结的土壤。随着在互联网中"生活"的时间越来越久，人们所感所知的互联网已不再完全被迷雾笼罩，人们渐渐产生了一种新的共识：互联网不过是现实的延伸，是司空见惯的日常。不仅仅是社交，我们的衣食住行等需求都能通过网络实现，互联网与现实相互交织，映照出我们所生活的世界。

互联网跨越空间联系起世界，而人们也渴望着交易方式的便捷程度能够提升。因而在技术进步的情况下，移动支付应运而生。在移动时代，微信支付、支付宝等移动支付方式的普及为交易双方提供了前所未有的便利性，成功带动线下支付和相关产业的发展，而如京东、拼多多、唯品会等电商也借着移动时代支付升级这股狂风驰骋在辽阔的原野上。

随着技术进步，互联网已经进入信息爆炸时代，信息洪流灌入每个人日常生活的边边角角，几乎每一个瞬间都充斥着各种信息的身影，以文字、视频等多种形式参与着所有人的生活，多样的、纷繁的信息竞相争夺着人们的注意力。人们快速获取信息的渴求已然和难以消化过载信息的现实产生了冲突。时代的号角响彻于世——短视频时代就此到来！以抖音、快手等为代表的短视频平台迅速抢占互联网高地，发动独属于短视频时代的革命。快手打出"生活没有高低，每个人都值得被纪念"的口号，任何人都将拥有同等的曝光机会；抖音也推出全新的短视频内容模式，鼓励用户制作15秒至1分钟的创意视频。传统的媒体和社交网络被颠覆，抖音将视频剪成碎片，让你的视线于数十秒内在多个不同的视频间跃动起舞，正如信息过滤器，在枯燥冗杂的信息中帮助我们迅速捕捉最闪亮的瞬间！人们的生活方式也在快节奏社交互动中破壳新生。短视频的崛起满足了人们快节奏生活、社交互动和个性化的需求，小小的App竟然浓缩着社会百态！

2016年，滴滴与Uber中国合并，摩拜、抖音、快手接连进入大众视野；2018年，苹果成为全球首个市值突破百亿的公司，亚马逊迈入了万亿美元俱乐部，谷歌以5.5亿美元入股京东……一桩桩大事接连发生，Web 2.0时代见证了巨星陨落、新星崛起，风风火火走过20年，放眼望去，姹紫嫣红开遍！这满世界的艳丽又是否始终娇艳欲滴？春去秋来又将葬送多少，新生几何？拨着时间的齿轮，Web 2.0时代迈入高光期，但似乎也将触到尽头。前方石门阻隔，似要引着我们走向新的世界……

第二章　元宇宙的本质

第一节　破局之法——元宇宙

纵观历史，每一代王朝盛极必衰，越是光辉鼎盛，衰落之际越是黯淡无光。漫游在互联网发展的长河中，潮起潮落，Web 1.0 时代的浪花最终拍打在礁石上，化成破碎的泡影消散在历史的天空中。落潮的浪花翻腾，带起清风阵阵，新的浪涛荡漾追逐，涌起 Web 2.0 的大潮，在 21 世纪鼓荡起磅礴浩大的声势。微软、Facebook、谷歌等 Web 2.0 时代先驱者领航世界，腾讯、华为、阿里巴巴等后起之秀奋起直追，高歌猛进，将 Web 2.0 时代推到了另一个顶峰！在 Web 2.0 这座大山攀爬的旅人偶尔抬眸，原本高耸入云的峰顶似乎已经不再那么遥不可及，忐忑心绪沉浮，若至峰顶，前路又将在何方？

一、惊觉初心改——Web 1.0 与 Web 2.0 的"碰壁"

回顾 1989 年蒂姆·伯纳斯－李创造万维网的初衷与愿景：不依赖于一个中心组织以及不为营利而设计。或许作为"互联网之父"的蒂姆·伯纳斯－李希望打造的是一个为全民谋福的公有工具。而在 Web 2.0 时代，已走了大半路程的人们才恍然惊觉：Web 2.0 的发展方向似乎早已偏离初时所设定的轨道。尽管在进入 Web 2.0 时代以后互联网用户已经从信息接受者转变为信息参与者，但用户又不会"无痕浏览"，又如何能在互联网上这条大江上真正实现"轻功水上漂"？用户在互联网上产生的数字行为都被一一记录下并且以数据的形式被各大公司所掌握。回看来时的路，互联网的发展不知不觉间竟已走出如此之远，而曾与人们相伴的它却好似不再是我们熟悉的模样。很多人被急剧加快的生活节奏裹挟，推动着世界的齿轮运转，现实世界放映着人们单调乏味的日常，像过时的老电影一遍又一遍地循环播放。我们知道生活中的所有细节，但也正因为太过了解，反而失去了探索的热情，麻木的表情凝固在人们的脸上。人们渴望着偶尔打破平静的小插曲，渴望着暂时脱离现实求得自由，而生活重担的压迫使得郁结之气俨然积聚到达临界点——我们亟须一个发泄消极情绪的窗口。而互联网仿佛是这样一片净土：

我们不需要戴着面具，仿佛捧住了黑夜中的一束光，只照亮属于自己的小小天地。我们沉浸在自己编织的美梦中，即使外界锣鼓喧天仍旧不愿睡醒。潜意识却开始触碰到美梦被撕裂的真相：我们看似自由畅游在互联网中，无拘无束，然而生活在互联网世界的我们却像被千万个摄像头和闪光灯聚焦，一举一动都暴露在操控着数据的科技型巨头眼中。即使逃避到了远离现实生活的互联网世界也不能避开消极情绪的狙击吗？我们的生活还哪有隐私可言？我们的出路真的存在吗？这样的模式始终在向我们传递一个信号：我们的个人数据并不属于自己，而是储存在各个公司并成为其营利工具。这些互联网巨头公司侵吞海量个人数据以谋一己之私，也造成了许多隐私泄露、数据被滥用的社会问题，诸如 2020 年 Facebook 泄漏用户隐私事件、英特尔 20GB 机密文件遭泄漏等。巨大的隐患点燃了用户的恐慌情绪，他们无法继续无视，压抑的黑色空间疯狂收缩，挤压着用户的情绪，直至某一刻突破了临界点而爆发——"将数据控制权归还用户"，让互联网回归初心的呼声也因此高涨。而政府也适时采取强力措施，近几年来科技巨头们淹没在铺天盖地的舆论声浪中，同时，有关数据隐私和反垄断的指控与调查也让巨头公司深陷泥沼，难以脱身。

或许 Web 2.0 时代的先行者以及成功者们会不禁沉思：究竟是从什么时候开始，他们逐渐淡忘了 Web 1.0 时代"互联网泡沫"被戳破时的鲜血淋漓？又到底是什么时候开始，众人前赴后继拼闯出来的新天地竟然有朝一日化作绳索束缚住自己，让自己在人为建构的"舒适圈"中安于现状？然而，世界上总是存在打破规矩的人，不少人已经开始寻找新的出路，将目光聚焦在探索超越 Web 2.0 的 Web 3.0 之路上。

二、求索明正道——Web 3.0 与元宇宙

或许越是痛彻心扉才越能实现自我反省，当 Web 2.0 市场开始受挫，看似平静的互联网市场早已暗流涌动。2014 年，以太网联合创始人、Polkadot 创始人加文·伍德（Gavin Wood）在博文"Insights into a Modern World"中首次明确提出 Web 3.0 的概念：信息将由用户自己发布、保管、不可追溯且永远不会泄露，用户的任何行为将不需要任何中间机构来帮助传递，用户不再需要在不同中心化平台创建多重身份，而是有一个去中心化的通用数字身份体系。

Web 2.0 大厦虽然尚未倾倒，但筑起新的高楼已成为一种必然，接下来的 Web 3.0 时代将是一个不依赖任何中心组织、完全由用户掌控的时代。

2015 年，微软启动"区块链即服务（BaaS）"计划，引入区块链技术并创建私有、公有以及混合公有和私有的区块链环境，进军 Web 3.0；2022 年 5 月 8 日，Google 的云计算部门组建 Web 3.0 团队，为区块链技术的应用开发者提供服务，希冀后来居上，成为 Web 3.0 领域的排头兵；2022 年 7 月 28 日，英国法律委员会提议未来将数字资产纳入个人财产规范，数字货币也即将进入 Web 3.0 发展的赛道⋯⋯随着数字货币、非同质化代币（Non-Fungible Token，NFT）、元宇宙等技术以及概念的全面爆发，可被感知的市场"蛋糕"呈现在人们面前，去中心化、虚拟身份、加密货币的讨论愈发热烈。

Web 3.0 作为互联网发展的新方向，代表的是一种新的思想，融合了物质资料层、技术层、交互层，同时搭载了物联网、人工智能、云技术、大数据、数字替身等新时代信息技术，打造模拟现实的全息世界。为用户提供高度的交互性和沉浸式感受。

"元宇宙"的概念起源于游戏场景，深挖其缘起不免要追溯到 1992 年尼尔·斯蒂芬森发表的科幻小说《雪崩》（Snow Crash）。小说描述的是一个计算机怪才在现实世界以及虚拟世界的双重生活，向我们呈现了脱胎于现实世界的一代互联网人对真实与虚拟的两个平行世界的感知认识。1996 年，Cybertown 通过虚拟现实建模语言（VRML）被构建而成，丰富了"元宇宙"的内涵；2003 年 Linden Lab 推出基于 Open3D 的《第二人生》（Second Life），这款游戏为用户打造了一个新的空间，每个"居民"都拥有被称作"化身"的属于各自的虚拟形象，可以按照"理想自我"的想象开启新的人生；2006 年 Roblox 公司发布同时兼容虚拟世界、休闲游戏和用户自建内容的游戏 Roblox；2020 年新冠疫情暴发，人们暂时失去物理空间的交流机会，然而虚拟教育、虚拟金融、虚拟演唱会等开始进入人们的生活，加快了元宇宙概念的发展和深入。而后在 2021 年，Facebook 把公司名称改为"Meta"，并对旗下的"元宇宙"部门每年至少投资百亿美元；同年 3 月，Roblox 以直接上市的方式亮相纽约证券交易所，上市首日估值就超过 380 亿美元，上市时即热推元宇宙概念，一度被称为"元宇宙第一股"。2021 年顺理成章地成为"元宇宙元年"。先有 Facebook 改名，紧接着微软 Ignite 大会宣布借 Mesh 和游戏平台全力杀入，又有英伟达、AMD 等巨头在产品发布活动上大谈特谈元宇宙和未来。这么多巨头似乎都加入了元宇宙的盛会，元宇宙究竟有着怎样的魔力引起群雄逐鹿？它会是普罗米修斯带来的"火种"还是新时代的"潘多拉魔盒"？"希望"与"灾祸"的音符跳跃交织，必将谱写新时代热烈的曲目，让我们拭目以待！

第二节　元宇宙的发展与特征

一、元宇宙的起源与定义

科幻小说《雪崩》中这样描述元宇宙："戴上耳机和目镜，找到连接终端，就能够以虚拟分身的方式进入由计算机模拟、与真实世界平行的虚拟空间。"（Stephenson，2003）元宇宙（Metaverse）在文学作品中第一次出现时，整个世界的网络技术都还不能算是发达，这么虚无缥缈的"平行世界虚拟空间"根本没有机会能掀起哪怕一点浪花。现今，似乎是因为技术到了一定的瓶颈期，大家开始将目光投向了这曾掀不起波澜的"全新"概念。现在元宇宙一般被定义为一个持久化和去中心化的在线三维虚拟环境，又被称作元界、超感空间、虚空间等。

首先，元宇宙搭建在由发达的计算机网络媒介技术编织而成的底层网络结构之上。如果没有足够发达的网络技术，一切所谓"平行世界虚拟空间"就自然而然失去了意义。而要形成这样一个虚拟空间，就需要相当成熟的扩展现实技术（Extended Reality，简称 XR）、至少达到大范围应用的脑机接口技术等一系列高新科技的支持。在这之前，已经有大量的公司对元宇宙的构建做出了一些初期的尝试，而它们的方案多与多人在线网络游戏有关，这也是"元宇宙起源于游戏场景"的原因。比如大型网络游戏《第二人生》，在这个游戏里，玩家用户被称为"居民"，可以与游戏角色进行虚拟化身交互，并且在游戏中还搭建了一个高层次的社交网络，游戏用户可以在其中完成许多只能在现实中做到的事，包括但不限于社交、交易和团建活动。这其实已经有了元宇宙的雏形，但也仅仅是雏形。它确实做到了将原本只能利用文字描述的虚拟世界，通过数字技术和显示技术展现在人们面前，达成了构建虚拟世界的部分必要条件——"人机互动"和"人人互动"，但是依然没能摆脱旧有虚拟世界的桎梏，这样一个游戏的场景只是实现了元宇宙功能的冰山一角，在这个游戏场景里并没有发生可以反映到现实的生产活动。想要在虚拟世界中实现突破物理束缚的全信息交互，只有具备了极强的软件技术基础和过硬的芯片硬件基础，才能满足元宇宙用户强烈的交互需求。

说到元宇宙的技术基础，自然会联想到 VR、AR、MR、XR。那么元宇宙与它们之间究竟是什么关系呢？要明白元宇宙与 VR、AR、MR、XR 之间的关系，首先要理解 VR、AR、MR 与 XR 之间的关系。VR 是 Virtual Reality

的缩写，通常被称为沉浸式虚拟现实，为用户提供了完全沉浸式的体验，使用户有一种置身于真实世界的感觉，是一种高级的、理想化的虚拟现实系统。AR 是 Augmented Reality 的缩写，通常被称为增强现实，这是一种非常广泛的定义，技术种类众多。目前主流的 AR 是指通过设备识别和判断（二维、三维、GPS、体感、面部等识别物）将虚拟信息叠加在以识别物为基准的某个位置，并显示在设备屏幕上，从而实现实时交互虚拟信息的技术。MR 是 Mixed Reality 的缩写，即混合现实，可以认为是虚拟现实、增强虚拟与增强现实的结合体，指的是合并现实和虚拟世界而产生的新的可视化环境。在新的可视化环境里，物理和数字对象共存，并实时互动。而 XR，是 Extended Reality 的缩写，被称为拓展现实，可以说是 VR、AR、MR 等技术的并集，是各种形式的虚拟现实技术的总称。它分为多个层次，包括从通过有限传感器输入的虚拟世界到完全沉浸式的虚拟世界。同时 X 又是变量，表示未来还有更多新技术新应用。XR 是最接近元宇宙的技术，但需要注意，XR 并不等于元宇宙，它们之间更像是一种衍生的关系，元宇宙是对 XR 等技术的概念具化，是基于 XR 之上的对虚拟世界的刻画，而 XR 就是用于刻画场景的那支笔，是我们用于实现元宇宙的工具。并且由于 XR 还在不断发展过程中，目前的 XR 一定不是实现元宇宙的最终工具，更好的工具还有待我们去开发。在元宇宙生态中，XR 能够有更多技术积累和突破，是实现从现实世界到元宇宙的隧道。

另外，元宇宙是基于网络空间技术虚拟而成的一个虚拟平行空间，自然也脱不开网络空间最核心的"人与信息、信息与人、人与人三方交互"。在 Web 2.0 时代，一些硬件设备以及适配的软件已经能够轻松实现信息与人的双向信息交互。如今市场上的社交软件纷繁复杂，呈现出一派百舸争流之景，不论是国内如日中天的微信、QQ，还是国外的 Twitter、Ins 和 Facebook 等，都可以利用手机、电脑等设备进行信息的输入输出，发送给远方好友的信息也能在极短的时间里被接收并且回复。这样看来，是不是会觉得现在的信息交互先进程度已经够？但再仔细想想，就会发现这个过程只是人的想法和信息流之间在转化，并没有触及现实中"人与人"的交互。而在元宇宙，能够充分达到"三方交互"的理想状态。元宇宙通过与现有技术相似的途径和通道完成人与信息的双向传导，同时又与现有技术存有较大差异——信息量级的差异和传输速度的差异，而最大的差异正是在元宇宙中可以通过一些尖端科技（比如前面提到的脑机接口技术）实现依赖于人体感官刺激的"人人交互"。这里的"人人交互"虽然也一定是由信息的交感来实现，但不同于网络游戏《第二人生》中的"人人交互"，这里更像是对现实中的感官做了复刻，甚至是延伸。

既然元宇宙离不开人、信息的三方交互，元宇宙中所有用户都是现实人的一个投射，包括肉体、精神与灵魂，这样一来，我们可以赋予元宇宙的虚拟人一个称呼——"数字替身"（Avatar）。从某种角度来说，数字替身是人们在现实世界中身份虚拟化的产物，是人们现实身份在虚拟世界的延伸和映射，这也让数字替身成为人们的"第二身份"（Messinger et al, 2009；Suh et al, 2011）。由于这些数字替身实际上是现实人的投射，并且元宇宙是一个"与真实世界平行"的虚拟空间，因此这些数字替身就像我们现实人一样有具体的人格，拥有现实人的所有特点和能力。元宇宙中的"居民"，也就是数字替身的存在，让元宇宙成为一个与现实世界平行运作、相互联系、对照映射的新社会。既然形成了社会，就一定会有规矩。在这个新社会中，或许世界观、人生观都将会由数字替身们在现实世界原来就具有的人格来确定，但是所有交往、交互、交易的规则可能会被元宇宙中的全新逻辑重塑，与现实社会形成差异，甚至大相径庭。

由此看来，元宇宙的本质就是跨越时代的顶尖高新科技与人类社会的集体想象构建的一个平行于现实世界并能够独立运作的虚拟空间，其中的时间、社会规则以及数字替身与"物理"资源的存在形式似乎都与现实世界有异曲同工之妙但又迥乎不同。那么，这样真实而又玄幻的元宇宙又会有哪些特征呢？接下来我们将通过一个情景以做介绍。

二、元宇宙的特征介绍

甄维旭在现实生活中是一家餐饮企业的高管，几个季度以来公司营业额频频下滑。他并不是一个追求刺激的人，例如在游乐场中从不喜欢坐过山车。在甄维旭看来，过山车这种游戏只是对神经感官无意义的撩拨，从坡顶到坡底间的高速通行以及反复转换除了引起尖叫外毫无意义。然而，眼看公司经营惨遭滑铁卢，心急如焚的甄维旭针对公司的经营策略提出的调整方案都被上层驳回，并且抛下无奈的答复：资金不足以及与政策不符。本是一腔热情却被泼了一盆凉水，甄维旭揉着麻木的脸颊，反而希望现在的公司也正在坐过山车，至少急速下滑后还有上升的希望，并且最终也能平稳落地。不像现在，他只感觉自己像正在做自由落体运动的鸡蛋，一旦落地就会粉身碎骨。甄维旭愁白了头，偶然间浏览到政府发布的公告：即将推出对餐饮行业的扶持计划并进行规章制度调整，并在政府的元宇宙平台公开收集意见。甄维旭精神一振，下班后火急火燎赶回家，打开设备便进入了元宇宙界面，在这里，他有另一个身份——餐饮政策建议专家"许亦蓁"。

政府搭建的元宇宙平台是一片虚拟别墅建筑群，坐落在山林中。苍翠掩映着一幢幢具有乡村风情的别墅，似蒙着面纱的古典美人，侧卧在远离都市喧嚣的宁静悠远中，慵懒间透着高贵优雅。每一栋别墅都别具风格，化名"许亦蓁"的甄维旭来到预订好的讨论地点"别墅A栋"，入眼便是挑高的门厅和气派的大门，耳边回荡着拟声的清脆鸟鸣，鼻翼耸动间似有花香弥漫，沁人心脾。浪漫与庄严映衬在清新雅致的建筑风格中，红砖绿瓦在拟态阳光下闪烁着莹莹光泽，也舒缓着许亦蓁心中的焦躁。梳理好情绪，许亦蓁推开大门走进讨论室，室内设施一应俱全，透着古典与现代交融的韵味。他快步走到原木桌前与早已等候在此的"群友"们交流意见。而后他们将意见汇总整合，提交到平台大厅。"一定会好起来的！"结束讨论后的许亦蓁暗暗为自己鼓劲。山风轻拂着他的脸庞，阳光洒下碎影，许亦蓁的心情也变得明媚温暖。

1. 突破现实的元宇宙魔法——超越性

关于元宇宙是什么，我们给出的答案最根本的一点是：元宇宙是一个内外交互的超感虚拟空间。作为一个可以将现实实体人投射进入数字替身的虚拟空间，其最基础的一个特征自然是"超越性"。顾名思义，"超越性"是指对现实中诸如物理、生理等界限的突破。比如在上述场景中，政府在元宇宙搭建的会议大厅以虚拟别墅群的形式呈现出来，不像在现实中，需要专门考量土地面积、气候环境等物理限制，而是可以在自己的元宇宙平台上随意调节转换各项要素，与现实相比少了许多限制。在元宇宙中，空中楼阁、琼楼玉宇不再是天方夜谭。在技术以及艺术想象的支持下，元宇宙突破的限制远不止于此。同时，甄维旭在元宇宙中有一个存在感知的数字替身"许亦蓁"，与群友们见面，根据自己的意愿，所有人可以用不同相貌、着装、身份出现，即使相隔数万里也可坐在同一个虚拟空间高谈阔论。凡此种种，元宇宙这种可以突破各种限制的"超越性"为现实世界铺开了新的画卷，可想平时之不敢想，肆意泼墨挥洒。

2. 如临梦境的元宇宙奇遇——沉浸性

如今，沉浸式虚拟现实被当作娱乐消遣的一种虚拟现实技术。现在的VR眼镜就是一种虚拟现实的头戴式显示设备，通过佩戴这种设备可以将人对真实外界的视觉与听觉封闭，使得用户产生一种身临虚拟环境的感觉。但由相关设备提供的图像信息和声音信息仅仅是视觉和听觉上的沉浸，我们不妨称它为半沉浸式。在沉浸性上，元宇宙实际上就是虚拟现实技术的延伸加强，用户在元宇宙中能够体验到完全沉浸的感觉，即元宇宙通过多种技术让人的所有感官在虚拟空间中得到全面延伸，模拟现实。就如同甄维旭行走在虚拟别墅群中，所见所闻皆是可感可知，鸟语花香识遍，山水风光阅尽。全身感官在元宇宙中可以通过系统进行任意调节，每个人都能够根据自身的喜好对沉浸程度进行调节。这样身临其境的体验让全身的感官细胞都在元宇宙中有一种真实性虚拟替代感，使得用户主体能够实现完全沉浸性。

3. 贯穿时空的元宇宙隧道——瞬时性

2022 年 9 月，一款名为"羊了个羊"的小游戏一夜之间登上了微博热搜榜的第一名，第一关和第二关难度的巨大差异造就其火爆程度。在接下来的一段时间，有浙大的学生推出同类型的"浙了个浙"，也有人开发出王者荣耀版的"王了个王"，在市场中上演你争我夺的激烈戏码。然而随着大量用户的通关，热度直线下滑，如狂风过境，只留下狂欢后的满地狼藉，不久便淡出大众的视野。反观十多年前，"小灵通"等产品一经发行销售，热度常常维持较长一段时间而不衰。随着网络技术的不断提高以及传播技术的不断进步，"流量之王"的改朝换代也是愈加迅速。一批又一批热度登顶不足一夜甚至不足一刻的产品又该作何评价？而元宇宙中的这种瞬时效应不仅体现在类似于产品事件的酝酿发酵等信息反馈上，也表现在信息的收集处理上。正如故事中提及，在元宇宙平台搭载着的信息处理系统使得意见一经提交便可迅速在政府平台生成实时信息数据报告，同时平台的外界频道会实时反馈外界相关重大事件实况报道，尽可能减少参与者因信息不对称导致的与现实脱离等问题。在 Web 3.0 时代的元宇宙背景下，所有的信息都能够在瞬间到达用户的信息库中。而这一瞬间的信息量以及信息变化程度在相关技术支持下将变得更加多样、复杂，这种作为重要特征的瞬时性同时也对元宇宙的信息系统提出了更高的要求。

4. 奇迹互动的元宇宙舞台——交互性

元宇宙的建立最重要的就是交互，具体地说就是人与信息的三角交互关系。与人们的日常社会交往相同，在元宇宙中，人们的"数字替身"也有着社会属性，具有强烈的社交需求。甄维旭进入别墅讨论室与"群友"的交流无疑是一种社交，我们将这种跨越现实到达虚拟空间的交流称为元链接，类似于正常上网中以链接为地址从浏览器中进入相应网址，人们通过元链接在元宇宙平台中定向寻找所要到达的虚拟地址进行信息交互。而通过数字替身与元宇宙中的他人产生联系便需要二者建立起信息关联。因此在元宇宙中要获得身为"人"的社交属性，交互性不可或缺。

第三节 元宇宙的潜在风险

畅想元宇宙，恰似品一杯香茗，耐不住其香气四溢，入口方觉虽唇齿留香，而甘苦自知。尚顶着"新事物"的头衔，元宇宙就已经给社会尤其是现实经济体指明了前路，而即便是康庄大道亦可能岔道纵横，前探一步都可能牵动着无数变量。机遇与风险从来都相伴相生，元宇宙的发展道路上机遇潜藏，风险隐现。

一、数字资产——危险又迷人的存在

与现实世界对比，元宇宙中几乎所有的事物都以数据的形式存在，那么在现实经济活动中的各类资产自然也是以数字资产的形式在元宇宙中存在，而数字资产对于大多数市场参与者而言仍是一个新兴的概念。2021 年元宇宙的爆火仿佛打造了一个伊甸园般的仙境，沉沦中的人们似还保留着一丝清醒：这是否会是另一个"互联网泡沫"？当新的领域出现以及巨头公司的"示范效应"开始发挥作用时，"提早入场抢占先机"的思维驱使大批不理智的资本如无头苍蝇般乱撞；惯于见风使舵的投机者借机疯狂炒作，造成数字资产价格急速膨胀的乱象……理智与冲动被模糊了界限，杂糅成一团乱麻，在混乱中拉扯成一个又一个结。以 NFT 类数字资产为例，在被投机者以元宇宙概念炒作后，艺术类 NFT 仿佛在一夜之间变得炙手可热，而艺术类 NFT 没有标的价值不明，仅仅依赖于区块链的安全性与稀缺性的投资价值既可以"平地起高楼"，亦可能"一夜间大厦将倾"。就像推特联合创始人杰克·多尔西（Jack Dorsey）在 2021 年 3 月以 290 万美元出售了代表第一条推特的 NFT，而仅仅一年后 2022 年 4 月的拍卖会上价格就已跌落至不超过 1 万美元。这也表明数字资产泡沫问题比现实经济中更严重。这种"过山车"般的价格巨变不仅很有可能导致持有者财富受到损害，还有可能引发金融诈骗、洗钱等更为严重的经济安全问题。

二、沉浸性——探索无法自拔的风险

沉浸性，其本意是为带给用户更好的体验感，但是如果无法正确运用好沉浸性这一特性，就会陷入元宇宙与现实世界之间的虚实混淆。比起现有的互联网技术，元宇宙更进一步之处就在于元宇宙的沉浸性更高，它试图从目前的局部沉浸发展至深度沉浸，最终达到全身沉浸的最高境界。元宇宙的发展愈成熟、沉浸性愈高，越容易让用户产生幻觉，陷入电影《盗梦空间》中所描绘的"等所有人做的梦多了，也就不知道哪里是梦了"之境。届时，对于沉浸性用户而言，或许元宇宙世界中的"虚拟现实"比真正的现实世界"更加真实"，因为在虚拟的"完美"世界中，他们能够更轻松地做到自己想做的事情，这很容易导致人们盲目地想要摆脱不完美的真实物理世界：在元宇宙中，一贫如洗者或能顷刻间家财万贯；困顿于轮椅之上者亦可用脚丈量大好河山；静极思动者也能随时攀一座山、追一个梦……长此以往，人们容易摒弃对生命意义的形而上学追问，最终陷入虚无主义之中。或许你上一秒还在元宇宙的虚拟战场中与敌人刀兵相见，下一秒又归于现实清点柴米油盐。高度的沉浸性所营造的"似真似幻"又是否会迷了你的眼？这种频繁地穿梭于现实与虚拟世界容易导致人们失去对自我感官的判断，真实与虚拟之间的界限将愈发模糊。

三、隐私风云——隐私问题的威胁

隐私问题在元宇宙发展过程中是一个无法规避的问题。因为在元宇宙中，所有的行为都会被转化为一行行数据，因此所有的举动在理论上都可以被监控，一切日常生活都将"有迹可循"。你在元宇宙中走过的千山万水，览遍的绮丽雄浑，抒不尽的万语千言，甚至于刹那驻足的怦然心动，一切都会留存在数据平台上——在元宇宙之中，人们毫无隐私可言。获取这些行为数据或许一方面可以帮助用户在元宇宙中获得更加个性化、更加舒适的体验，但是，当元宇宙将所有隐私展现于人前时，当代社会又是否已经做好了"无隐私时代"的准备呢？并且理论上的无隐私又可能因为数据掌握者的存在导致信息差的产生，那么隐私的分寸便很难界定，到那时，在这座由数据建造而成的宫殿中，到底是我们在通过想象去塑造它，还是它在不断改造身处其中的我们？

四、伦理困境的暗涌——道德问题所伴随的风险

虚拟世界的不断发展对于现实世界的伦理问题也发起了极大的挑战。当元宇宙为人们提供另一维度下全新的生活时，虚拟身份也意味着有和现实社会迥然有别的社会关系。在这样的灰色地带，秩序、法律、治理体系、权力

结构等都将被重塑，那么在这样的世界中是否还存在一套正确的价值体系？在元宇宙中，人们可以实现一些在现实生活中无法达成的事，是否真的就意味着在元宇宙中我们可以"为所欲为"？到那时，我们究竟要依靠什么来约束人们在元宇宙中的行为？再想象一下，在元宇宙中，我们坐在一间教室内上课，我们可以选择出现在身边的人有几个，也可以选择自己被几个人看见，在这种交往具有高度自由性与自主选择权的情况之下，人与人之间的交互就面临着一个问题：你看到的人是否愿意被你看到和你交往，而你又是否愿意被他人看到呢？并且虚拟世界与现实世界的强烈反差造成的不满情绪可能投射到现实生活中，影响社会秩序。元宇宙也可能对新一代青少年的成长造成消极影响，判断能力欠佳的青少年可能将虚拟世界中的过激行为延续到现实中，元宇宙也可能被改造成带有成瘾性的"数字毒品"。虚拟世界的逐步完善必将迫使人类重新反思自身与人工智能、虚拟现实之间的关系，进而探讨能否和谐共存、如何和谐共存的问题。

五、发展的潜流——不均衡演进所带来的潜在风险

目前元宇宙在世界范围内极为不均衡，因为当前各个国家技术发展参差不齐，并非所有国家都有能力参与元宇宙的开发和建设。具备相关技术与能力且更早参与元宇宙开发与建设的国家更容易在元宇宙产业中占据垄断地位。长此以往，各国在元宇宙领域的差距将越来越大，恶性竞争等问题也会接踵而至。因此在当前发展不均衡的情况下，如何营造一个开放的、平等的元宇宙生态环境也是亟需解决的问题。

站在全局的角度审视建立在数字王国上的元宇宙，不难发现掌握了搭建元宇宙技术的人员与公司似乎成了创造元宇宙的"上帝"，所有的数据都掌握在他们手中，而这似乎又与元宇宙强调的"去中心化"背道而驰。当拥有技术的人员被神化，没有掌握技术的元宇宙用户在元宇宙中就处于弱势地位。"创世神"与"平民"这两个层次鲜明的阶级可能就此诞生，而我们在元宇宙中苦求的"自由"又从何谈起？

第三章 元宇宙与现实经济体的区别

第一节 经济主体

当现实世界中的甄维旭结束一天繁杂的工作，拖着疲惫的身子回到家后，他可以穿戴上进入元宇宙需要的设备，舒服地躺在柔软的沙发上，以"许亦蓁"的身份进入元宇宙，在元宇宙中获得与沉闷压抑的现实截然不同的体验。在现实中，甄维旭想要一双新球鞋，奈何最近荷包空空，面对心爱的球鞋只能黯然神伤，但是在元宇宙中，由于生产的成本远小于现实，且在技术的赋能下，创造有了极大的自由度，许亦蓁可以选择直接走进元宇宙平台为企业搭建的元宇宙商场，找到售卖球鞋的店铺去买一双新球鞋。从这个例子中我们可以抽象得出，元宇宙中三个主要的经济主体分别为用户、企业和平台，但这三个经济主体的定义与界限与在现实经济中我们理解的不同。

一、虚拟世界的冒险者——用户

在元宇宙去中心化这一特性的加持下，用户这一经济主体的含义得到了极大的丰富。在元宇宙中用户以个体为主。在现实中，个体既可以作为消费者，也可以作为生产者，在元宇宙中，这种消费与生产的集成程度将得到更加淋漓尽致的表现。因为用户生产的自主性与独立性在元宇宙中得到了极大的发挥空间，因此，元宇宙中的用户比现实中的个体更具灵活性，可以在内容消费者与内容提供者两个身份之间任意切换。例如，元宇宙中的许亦蓁准备在市中心再购置一套新的公寓作为他在元宇宙中另一处落脚点，那么他可以选择一家房地产公司，浏览房地产公司已建构好的各类公寓后，从中选择一套他最满意的公寓，完成这一次消费。如果市面上的公寓都无法与许亦蓁心中那套完美的理想公寓契合，而这样的情况发生在现实中，或许许亦蓁将别无选择，只能放弃"丰满的理想"而选择"骨感的现实"，让那套理想公寓成为心中永远的"白月光"，退一步选择一套比较满意的公寓。但别忘记这是在元宇宙中，许亦蓁大可潇洒地走出房地产公司，选择自力更生，为自己构建一套完美公寓。因为元宇宙突破了现实世界中的物理限制，为创造者提供了一个广阔的数字天地，各类物理生产资料在这个空间中都以数字的形式存在，许多在现实中我们无法企及的事情，在元宇宙中都可以实现。因此各类新的城市、新的产品、新的景观在元宇宙中都得以实现，个体的创造拥有无限的可能。

二、数字乐章的策划者——企业

从去中心化的用户中我们可以看出，区别于现实经济，生产的单位逐渐由企业转向元宇宙中独立的用户，用户成为最重要的生产单位。但是元宇宙中依然存在着企业，且与现实经济中的企业有着差别。元宇宙中一部分企业承担的是技术流提供者的角色。虽然元宇宙中每一位用户在理论上都能实现创造，但并不意味着每一位用户都具有创造需要的技术能力，因此这些企业就可以为这一部分的用户提供技术流的支持。我们再回到许亦蓁的例子中，当想要为自己搭建一套公寓的许亦蓁发现自己不具备搭建房屋需要的技术时，他可以与提供房屋搭建技术的企业进行合作，给予他们一定的报酬，而企业会给予许亦蓁一个类似于"功能包"的产品，有了"功能包"后许亦蓁便获得了搭建房屋需要的技术，可以按照他的想法去搭建他的公寓。企业通过提供技术流支持来获得利益。

另外一部分企业则在现实的传统企业基础上，结合元宇宙去中心化的特性，衍生出了两种类型的企业：完全分散式企业与分散集中并存式企业。分散式企业是指企业不再需要传统意义上的员工，即员工不再固定地隶属于公司，只有在进行公司任务时属于公司的一员，一旦任务结束，员工的身份也就消失了。因此在元宇宙中，企业的员工可以是元宇宙中的每一位用户。并且员工可以匿名的方式完成任务，企业也可以以匿名的方式发布任务。在许亦蓁买公寓的例子中，倘若许亦蓁没有在房地产公司找到心仪的公寓，但也不想耗费自己的时间与精力去构建一套公寓时，他可以选择成立一家分散式公司，将构造一套公寓作为任务通过元宇宙的去中心化网络机制快速地散播到整个元宇宙当中，并在任务中附上自己的要求，这是在现实生活中难以实现的。其他用户若觉得自己有能力完成这项任务就可以接受工作，完成后将成果以加密的形式提交给许亦蓁，许亦蓁如果觉得满意，在支付报酬后就能得到秘钥，获得公寓。而在这期间，许亦蓁可以做其他想做的事情，只需静静等待接受了任务的用户给他传回劳动成果即可。完全分散式企业适用于生产技术灵活性与时间灵活性都很强的产品，这类产品没有固定的生产流程，且大多都是为用户定制的，异质性较强。假设有一家在元宇宙中生产杯子的企业，主要产品为清一色普通玻璃杯，那么生产这些杯子就不需要以分散式进行，因为大部分杯子都是一致的，可以通过固定的流程和模式进行集中生产。但是倘若某一天，这家企业收到了一笔大订单，想要一批颜色形态材质各不相同的定制款杯子，在这种情况下，常规的流程是无法生产出符合要求的杯子的，那么企业就会选择上文提到的分散式来生产这一批杯子。分散集中并存式企业是指在生产某一些产品时需要以分散化的形式进行，以应对一些超越企业常规水平、集中式生产无法解决的问题，而其余大部分的产品还是以集中式生产，让生产更具效率和规范性。

三、虚拟航船的掌舵人——平台

在现实中举足轻重的政府，在元宇宙中存在的形式将会有所变化。现实世界中，政府充当着协调者与管理者的角色，为社会这艘远行之船保驾护航。而在元宇宙中，由于去中心化的不断推进，政府对于元宇宙的参与将会慢慢减少，并转化成不同的形式。那么很多在现实世界中需要由政府来承担的职能，例如公共品的提供、政府对市场的调控等在元宇宙中要如何完成呢？在元宇宙中，元宇宙的平台搭建者将承担起准政府这一角色。虽然说元宇宙将最大程度地实现去中心化以及创造的自由化，但是当进入元宇宙时，映入眼帘的街道、楼宇、树木，眺望远处时视野中连绵的群山、变幻莫测的云雾，这些最基础的场景与设施都是由元宇宙的平台搭建者在用户进入元宇宙之前构建好的，而元宇宙中最基础的规章制度，比如法律法规等，是由现实生活中的政府联合平台搭建者制定的。现实政府将对元宇宙平台有一些限制性要求，例如在数据安全、隐私保护等方面对元宇宙平台进行指导，平台再在元宇宙中对用户和企业加以限制。现实社会中的政府将会与元宇宙平台共同管理元宇宙，形成相互协调、互相补充的良好关系。但是随着元宇宙的不断发展，在区块链的加持下，在规章制度的制定方面，也将越来越自由，用户们将可以更加容易地对即将颁布或还在商讨过程中的方案进行投票，中心化的管理者这一角色在元宇宙中占据的地位会相对减弱，去中心化、公共选择主导世界的特性也将愈发浓厚。

因此在元宇宙中，用户、企业、平台三个经济主体各司其职、相得益彰，用户与企业主导消费与生产，平台对二者加以约束，共同构成元宇宙经济版图。

第二节　商品与需求

夜微凉，月儿轻轻洒下银辉，清冷如霜。挂在墙上的钟荡着钟摆，甄维旭目光涣散，望着指针拨动怔怔出神。甄维旭最近异常苦恼，他和妻子的20周年结婚纪念日快到了，但他还没准备好礼物。20年的相濡以沫，他们两人相互扶持，共同撑起了一片小小的天地。身旁的妻子已经熟睡，他望着她恬静的睡容，妻子两鬓银丝隐现，本是细腻如软玉的额间已见道道细纹。岁月如刀，他的妻子操劳多年无怨，他的记忆只见她的温婉笑容！心下微酸，甄维旭探出手想轻抚妻子的脸，却唯恐扰她清梦，缓缓缩回了手。

甄维旭在元宇宙平台中苦苦寻找礼物，一件以青花为纹的概念旗袍装深深吸引了他的目光：青白两色互伴，将典雅端庄揉了进去，仿佛身临之地烟雨袅袅，又恰似水墨滴落宣纸晕染开他的心绪，泛起波澜。他一直记得，他和她，邂逅于江南小巷，没有一见钟情的热烈，而是润物无声的悄然，以20年的时间沉淀下缱绻流年的温馨爱恋；他一直记得，他为了工作四处奔波，爱穿旗袍的妻子却因为操持家事许久不曾打扮；他一直记得，妻子钟情江南文化，那儿永远是她的旧梦……他以旗袍为蓝本增添独属于妻子的元素，并定下实物生产订单。想象着妻子收到礼物将会露出的笑颜，甄维旭的心也不禁欢快起来。

一、挥舞魔法工具的实用之光——功能性价值

与现实相比，由于元宇宙中的商品都为虚拟商品，因此很多现实世界中商品所具有的功能性价值在元宇宙中可能是不成立的，或者说，同样的商品以不同的功能性价值存在。在现实生活中，山珍海味可解口腹之欲，锦衾狐裘可得御寒之效，而虚拟物品大多数不能直接作用在我们身体本身，因而我们的相关基本生理需要可能得不到直接满足：例如甄维旭在以青花旗袍为蓝本所设计的概念衣物只具备审美的功能性价值，如若要实现"真人可穿戴"的功能性价值，还需在现实生活中进行加工生产。从这个方面看，商品的功能性价值在一定条件下可以进行转化。

二、引起心灵共鸣的情感奇迹——情感性价值

除了商品的"功能性价值"在现实世界与元宇宙可能存在差异，元宇宙中的商品价值还格外强调具有体验感的"情感价值"。情感价值，顾名思义，着重于商品的体验性，能够给用户带来愉快的体验感就是它最大的价值。甄维旭在平台上见到的旗袍是可感可知的，他可以通过元宇宙的"加强感官"特征感受到旗袍的质地，或者带着妻子在元宇宙的模拟试衣间试穿，此时还可以避免现实世界中可能存在的留下试穿痕迹影响销售的问题以及有效解决因不合身带来的退换货问题等。通过直接在元宇宙中对商品的性能进行"试验"，以模拟的"真实感"来有效提高用户的满足感。元宇宙平台所提供的商品的趣味性、新奇性与体验性为商品赋予价值，这类价值将会成为元宇宙商品重要的价值来源。

人类极强的社会性是区别于其他动物的一个重要特征。由人际交往而引发的情感也极为复杂。从这些比感官刺激更复杂的情感出发，我们就可以发现商品的第三类价值：精神性价值。例如，不同品牌通过某种观念、精神或形象扎根在消费者的心里。消费者通过消费这类商品不仅能够获得精神价值，还能反映出他们的社会地位，彰显个性与品位，获得精神上的满足感。而在元宇宙这样的虚拟空间之中，这种精神消费将能够得到更广阔的发展空间，因为信息传递的成本更低，这为精神价值的展现提供了一个更广阔的舞台。甄维旭所挑选的旗袍是"中国风"，带有浓烈的中国传统文化气息，用户在消费过程中也助力传播了中国文化，能有效提高文化自信与自豪感。

三、寻觅虚拟珍宝的稀缺之谜——稀缺性价值

还有一个能决定商品价值的重要因素——稀缺性。商品的稀缺性是经济学研究的基石，因为经济学研究的内容就是社会如何管理稀缺资源。在现实生活中，商品的稀缺性通常源于资源的稀缺性，元宇宙在这方面与现实社会既有相似之处，也存在着较大的差异。在元宇宙中，土地、人口等自然禀赋对于生产的限制微不足道，因为数字经济的生产资料就是数字信息，而每个人每天都可以产生海量的数字信息，数字信息产生与获取的成本微乎其微。那么元宇宙中商品的稀缺性从何而来呢？我们可以从上文提到的例子入手。为什么许亦蓁先生会愿意支付报酬让他人为他建一套公寓，而不是选择自己去完成呢？许亦蓁认为，与其将在时间投入到烦琐的房屋构建的过程中，不

如在山林间散步，听流水叮咚，看云雾翻腾；或者去海滩边度假，欣赏日落时分阳光在海面上闪烁，晚霞在天边绚烂。在许亦蓁看来，这些活动可以让他的时间得到更充分的利用，因为机会成本这一概念在元宇宙中同样成立，在元宇宙中时间也是稀缺的，在同样的时间里选择建设房屋，就不能去领略大自然的绝美风光。对于他人来说也是如此，因此当把时间投入到建造公寓上，公寓的价值就此产生。并且许亦蓁也发现，让他人为自己建设一套房屋所花费的成本往往会低于自己去做，这是因为并不是所有人都具备搭建房屋的专业技能，因此，他人建造的房屋中不仅凝炼着投入的时间，专业技能这一稀缺资源也在商品的价值中得到了体现。并且，元宇宙中商品的稀缺性还有一部分是人为创造的。因为元宇宙中存在让所有人拥有他人也有的商品的能力，一件衣服或者一个杯子只需要经过简单的复制就可以瞬间生产出千千万万个一样的单品，但是从人的心理层面来说，每个人都有个性，追求独特性，因此并非所有人都满足于拥有相同的商品，但是如果那件衣服上有元宇宙中某位画家的亲笔涂鸦，那个杯子的造型是从未出现过的，并且这些独特性经过特殊的加密使之无法复制，那么衣服和杯子的价值将得到很大的提升，因此人为设定的稀缺性能够带给用户在元宇宙中更好的体验。并且稀缺性的存在，才能让元宇宙中的企业在元宇宙中有利可图，是元宇宙持续运营的必要手段。

第三节　供给动机

铺开宣纸作丹青，"需求"的笔砚已陈列其上，只待"供给"化为墨，便可勾勒元宇宙经济的轮廓，与现实的景象相比照，便可寻得一二差别。

炎炎夏日，在大号的遮阳伞下，甄维旭戴着墨镜侧卧在躺椅上，旁边放着一杯冷饮——没错，他正在享受着自己的假期！高空的艳阳洒下的光芒好像不再滚烫，伴着海风轻拂，亲吻着甄维旭的脸颊，仿佛在向他诉说着动人的情话。放眼望这片散发着朦胧和迷人气息的海滩，多情的浪花、热情的海鸥、孩童嬉闹的欢声笑语、甚至于沙滩上那闪烁着晶莹光泽的一个个脚印都似乎带着小情调的色彩，点缀着甄维旭的惬意心情。清爽之余，想起元宇宙出现之前自己的工作生活，甄维旭不禁哑然失笑。

那时的他是一家服装生产企业的中层管理人员，一个名副其实的"打工人"。为了完成公司指派的任务指标，平时他像个陀螺一样，指到哪里转到哪里，在办公室抓耳挠腮地思考生产方案、在各个生产车间中与工人交流生产进度、对产品质量进行抽样检测……巨大的任务量就像一根根扎在他神经上的针，任何精神的一时放松只会让这些针更深地扎进伤口，痛彻骨髓，让甄维旭不得不时时绷紧精神，无时无刻不惦记着自己未完成的任务。或许"996"已经不足以概括他的工作状态，在上级领导面前，无论公司的指标多么严苛，他也只能硬着头皮接下，并且由于工资不高以及工作量大的原因工人们很容易选择辞职，上级给的压力他也只能小心分配给各个车间，而他自己工作之余甚至没有时间去寻找一条可能的出路。被夹在上司的压力和工人的不满中间，体验着猪八戒照镜子，里外不是人的感觉，整天游走在一条钢丝上，他甚至偶尔胡乱地想着：会不会哪一天，我突然就倒下了呢……

　　本来已经接受了被命运摆布的现实，一次偶然中，甄维旭"邂逅"了元宇宙，使得他人生的轨迹出现偏移，走向另一个方向。回忆的碎片浮现，甄维旭心中涌起无尽的迷离与哀怨，"既然已经有了新的方向，走下去又何妨？"他暗下决心，挥手告别过去，毅然挺进新的领域。在新的世界中，甄维旭以"许亦蓁"之名成为一名概念服装设计师，本就是服装设计专业毕业的甄维旭在元宇宙中终于找到了用武之地。思绪从回忆中拉回现实，甄维旭放空的视线重新聚焦于夕阳，看着那一轮火红一点、一点地沉入大海。

　　仔细观察，我们很容易发现，在现实经济中企业林立，肩挑生产任务的大梁。企业内部形成各个生产部门，拥有各自的生产任务，环环相扣，产品的内容包括形式和劳动时间都被严格规定。而在元宇宙当中，个人用户作为最主要的生产单元，生产用户生成内容（User Generated Content，UGC）产品，同时突破了现实生产的制约，使得产品生产具有更高的自由度——脱离了管理者的命令和指挥，用户完全可以在自愿的基础上决定是否进行生产以及生产多少、生产多久。正如甄维旭脱离服装生产管理者岗位并从事元宇宙的概念服装设计师这一职业后，他的时间安排不再受限于公司生产任务，而是根据自己的喜好调整工作以及休假安排。这种更具弹性的生产模式取决于用户的供给意愿，针对不同的供给动机，我们将对不同情况下UGC产品的供应数量以及质量进行探讨分析。

　　无利不起早，作为现实最主要生产单位的企业，其供给动机是追求利润最大化，甄维旭之前的工作经历便将这一点展现得淋漓尽致：公司拼命扩大规模抢占市场份额，压力由上往下层层传导，甚至可能忽视了对员工最基本的人文关怀。而在元宇宙中，具有更高自由度的用户拥有了生产的自主权：在收入足够高的情况下，根据闲暇—消费模型，假设闲暇与消费均为正常品，收入提高带来的收入效应会在增加消费的同时增加闲暇。在这种情况下，拥有消费者与生产者的双重身份的元宇宙用户可以自由支配的闲暇时间更长，可以尽情追求利润以外的事物。由这两种不同动机支撑的供给行为我们将其细分为"经济性动机"以及"非经济动机"。

一、财富星辰的引力——经济性动机

经济性动机，指将生产 UGC 产品作为盈利手段，主要是针对物质层面的追求。"衣食足而知荣辱"，人们只有在物质层面的基本需要得到满足后，才有精力追求精神需求。类似于企业"追求利润最大化"的宗旨，在经济性动机的驱动下，用户生产 UGC 产品时会分析生产成本以及收益，进行权衡，以实现个人经济效益的最大化。此处我们以生命周期较短的产品为例，考虑到元宇宙的瞬时性，产品的更新换代或许将成为家常便饭，生产周期过长有可能增加风险，因此，投资更多地转向短期投资，在最短时间内扩大规模占领市场或许将成为最主要的生产方向。这种动机下，追求精益求精也许不是生产者的最优选择，以数量为主、质量参差不齐可能成为经济性 UGC 产品的主要特征。

当然，对于生命周期长的 UGC 产品而言情况有所不同。我们可以类比想象：不考虑借贷问题，假如甄维旭拥有一套房产并且每个月的工资仅能够维持自己的正常开销。此时有一处地段更好、更符合甄维旭需求的房源，即便此处房产价值与甄维旭所拥有的房产等同，他也不得不按捺下躁动的心思好好地算一笔账：以甄维旭目前的经济状况，假如他对新房产势在必得，想要在最短的时间内拿下新房产，似乎除了变卖现有房产别无他法。而这时又引出新的问题：住宿问题以及房产的变卖时间问题。在各种隐性成本的压力下，甄维旭尽管再渴望新房产，也不得不向现实妥协，放弃购买新房产。此处的"新房产"就像生命周期长的 UGC 产品，如果生产者不能够通过技术优势来"包装"产品，增加其附加值，使旧有的 UGC 产品产生绝对的竞争优势，消费者又怎么会买账呢？在这种情况下，"精益求精"就成为生命周期长的 UGC 产品畅通市场的通行证。

二、创造火花的驱动——非经济动机

非经济动机，指不以生产 UGC 产品作为盈利手段，更多的是一种精神层面的追求。当我们不再仅仅执迷于追求利润时，或许可以思考追求更高层次的满足。设想一个场景：凛冬将飘雪，天空阴云密布，我们行走在街上赶着归家的路，紧裹着的冬衣稍稍御寒，受寒夜鞭挞，寻一处温暖就是一种莫大的安慰了。有诗云："晚来天欲雪，能饮一杯无?"归家的人儿与三两好友齐聚暖屋，饮清酒几杯，道一句家常、话两句里短——逸趣横生。经济动机所求的，就像御寒的冬衣，而非经济动机所求的，则是这闲情逸致，追求的是精神满足。拥有这一类供给动机的用户在提供 UGC 产品时更多是为了获得他人的肯定或自我的满足，在生产过程中更加注重考虑受众的偏好和评价。相比于经济动机者，非经济动机者可能在产品提供上投入更多热情和精力，更加注重 UGC 产品的质量。

不同的动机驱动下的 UGC 产品以及行为主体产生的社会影响也各不相同。对社会个体而言，早期甄维旭在公司过度的经济动机下身心俱疲，生产者为了追求利润甚至无暇顾及消费，严重影响了生产积极性，甚至影响了生产效率的可持续性；而后期，甄维旭在元宇宙中的生产活动更具有弹性，可以合理"消费"闲暇，身心更加健康，以甄维旭为典型的用户个体也在向我们展示，元宇宙经济的到来可能为我们提供更加舒适的工作环境。对社会整体而言，元宇宙的出现为就业市场带来了更加多样性的就业机会，增强了劳动者与岗位的适配性，如甄维旭在元宇宙中作为概念服装设计师的身份，与他的专业知识和能力更加匹配。元宇宙平台的存在不仅能够释放消费者需求的多样性，同时也释放了生产者供给的多样性，具有独特技能的生产者更容易找到匹配的岗位，不仅提供了能满足个性化需求的产品，还能有效缓解就业问题。

第四节　产权体系

当供给动机准备就绪，要启动"供给的机车"，还需"产权体系"这个引擎提供能量，方可使机车正常行驶。《新帕尔格雷夫经济学大辞典》中对"产权"的定义是这样的：产权是一种通过社会强制实现的、对某种经济物品的多种用途进行选择的权利。我们将围绕产权体系的"中心化"与"去中心化"问题展开论述。

一、权力之塔的律动——产权体系中心化

产权体系中心化，常见于现实经济体和早期元宇宙体系。在这个阶段，生产交易大多数由一个或者几个龙头企业牵引实现，所有经手商品的企业中心服务器会自动记录交易信息——商品交易、产权转移都体现在服务器上的

数字信息变动。提供中心服务器的企业掌握着信息的生杀大权。一旦出现产权纠纷问题，只有相关企业同意才能调用服务器的相关数据，而企业由于有直接控制权，对其中的某几项数据稍做改动也可能导致结果大相径庭。产权的设立原本是用来巩固规范财产关系并对生产交易中人的行为进行约束，维护经济秩序稳定，本该起到"尚方宝剑"的作用，而在"中心化"的机制中却有可能成为"凶手"的保护伞。当商品供应者的产权因部分掌握中心服务器的企业随意篡改信息而无法得到有效保护时，山寨产品可能愈发猖狂，企业无法依靠产权保持市场优势，以致利润逐步下滑，生产意愿可能会大大降低。

二、自由花园的盛宴——产权体系去中心化

在产权体系去中心化的情况下，我们将重点讨论以区块链为基础的产权体系。区块链是一种基于点对点网络架构的技术，基于区块链的特性，人们可以通过持有类似于 NFT（非同质化代币）的身份识别标志来获得身份标识，定向地对每一个独一无二产品的版权进行确认，以确立其"唯一性"。在元宇宙经济中，由于 UGC 产品的可复制性，或许产品甫一落地就有许多"孪生兄弟"接连问世，"去中心化"的产权体系恰恰能有效解决产权保护这一棘手问题。借助数据权益通证化、数据确权与授权的区块链技术，NFT 技术相当于给产品盖章，以其独特性来认证产品、产权的归属权。商品交易中，物品对应的 NFT 会被记录在区块链的分布式账本中，人们可以利用它追溯物品的信息。从这个意义上说，在去中心化的产权体系中，所有信息都将是公开透明的，而且被记录进区块链的信息难以被篡改，进一步加强了对产权的保护。

第五节　货币

一、货币的基本功能

无论是在日常生活中，还是在经济学的研究中，货币的地位都无可替代。但是货币的定义并没有统一，经济学家们通常会把用于购买产品和服务或者偿还债务的被普遍接受的东西认作货币或者货币供给（Money Supply），而我们通常印象中的纸币或者金属硬币，则被称为通货（Currency）。著名经

济学家弗雷德里克·S. 米什金认为，即使是经济学家，也难以给出一个既单一又精确的货币或者货币供给的定义。所以对于货币的本质，似乎并不需要刻意地通过定义的方式去刻画，而应该更多地去考虑货币的功能和意义。

在现实经济体中，不论货币以哪一种形式存在，通常具有三个主要功能：交易媒介、记账单位和价值贮藏。货币的这些功能实际上贯穿在生活的点点滴滴当中，每个人的需求和其拥有的物品或能力（或称禀赋，Endowment）都具有异质性，下面我们不妨通过一个场景来展现货币的这些主要功能。

在陕西西安有一位十分有名的书法家张三，他不但擅长飘逸自然的草书，还精通苍劲有力的楷书，他的作品受到了众多书法爱好者的追捧，他对历史故事非常感兴趣。家住广东深圳的书法狂热爱好者兼生物学家李四，千里迢迢从深圳赶到西安，希望能够购买张大书法家的一幅墨宝。此时给生物学家李四增加一个假设限制——他只会讲授有趣的生物学课程，并不持有货币，这时有一位对生物学课程非常感兴趣的历史学家王五，他只会讲授跌宕起伏的历史故事，于是就出现了一个尴尬的局面：张三想听王五的历史课，王五想听李四的生物课，李四想要张三的书法珍品，但他们的需求和禀赋并不能一对一匹配，这个交易就无法实现。那么如果李四执意要获得张三的墨宝，张三执意要听王五的历史课，王五执意要听李四的生物课，就必须将他们三个人的禀赋转换成一种媒介，同时为了避免在三次交易中处理媒介种类和数量的复杂性，就需要用到一种标准化的媒介，也就是货币。在这里，货币首先是作为实现交易的媒介，其次作为记账单位，它能够将历史学课程、生物学课程和书法珍宝折算成具体货币数量。而对于李四来说，他获得张三墨宝的目的并不仅仅是收藏，而考虑到随着张三的名气越来越大，他的作品的价值就会越来越高，这样一来他当前支付的这些货币就相当于被储存了起来，在下一次他卖出这幅墨宝的时候，相当于重新取出了储存的货币，不但价值还在，甚至大概率会升值，这也就是货币的价值贮藏功能了。

二、现代货币形式多样化

随着现代科技的不断进步，虽然现实经济体中的货币功能始终如一，但是其形式已经发生了翻天覆地的变化。从最早的商品货币（贵金属或者有价值的商品），到贵金属本位的纸币、支票，发展到当前的货币形式——电子支付和电子货币，所有形式的货币无一例外都具有上面的三大主要功能，整个变化最显著的特征是，现实经济体中的货币发行与使用已经开始弱化纸币和硬币，转而依靠电子信息网络技术运转。

用户数量庞大的 Apple Pay、Alipay 以及微信支付等电子支付方式，都是依赖于中心化的货币，如人民币、美元等，这些形式的电子支付方式只不过是纸币硬币通过一种虚拟的通道实现了原本的作用。另一种去中心化的电子货币与这些只是改变形态的中心化货币不同，具有因信息变化而带来的较大的价值波动和巨大的风险，这一类货币依然可以很好地作为交易媒介，但是它们在实现记账单位和价值贮藏这两大功能时会有明显的缺陷，巨大的风险使得几乎没有人敢用这一类货币为自己的商品标价。

三、数字货币在元宇宙中的翩翩姿态

元宇宙经济体下的货币体系会是怎么样的呢？回想元宇宙的本质，其搭建在由发达的计算机网络媒介技术编织而成的底层网络结构之上，那么我们可以确定的是，元宇宙中的货币一定是以数字形式存在的，也因此，元宇宙的经济规则或许和现实经济体有着较大的差异，但是元宇宙中的货币形式与现实经济体中的电子支付和电子货币有着相似之处。元宇宙中的货币同样存在中心化和去中心化两种形式。

1. 元宇宙中心化货币

对于中心化规则下的货币，现实经济体中这一类货币由稳定存在的央行或中心化平台发行并且能够在短时内维持货币币值的高度稳定，只是将交易方式从"一手交钱一手交货"转变为通过电子信息技术平台进行。在元宇宙中，这样的中心化货币的发行人往往是元宇宙平台构建者。毫不夸张地说，技术人员有能力有想法地掌控整个元宇宙空间的经济命脉，能够很清楚地根据元宇宙空间里的商业变革，通过调整货币的属性（类似于货币政策），实现让这些平台中心化货币调解和刺激元宇宙平台经济的作用。在元宇宙起源的网络游戏中已经有平台尝试发行中心化货币，林登实验室（Linden Lab）在旗下的游戏《第二人生》设定了一种法币——林登币，林登实验室可以根据需求决定林登币的发行量，相当于在这个游戏中扮演政府经济部门的角色，通过控制林登币发行量的"货币政策"来调节控制游戏内的"经济活动"。这一类货币特殊的辨识性和稳定性让它拥有了交易效率更高、更便捷的特点，当然有利也有弊，一般性通货膨胀导致的货币贬值也可能使其价值随时间降低。

2. 元宇宙去中心化货币

尽管中心化的货币形式在现实经济中起到了举足轻重的作用，但是受制于多方面原因，完全照搬现实经济中心化的货币体系似乎并不适合元宇宙。去中心化是元宇宙的一个重要特点，同时元宇宙经济极有可能依托区块链技术实现交易等经济活动，所以，元宇宙经济体中主流的货币体系会是去中心化的数字代币。这里的数字代币之所以称为"代币"，是因为其是由某个公司或者个体发行、依托于区块链技术的虚拟货币，尽管这类货币能够履行支付手段这样的货币职能，但由于其发行主体并不是中央银行，不具备法偿性等实体货币的重要特征。这些去中心化的数字代币一般可以分为同质化代币和非同质化代币。同质化代币，以比特币为例，这种类型的代币在某一确定时间，同单位的价值是相等的，可以实现与中心化稳定币几乎一致的交易功能。而非同质化代币，顾名思义，每一枚代币都具有不同的价值、不同的特征，因此，它们不具备类似于同质化代币那样可以分割为小单位进行交易的能力，每一枚货币就像一个完整的艺术品一样，都是不可切割的。类似比特币这样的同质化代币，发行单位一般是一个拥有市场价值的上市公司，而我们知道上市公司的市值并不稳定，时刻波动，可能出现剧烈涨跌，这也就导致了同质化代币币值的不稳定性。同样的，由于非同质化代币像完整的艺术品，其价值变化也会像艺术品一样飘忽不定，这也导致了其币值的不稳定。不论是同质化还是非同质化代币，这些代币在不依托一个中心化平台的同时也不具备国家信用的背书，因此它们即使凭借去中心化和可匿名的特性能够得到用户的青睐，也会因为币值的高度不稳定性而无法承担流通货币的职能。

这样看来，现实经济体的中心化货币体系的稳定币值和去中心化货币体系的数字货币交易都是元宇宙经济体系所需要的，而将二者运用于元宇宙经济的缺陷又十分明显——非"去中心化"和币值的高度不稳定性，所以两种体系任选其一并不能够满足元宇宙的货币体系需求，那么何不对二者进行取长补短，形成一种集二者优点于一身的货币体系呢？

3. 元宇宙稳定币

由元宇宙平台发行的稳定货币，既能实现元宇宙数字交易，又拥有媲美中心化货币的稳定币值，正是我们需要的理想型货币体系。不仅如此，作为元宇宙中流通的货币（通证），高效流通是其基本要求。回顾元宇宙的本质，瞬时性是元宇宙的重要特点之一，而去中心化的货币体系有一个严重不利于元宇宙交易进行的缺陷——交易效率低，导致这一缺陷的主要原因是去中心化货币的技术基础——区块链技术。区块链技术虽十分先进，去中心化、匿名性等一些独有的特点让它具有巨大的潜在应用价值，然而它只可存储、不可篡改和撤销的特性也造成了去中心化货币流通效率的低下。随着交易数量和流通次数的增加，存储的数据不断增加，节点记录时间不断延长，导致效率降低。比如比特币和以太坊的交易效率低很大程度上是由于它们的数据拥堵和技术性能不足。

第四章　元宇宙经济基本形式：数字经济

第一节　探秘——数字经济的由来

1996 年，数字经济（Digital Economy）首次以一个名词的形式出现在了美国学者唐·塔斯考特（Don Tapscott）所著的 *The digital economy：Promise and Peril in the Age of Networked Intelligence* 一文中。在文中，唐·塔斯考特详尽讨论了互联网与经济的联系以及对经济社会的影响，因此，他被认为是最早提出"数字经济"的学者之一。1996 年以后，"数字经济"的概念开始在全球范围内流行。以 1997 年日本通产省开始使用这个概念、1998 年美国商务部针对这个新概念作了报告为典型代表，世界各国的政府部门逐渐将发展数字经济作为促进经济增长的重点关注问题。

"数字经济"诞生不到 30 年，因此尚未成熟，没有形成像 16 世纪微观经济学那样被广泛认可的体系，甚至就连数字经济到底该如何准确定义，也就是"数字经济"是什么的问题，经济学家们也是众说纷纭，目前仍然无法给出一个十分准确的定义。在 2014 年英国计算机学会的报告中，数字经济被定义为"基于数字技术的经济""通过互联网和万维网来进行交易"。2016 年英国下议院的报告 *The Digital Economy* 中，数字经济被描述为"商品和服务的数字存取""用数字技术来帮助企业"，并指出"很难定义"。对于这样一个非常应用化的名词来说，要通过一句短小的定义来解释清楚，几乎是不可能的。

实际上，"商品和服务的数字存取"和"用数字技术来帮助企业"这两种对数字经济的描述已经高度概括了"数字经济是什么？"这个问题的答案。不妨从广义与狭义的两个角度来阐释数字经济。

广义上来说，所有基于互联网数字技术的经济活动都可以被称作是"数字经济"。互联网发展数十年，最核心、最底层的一直都是编程语言。编程语言是搭建网络世界的基础，同时也是算法的工具。算法依赖于语言来实现其功能。倘若在企业需要进行决策的时候，利用算法进行辅助决策，那么在广义范畴内，这也是数字经济的一种体现。不仅如此，在这样的框架下，利用现代化农事操作与管理的精确农业、应用了数字自动化技术的工业 4.0 智能制造，就是现代化第一产业和现代化第二产业中"数字经济"的典型代表。将互联网带入商业领域的亚马逊公司所做的业务也正是广义"数字经济"的最煊赫代表——电子商务。在中国，每天都有无数的电子交易在淘宝、京东等平台完成。这些经济活动都是基于数字技术进行的，因此它们实质上是一种数字化的经济（Digitalised Economy），是在原有的经济活动的基础上利用数字技术拓展了业务范围（地域上、时间上），提升了产出效率和交易效率。

狭义上来说，"数字经济"更强调那些因为信息与通信技术（Information and Communication Technologies，ICTs）而存在的经济活动。狭义的数字经济范畴内的所有经济活动都是广义数字经济的一部分。近十年内才逐渐出现、发展起来的新兴经济活动，比如平台经济（Platform Economy）、共享经济（Sharing Economy）、零工经济[1]（Gig Economy）等。这时就产生了一个问题，亚马逊、淘宝等这些有形商品的交易平台为什么没有被划入狭义的"数字经济"呢？对比脸书和谷歌这样完全"数字"的平台公司，那些有形商品交易平台的界限就显得不那么清晰了，但是根据事实来判定，这些公司应当被定义在内。

为了避免片面地看待数字经济，就需要将广义和狭义的"数字经济"进行结合，于是产生了一种模糊边界的定义：经济产出的一部分，完全或主要来源于数字技术，其商业模式基于数字商品或服务[2]。虽然这个定义是比较模糊的，但它足够灵活。除此之外，数字经济的组成自然离不开它的绝对核心——IT/ICT部门，作为数字经济的基础部门，在技术和制造方面涵盖了软硬件制造、电信网络搭建，在服务方面包括了信息服务、IT咨询，这些领域都是数字经济的关键组成要素。

对"数字经济"这个概念进行剖解之后，从广义、狭义以及核心部门等多重维度就可以比较清晰地拆解出数字经济一般的三个组成部分：高度数字化的商品和服务，这部分的商品服务是无实体的，完全以数字形式生产和交付，比如在线辅导、信息资源类软件使用权限等；混合数字商品和服务，这一部分的商品服务通常是通过数字化交易的方式进行有形商品服务的零售，例如网购书籍、鲜花等；IT密集型的商品和服务，这部分可以是全过程高度

---

[1] 百度百科：零工经济是共享经济的一种重要的组成形式，是人力资源的一种新型分配形式。零工经济由工作量不多的自由职业者构成的经济领域，利用互联网和移动技术快速匹配供需方，主要包括群体工作和经应用程序接洽的按需工作两种形式。

[2] source：Defining, Conceptualising and Measuring the Digital Economy

依赖 IT 的，也可以是相关行业，比如复杂的工程程序设计或者数控精密加工等。

既然数字经济的定义和组成部分已经明确，那么数字经济时代又会有哪些特有的重要问题呢？

首先，任何一个时代都离不开"创造"的话题，从中国的炎黄二帝创造医、农以来，一直到近现代西方世界带来的工业革命，一直在创造。数字经济时代当然也不会例外。然而在这个时代，除了技术上的创造，更多的是数字信息的价值创造。信息的价值是这个时代最重要的经济产出者之一，因此对信息价值的创造、发掘、升华是数字经济发展中关键的一环。这样一来，信息也就成了极富时代特征的关键生产要素，但是信息是很容易被公开并被公众利用的，这也就导致了数字权益和数据安全的根本性的问题。专利的设置、隐私相关法律的颁布都是政府组织机构试图解决这两大问题所采取的措施。信息传播条件的升级和设备的优化让市场的动态能够非常迅速且无视物理距离地出现在生产商的面前，由于时差非常小和信息跨区域的传递，生产商们获取到的信息大同小异，采取的生产策略如出一辙，这使得市场竞争愈发激烈，很容易出现恶性竞争，在产生这一问题的同时，也给市场监管带来了不小的压力。

除此之外，数字素养也是数字经济时代的焦点概念。对数字技术、计算机设备的原理、知识、技能的掌握，参与在线社交网络和在线社区的能力，捕捉、获取和评估信息的水平等等，都是"数字素养"的构成元素。在这个时代，想要走在芸芸众生之前，就需要具备数字素养。于是，对数字素养的训练和培养也引发了一系列新的社会问题。

第二节　解密——关于数字经济

一、数字经济的意义

考虑到数字经济的起源和组成部分，我们现在可以更深入地探索数字经济如何在多个领域以不同的方式重新塑造世界。这也是发展数字经济的意义。

1. 数字经济的魔法——触及万象，重塑未来

数字经济作为重要的变革力量，正在各个行业和领域引发广泛的变革。它代表了无与伦比的经济增长和创新，超越了长期以来我们对商业和企业的

传统定义。这一范式转变在多个领域中都表现得淋漓尽致，包括金融、医疗保健和娱乐等。作为数字技术的典型例子，区块链技术的影响不仅仅体现在金融交易的简化上，还提高了效率和透明度，最终带来了更高的经济效益。数字经济是一个不竭的创新源泉，不断推动着科学家们对数字化创新的追求。新兴技术，如量子计算和自动驾驶汽车，是数字创新无限潜力的鲜明例证。

在数字经济的框架下看待全球化现象，其规模前所未有。公司可以轻松地在全球采购资源，跨越国界从事制造业，并将其产品和服务传播到世界各个角落。这种互联互通的现象产生了复杂的、全球相互依存的供应链网络，为全球经济的新型互联互通开辟了新的途径。

2. 数字经济的蓬勃增长：创新之旅，就业之源

伴随着数字经济规模的扩大，它对就业也产生了巨大的作用，不仅体现在已有的就业市场上，它同时也是一个创造就业机会的引擎，创造了一系列新的就业机会。数据科学等领域经历了指数级的增长，这是因为国家越来越重视数据驱动的创新发展。随之而来的是对网络安全专家的需求激增，以应对不断升级的数字威胁。与此同时，由数字平台推动的零工经济为灵活的就业机会和创业机会敞开了大门。

数字经济最引人注目的一个方面可能是其在民众获取基本服务方面的作用。以远程医疗为例，它能超越地理限制，为偏远和医疗服务不足地区提供远程医疗咨询和服务。而在线教育平台能为全球各地的用户提供高质量的学习体验，鼓励终身学习。

随着消费者对数字平台和数字化接受程度越来越高，传统商业模式正在经历颠覆性的变革。流媒体服务，如 Netflix 和 Amazon Prime，为客户提供个性化的娱乐选择，对传统的有线电视模式构成了严峻的挑战，重新塑造了电视媒体消费的格局。这一变革凸显了数字消费者对商业模式的影响，他们在塑造娱乐消费模式上拥有了新的影响力。

数据是数字经济的核心，它为数字技术驱动的洞见和个性化提供了动力。例如，零售商充分利用客户数据，提供高度个性化的产品推荐，从而提升了购物体验。在医疗保健领域，患者数据支持精确的诊断和个性化的治疗计划，提高了医疗保健质量和治疗效果。

3. 数字经济的时代使命——和平、发展、可持续

世界的当下与未来依然应以和平与发展为主题，其中可持续发展是现代最重大的议题之一，数字经济在其中承担重要作用。数字技术，如智能电网和电动汽车，是环境保护的先锋，智能电网通过物联网传感器和数据分析，

精细化地优化能源配置，大大减少了资源浪费和环境污染。电动汽车，作为数字创新的象征，通过减少温室气体排放和推广可持续出行解决方案来改善因交通所产生的环境污染问题。

然而，数字经济也带来了复杂挑战和伦理困境。例如网络安全威胁，从勒索软件攻击到数据泄露，时刻提醒我们加强数字防御，保护敏感信息和关键基础设施。在数字时代，保护个人数据和维持核心系统正常运行至关重要。伦理考量，特别是在人工智能领域，需要审慎管理，以维护数字领域的公平和公正原则，算法偏见和透明度问题需要严格监督，以确保数字创新的使用符合道德标准。目前各国正在积极制定监管框架，以确保新兴技术的道德和责任部署，平衡促进创新和保护社会福祉的需求。

结合当今世界发展和人类技术进步，数字经济的发展是充满活力、多维多样的并且有着光明的前景，数字经济本身也正在深刻地融入现代生活的衣食住行学工旅等各个方面，它带来的巨大变革力量正在重塑经济、重新定义工作场景，并引领我们进入一个全新的未来，持续地从根本上对我们的生活方式、工作方式和与世界互动的方式进行改造。

二、数字经济发展的动因

在 21 世纪令人振奋的形势下，数字经济的发展扬起浩荡的时代东风，正逐渐成为一股变革力量，重塑着世界各地的经济运行和社会发展形式。在这场数字革命中，有四个主要驱动因素：技术的进步、经济全球化和互联网的普及、需求的变化、政策和监管的支持，每个驱动因素都将数字经济推向新的高度。

1. 通往无尽可能性的科技迭代——技术的进步

技术进步是数字经济发展的基石，计算能力、数据存储和连接效率的进步为数字经济的发展提供了肥沃的土壤；移动设备的激增、云计算的兴起以及物联网的覆盖，为开创性的数字产品和服务拓宽了道路；人工智能、机器学习和区块链技术突破了商业原有的规则，也创造出企业运营和与客户互动的新模式。数字经济始终立足于技术前沿，不断突破界限，孕育新模式。

2. 数字经济的动脉——经济全球化和互联网的普及

经济全球化和互联网的普及是数字经济蓬勃发展的重要催化剂，得益于经济全球化，企业能够在全球范围内建立供应链，打破了国界的壁垒，使得货物、资本、数据的流动性得到空前加强；互联网的普及串联起世界的每个角落，使信息的获取变得更加便捷，促进了全球数字生态系统的发展。人们可以通过网络和数字平台实现在线交易、通信和合作，促进跨境贸易和投资。经济全球化的涟漪和互联网的涌动相互交织，共同掀起数字经济的浪潮。

3. 用户驱动的数字消费时代——需求的变化

需求的变化深深影响着数字经济的发展。首先，需求的变化带来了新的市场机遇和商业模式，消费者对个性化、定制化的产品和服务的追求推动了在线购物、流媒体服务和数字内容消费的兴起；其次，需求的变化促进数字经济产业链的调整，催生新的产业形态，促使数字经济朝着更加智能化、人性化的方向发展，大数据分析、人工智能等技术的广泛应用以及智慧医疗、智慧城市、智能交通等领域的发展初步满足了人们对智能化生活方式的需求。需求引导着市场发展的方向，只有紧跟需求的变化，数字经济才能持续繁荣。

4. 塑造数字生态的法律底色——政策和监管的支持

政策和监管的支持就像是数字经济的保护伞和助推器，数字经济的发展不能是肆意的，而是要在固有的、特定的政策和法规的约束下发展。首先，政府可以通过税收优惠、创业扶持、科研经费支持等政策，鼓励数字经济发展；政府还可以通过制定市场准入规则和竞争政策，保护市场公平竞争，营造公平公正的市场环境。其次，监管机构可以制定并执行相关规章制度，确保数字经济的合规运营，保护用户的权益和数据安全。加强政策和监管的科学性和适应性，数字经济将拥有更加有序的发展环境。

总之，数字经济在上述四个驱动因素的影响下蓬勃发展，技术的进步、经济全球化和互联网的普及、需求的变化、政策和监管的支持五个方面共同熔铸成数字经济新时代，重新定义了行业发展形式、经济运行形式以及我们在数字时代的生活方式、工作方式。

三、数字经济的发展弊端

在我们这个不断变化错综复杂的世界中，数字经济的出现发出了前所未有的光芒，照亮了通往创新、效率和互联互通的道路。然而，在这个由像素和算法组成的令人眼花缭乱的领域里，潜伏的挑战需要我们坚定不移的持续关注。在本节，我们将深入研究数字经济崛起的弊端，从四个关键维度探讨其主要问题：数字鸿沟、劳动市场变革、隐私与安全、环境影响。

1. 信息断裂之痕——数字鸿沟的危机

数字经济的发展无疑给世界各地的个人、企业和国家带来了许多好处和机会。然而，必须承认的是，它也加剧了"数字鸿沟"问题。笔者认为，数字鸿沟是指能够接触和有效利用数字技术的人与无法接触和有效利用数字技术的人之间的差距越来越大，这导致了多方面的不利影响。

教育曾经是伟大的均衡器，现在却在差距的悬崖上摇摇欲坠。在一个知识通过宽带连接传播的世界里，那些没有接入宽带的人被知识抛弃。在发达国家，学生可以使用在线课程、教育应用程序和丰富的数字资源。相比之下，贫困地区或经济条件差的家庭的学生可能缺乏远程学习所需的工具和互联网连接。新型冠状病毒（COVID-19）的流行凸显了这一问题，数百万学生因数字鸿沟而面临教育中断。

商业也出现了残酷的转折。虽然数字市场扩大了其覆盖范围，但数字鸿沟让部分人看不到某些信息。无法拥抱数字时代的小企业，发现自己在数字商业模式的海洋中漂流，挣扎求生。随着数字世界成为新战场，经济差距扩大了。例如，当地自由市场的小贩们缺乏数字平台和电子商务技能，与跨国电子商务垄断市场相比，他们很难推销自己的产品，并获得更广泛的客户群。

巨大的数字鸿沟延伸到了医疗保健领域。在蓬勃发展的数字经济中，远程医疗作为生命线出现，提供远程医疗咨询。然而，那些无法上网或无法使用数字技术的人发现自己被医疗保健的生命线拒之门外。因此，当COVID-19席卷全球时，隐藏在偏远角落的脆弱社区面临着这样一个严峻的现实：卫生信息和服务变得遥不可及，他们无法跨越数字鸿沟，通过数字技术获得医疗服务。

还有一个容易忽略的方面，就是获取信息和参与数字公共领域是现代民主国家的基础。数字鸿沟可能导致政治失衡，因为无法访问在线信息和社交媒体的人可能被排除在关键讨论和决策过程之外。这可能导致边缘化的声音和社区被忽视。

数字鸿沟提醒我们，当我们迈向数字时代令人眼花缭乱的未来时，必须重视与之相伴的社会问题。因为数字鸿沟不仅体现了技术上的差距，还反映了持续存在的社会不平等。

2. 劳动之潮——市场风云的浪潮变迁

随着数字经济的飞速发展，精通数字技术的人和缺乏数字技术的人之间的鸿沟正在扩大。那些无法驾驭数字技术的人可能会发现自己被困在失业的海岸上，他们的传统技能在一个要求掌握编程和数据的世界里变得过时了。

此外，作为数字革命的副产品，自动化的不断发展可能会侵蚀就业机会。机器和AI没有疲劳，只需要相对较低的维护费用，就能以无与伦比的效率执行任务。这种转变也给工人的生活带来了不确定性，因为传统的工作保障被零工经济取代。在零工经济中，劳动力是短暂的，福利是稀缺的，稳定职业的概念变得像飘过的云一样难以捉摸。零工经济是数字时代的宠儿，它用不稳定的合同工取代了稳定的全职工作，让工人们任由需求波动和不断变化的算法摆布。

在进步中，必须承认在劳动力市场改革中的不和谐音符。数字经济虽然令人眼花缭乱，具有变革性，但它的副作用给那些受影响的人的生活带来了阴影。当我们继续拥抱数字创新的无限潜力时，我们还必须确保就业机会，弥合数字前沿和传统劳动之间的鸿沟。

3. 保密的漩涡——隐私与安全的重重风险

在庞大且不断扩张的数字经济领域，创新与便利齐头并进，但也存在着一些隐忧。在无数问题中，没有几个像隐私和安全风险那样尖锐和令人担忧。

在数字经济发展更加成熟的将来，设备相互连接，数据像河流一样流经数字世界的脉络。在这个充斥着 1 和 0 的城市里，虚拟存在的每一笔交易、每一次互动都被精心记录和审查。乍一看，它似乎是人类智慧的奇迹，是一个方便的乌托邦，你的欲望只需点击就能满足。然而，在这光鲜的外表下隐藏着一个危险的深渊，等待着吞噬粗心大意的人。

随着数字经济的蓬勃发展，隐私，这一被人们珍视的个人权力变得越来越难以保护。你的每一次在线活动、每一次购买、每一次搜索查询和每一次社交互动不仅被观察到，而且经常被利用来获取商业利益。这只全视的数字之眼会跟着你，绘制你的数字足迹，追踪你的偏好，并以惊人的精确度预测你的欲望。

当我们浏览电子商务令人眼花缭乱的景观时，我们不知不觉地在数字领域留下了我们的个人信息。这些信息虽然是为了增强我们的数字体验，但也可能落入不法分子之手。我们的数字身份面临着不断演变的威胁，无论是使用复杂工具的黑客还是暗网黑市，在那里，被盗数据像普通商品一样被买卖。

在这个信息就是力量的数字时代，滥用个人数据成了一种能够造成广泛伤害的武器。侵犯隐私导致我们失去对自己生活的控制，因为我们最私密的信息被操纵和商品化。

安全也如同悬在数字深渊之上的一座脆弱的桥梁。随着我们对数字平台的依赖程度越来越高，我们互联系统的脆弱性也在增加。违约的后果不仅仅是财务上的，它们在我们的生活中产生深远影响，影响着我们的安全感和信任感。大大小小的数据泄露事件凸显了数字生态系统的脆弱性。

因此，数字经济的发展虽然具有不可否认的变革性和革命性，但也带来了隐私和安全风险这样的明显缺点。当我们陶醉于互联网带来的便利和互联互通时，也不要忘记它投下的阴影。在这个领域，进步的代价不仅是以金钱来衡量，而且是以我们隐私的本质来衡量的，在这个领域，保护我们数字身份的墙在面对无处不在的威胁时变得越来越脆弱。

4．生态之殇——环境的深刻问题

近期，日本核废水排海事件又引起了人们对于环境保护的讨论热潮，但殊不知，数字经济的快速发展也在潜移默化地影响着环境，给环境保护带来不容小觑的压力。

当我们陶醉于数字领域的便利时，我们常常忽略了我们所付出的代价。电子垃圾的激增，我们数字梦想的残余物被丢弃，像一座过气的纪念碑一样堆积起来。曾经闪耀着希望的设备现在被丢弃和遗忘，它们含有的有毒成分渗入了维持我们生存的土壤。

在数字经济的宏大叙事中，对环境的影响是一个令人沮丧的副歌，它提醒我们，进步虽然带来便利，但并非没有后果。它呼吁我们在数字野心和孕育我们的脆弱生态系统之间寻求和谐。它要求我们重新评估能源消耗，找到可持续的解决方案，并创造一个可以蓬勃发展而不必付出如此沉重的代价的未来。

第三节　数字经济的成本

《易·系辞下》有云："上古结绳而治，后世圣人易之以书契。"由上古时期记事结绳再到东汉时期造纸功成，人类记录信息的方式可谓时变时新。然而，即便是再高瞻远瞩的古人恐怕也难以预料到当今世界信息记录方式翻天覆地般的变化！在信息化时代，信息以比特的形式呈现，使得数据存储、计算和运输的成本有效降低。本节所分析的"数字经济成本"是研究数字技术是否以及怎样影响经济活动的。当信息的载体"比特"与"原子"碰撞交接，又将迸射出怎样的火花？此处我们参考 Goldfarb 与 Tucker（2019）的观点，从降低搜寻成本（search cost）、降低复制成本（replication cost）、降低运输成本（transportation cost）、降低追踪成本（tracking cost）、降低验证成本（verification cost）五个维度进行探讨分析。

一、搜索成本

搜索成本指寻找信息耗费的成本。消费者在购买产品前会通过信息搜索分析比较产品的价格、质量、功能以及商家口碑。搜寻理论认为，人们对信息的搜寻是有成本的，即消费者对产品信息的相关搜索活动都要付出一定的搜索成本。

我们简单将线上与线下的信息搜索进行对比：远居东北的甄维旭有意到海南旅游，出发前他要作一个较为详尽的海南旅游指南。在线下，他可能是通过海南旅游宣传广告、亲友旅游体验转述、线下的考察等方式获得对目的地的了解；反观在线上，他所需要的或许只是一个搜索引擎或 App，通过旅游地官网、视频平台介绍、游客评论区等途径获得更为详尽的信息。当线上信息搜索能够提供更易寻找和对比潜在交易的信息时，消费者和生产者双方会更偏好线上信息搜索。围绕着数字经济产生所带来的"信息搜索成本下降"的问题，我们从以下三个方面进行分析。

1. 信息解码——对价格以及价格离散度的影响

甄维旭的旅游计划是跟团旅行，而他发现当搜索成本变低时，在线上能够更加容易地比对各家旅游团的价格。在竞争性的诱导下，相似产品的生产者会降低产品的价格来吸引消费者，因此会导致价格降低。布林约尔弗森（Brynjolfsson）和史密斯（Smith）的研究表明，线上产品价格更低：通过对比四家线上零售商、四家线下零售商和四家同时在线上和线下销售的零售商的书和 CD 的价格，发现线上的书和 CD 的价格比线下更加便宜。

虽然价格降低了，但是价格离散现象依旧存在。价格离散的一般定义为同一类商品的价格分布相对于某一中心的偏离程度，即在市场达到均衡的情况下，不同商家以不同价格出售同质商品的现象。在线下，商品的价格离散因信息不对称、地域垄断、时间跨度等因素存在；而自从线上产品销售渠道出现以后，研究者开始关注线上方式是否仍存在价格离散：朔尔滕（Scholten）和史密斯（Smith）研究了 2000 年的网络零售市场和 1976 年的传统零售市场的价格离散水平，通过检验 70 种对应产品的网络价格发现，2000 年网络市场价格的平均变异系数（价格离散的度量方式之一）为 14.5%，高于 1976 年传统市场的 12%。除此之外的不同研究也表明，线上线下两种渠道的价格离散均存在。继续考究我们也容易发现，线上价格可比性的条件并不总是存在：在旅游的例子中，如果不同旅游团提供同样的服务，而品牌口碑、员工素质、服务项目等方面不尽相同，则很难对其服务进行有效的定价比对。当然，高口碑、高素质团队的旅游团理应受到更多青睐，故而容易追求更高的价格。

2. 信息开放——对多样性的影响

我们将通过一个场景进行概括分析。

靠窗的位置放着一张精致的写字台，桌子上摆放着甄维旭刚刚购买的漫威手办——钢铁侠。甄维旭双手捧着一本《俗世奇人》阅读。也不知过了多久，甄维旭合上书本，撑起下巴回味着"泥人张"的故事：对"贱卖海张五"的结局哑然失笑，感慨着"泥人张"的奇异，也惊叹于泥人竟是如此惟妙惟肖。

在这个场景中，"泥人"隐喻利基和稀缺产品，而"手办"对应着畅销产品。在高搜索成本的时期，"泥人"和"手办"的知名度有着天壤之别。电影院、电视机、杂志等都可以是"手办"信息活跃的场所，信息受众面以及受众渠道相对较广：当一个 IP 的知名度随着影视作品或漫画杂志等方式的影响力扩张而上升，对应的周边产品将自然而然地具备相应知名度，在不经意间相关信息会填充着我们日常生活的边边角角。不管喜欢也好厌恶也罢，畅销产品似乎与我们总是"抬头不见低头见"；而类似于"泥人"一般的利基产品则可能是一地特产或特殊手艺成品，相关信息活跃在较为固定的场所，信息受众面以及受众渠道相对狭窄：熟人引荐、道听途说或偶然探访等，受限于"偶然"因素。

莫非我们与利基产品只能缘尽于此？数字经济写就"雨露均沾"的答案：数字经济下搜索成本的降低为消费者与利基产品提供了更多"偶遇"牵线搭桥的机会，由于边际效应递减甚至趋近于零，规模经济的优势等因素导致畅销产品的利润变薄，生产者与消费者可能相应地给予利基产品高于以往的机会，导致利基产品的销售比例增加，产生"长尾效应"。低搜索成本自然也不会"冷落"了畅销产品：一般情况下畅销产品拥有着自己的品牌，当品牌形成时，消费者的"粘性"会增强，在搜索成本降低的情况下也可能增加受众，假如在产品均为纵向差异化的条件下，由于生产的边际成本几乎为零，同质性消费者对产品的质量评价将达成一致，部分畅销产品在市场上容易占据支配地位，即产生"赢家通吃"现象，也就是"超级明星效应"。

长尾效应拓宽了利基产品的市场生存空间，而超级明星效应夯实着畅销产品的畅销基础，两者均增加了生产者与消费者的选择机会，增加了多样性。如果产品在横向与纵向均存在差异，搜索成本的降低将导致一个均衡：原本由利基产品和畅销产品构成的正态分布曲线中，最流行和最优质量的畅销产品将会以最高的数量生产并销售，而分布在曲线两侧尾端的利基产品则通过长尾零售商销售。分布在左右两侧尾部利基产品的增加，是伴随中部畅销产品的增加出现的。

3. 信息拼图——对匹配的影响

阿罗－德布鲁范式是一种理想状态：假设在完全竞争市场中存在大量的买方和卖方，并且双方都拥有与商品相关的完全信息，在这种情况下，买卖双方即便不需要支付搜索成本也能完成市场交易，达成市场出清的状态。然而，现实市场中买卖双方完成交易的过程并不像阿罗－德布鲁范式的假设一般顺利，通常要增设一个信息搜索过程。而这一过程中花费的搜索成本即为"搜索摩擦"。

"搜索摩擦"理论最初应用于劳动力市场，对失业以及职位空缺现象并存的解释是供需双方的需求异质性造成的匹配失败。而实际上"搜索摩擦"理论的应用不仅适用于劳动力市场，还与现实经济有着更加广泛和密切的联系。在大多数情况下，搜索与匹配过程是对信息的收集和处理。数字经济的出现让居住在广东的消费者想要品尝秭归脐橙时，不用千里迢迢前往湖北省的线下市场，减少了消费者亲自前往门店收集信息的时间开销，有效减少搜索摩擦。由此可以说明，搜索成本的降低可以更广泛地促进交易，提高匹配质量和效率。

二、跟踪成本

跟踪成本是收集信息来建立消费者与相关消费行为联系的过程所付出的成本。元宇宙中的新技术能够自动化存储所有信息，数字活动一旦形成便很容易被记录和存储，而企业与消费者将对这些繁杂数据进行挑拣、选择、丢弃和保留。跟踪成本的下降不断挤压着市场与个人之间存在的壁垒，直至其消失，由此产生的信息不对称和差异化产品带来了新的问题。

1. 信息不对等下的定价——价格歧视

数字活动容易被记录和存储，而在数字经济时代，互联网公司拥有着中心服务器的掌控权，牢牢把控信息的流向。而消费者信息自主权丧失而不自知：例如，甄维旭在视频 App 上刚刚浏览点赞"飞人博尔特的运动装备"的短视频，转眼间点开购物平台主页推荐全是"博尔特周边""跑步装备推荐""爆款跑鞋"……一时兴起的甄维旭火速下单"博尔特奥运夺冠同款钉鞋"，"买了和博尔特一样的装备，我和博尔特的区别又小了一点！"甄维旭做起了甜甜的白日梦。

甄维旭的经历也陈述着事实：跟踪成本的下降使得生产者占据主动，

在这种生产者与消费者的信息自主权极不对等的条件下，生产者更容易根据个人数据进行价格歧视行为，可能使得垄断企业通过消费者的额外信息进行个性化定价而获利；竞争情况下各大生产者疯狂收集消费者信息，信息被不断收割、储藏，可能加剧市场竞争。但同时，垄断者对信息的控制可能引起部分消费者的警觉，使他们更加谨慎地使用信息与保护隐私，甚至设置"陷阱"误导生产者，在不经意间完成了"猎人"与"猎物"角色的转变，使得生产者无法准确把握消费者的偏好，从而在一定程度上阻碍价格歧视。

2. 信息差异下的营销——个性化广告

或许降低跟踪成本的最大影响并不是个性化定价，而是个性化广告。毕竟消费者的数字行为有时不能准确反映消费者的偏好，而合适的、相关的、有利可图的广告能够通过消费者对广告的感兴趣程度记录、引导消费者潜在的消费心理以及行为。上述甄维旭浏览的视频相当于向平台发送了一个"我对飞人博尔特的运动装备内容感兴趣"的信号，而平台则根据这一信号对信息进行切分，分成"博尔特""跑步""运动装备"等板块，再分类整理与板块相关的产品信息板块投放到合作的购物平台，呈现在甄维旭的眼前。可怜的甄维旭因为一个视频而被平台加以解读和引导，最终下单，钱包成功瘦身！跟踪成本的降低刺激着在线定向技术的完善，促进广告商对于消费者行为信息的竞争，庞大的个性化广告市场逐渐形成。

3. 信息分歧中的竞价——拍卖

在跟踪成本降低时，在线广告的兴起以及个人层面的定向跟踪技术导致成千上万的广告定价问题成为困扰生产者的难题，而数字经济的解决之道便是拍卖。拍卖分为个人价值拍卖和共同价值拍卖。在个人价值拍卖中，拍卖商品对每个参与者具有不同的潜在价值；而在共同价值拍卖中，拍卖商品对于每一个投标人基本具有相同的价值。以下通过场景对拍卖进行说明：甄维旭与许亦蓁同时参加了一场线上拍卖会，拍卖商品是"科比签名篮球鞋"。假如甄维旭正是为了偶像科比的签名球鞋而来，而许亦蓁则是抱着可有可无的心态准备捡漏一双篮球鞋，则通过二人的出价便可大约划定抱有不同目的人的心理价位，然后在参与群体足够庞大的情况下可以将价格划定在一个合理的范围内，并根据消费者个人需求特点进行调整。因此，拍卖的价格发现功能十分实用。

三、复制成本

就生产功能而言，在实体经济当中，从生产一个杯子到生产十个杯子的成本是不一样的，因为每增加一个杯子的生产，都会产生额外的边际成本，但在元宇宙中，生产一个杯子与生产十个杯子需要的成本几乎相同，因此大多数人会认为数字经济与实体经济的区别就在于数字产品的边际成本为零。但事实并非如此。因为在微观经济学当中，无论是边际成本为零与边际成本为正的模型，企业都通过将价格设定在边际收益等于零的水平上来实现利润最大化。而导致数字经济与实体经济中生产功能发生关键转变的因素，是数字商品的复制成本为零。

我们将生产过程中的"复制"简单定义为在最初的产品出现后再生产出与原始产品一致的商品。回到甄维旭生活的现实世界中，作为一名餐饮行业高管的他最近总是愁容满面，看着几个月来不断下滑的业绩，他的心也随之沉到了谷底。这可是他人生中第一次创业，难道就要这样付之东流了吗？想要力挽狂澜，拯救这家企业于水火之中，要么增加业务量，要么就需要降低成本。但是甄维旭也明白，在竞争激烈的餐饮行业中，想要在原有基础上吸引更多顾客，增加营收，是需要下大功夫的。于是甄维旭决定从成本方面入手。看着仓库里摆放着的一次性餐具，甄维旭陷入了沉思：当外卖成为人们生活的常态，商家对于一次性餐具以及各类打包盒的需求大幅度提升。而且这些用具都是一模一样的，倘若拥有像复制文字一样直接复制这些用具的能力，想必能降低不少成本的开支吧……在实体经济中，这听起来像是天方夜谭，但是元宇宙却有着实现甄维旭的幻想的能力。这是因为实体经济中的实体产品由物质构成，而元宇宙中的的数字商品由比特构成。比特的一个重要特性就是非竞争性，这意味着比特可以被一个人消费而不减少其他人可获得的数量或质量，因此数字商品的复制成本为零。

面对这类非竞争性的数字商品，随之而来的问题就是，如何为这些商品定价？

关于非竞争性数字商品的定价，目前大致有四种类型，分别为撇油定价、渗透定价、捆绑定价、差异化定价。撇油定价是针对在短时间内不会出现竞争对手的商品，在产品进入市场的初期将价格定得很高，以获取尽可能多的利润。渗透定价是针对市场上竞争已经十分激烈的产品，一开始将产品的价格定得很低甚至近乎免费，以使产品迅速占领市场，锁定用户。捆绑定价为将一种商品与另一种商品组合成"套餐"的形式进行销售，因为数字产品复制成本为零这一特性，使得捆绑销售的数字商品几乎不会增加额外的成本，还能增加商品的吸引力。而差异化定价则是对于数字商品非竞争性的一种反击。如果从产品角度出发，商家可以对于同一个数字产品设计不同的版本，并且制定不同的价格，让消费者选择最适合自己的版本；而如果从用户角度出发，企业可以根据不同用户的不同支付能力、不同的消费体验为同一件商品制定不同的价格，以实现最大化的收益。

假设甄维旭在元宇宙中经营着一家家具店。面对各式各样的产品，甄维旭可以采用不同的方式进行定价。那么当店内上新了一款由独家设计的茶几时，甄维旭就可以采取撇油定价的方法，将这款茶几定在一个较高的价位。因为在元宇宙中，数字商品更新换代的速度在不断加快，而知识产权保护体系又不够完善，或许在这款茶几上市后的几个小时内，元宇宙的市场上就会出现大量类似款式的茶几。那时甄维旭店内的茶几竞争力就会大大降低。因此采用撇油定价可以尽快地在市场实现商品价值，防止其他竞争者生产出相似的产品后使得产品的市场价值大大降低。而面对店内售卖的较为大众化的桌椅时，甄维旭就可以用渗透定价，以较低的价格售卖来吸引顾客，提高声誉。甄维旭还可以将桌子和椅子配套进行销售，或将床和衣柜等组合销售，组合定价比单独购买更低，这种捆绑销售的方法能够让消费者在心理产生"赚到了"的感受，从而使得商品的吸引力增加。同样是书桌，甄维旭还可以根据顾客的不同需求生产不同材质、不同样式的书桌，并制定不同的价格，让消费者选择最符合自身需求的产品，而元宇宙还使甄维旭具备了了解消费者消费水平的能力，因此对于同一件商品，甄维旭可以根据不同的消费者制定不同的价格，从而使得利润最大化。

在元宇宙中我们不难发现，还存在着一类和实体经济中有相似性质的产品——公共产品。比如街道上的路灯、横跨海峡两岸的桥梁，对于这些产品而言，一个消费者对于该产品的消费不会影响其他人对其的消费。在实体经济中，公共品往往是由政府提供，因为这类公共品很难带给提供者直接的利益，并且还会花费巨大的成本，那么为什么在元宇宙中会有私人愿意提供公共数字产品？我们通过具有代表性的公共数字产品——开源软件进行说明。对于个人开发者而言，提供高质量的开源代码是向潜在雇主展示自己技能的一种方式，亦有"放长线钓大鱼"的意思，研发开源软件所付出的时间与精力或许能为开发人员带来更为丰厚的回报；而对于公司而言，提高开源软件的质量可能使他们能够以更高的价格出售与开源软件互补的其他服务，以弥补开源软件的成本。这类公共数字产品的提供能够为生产者带来潜在的利益，这些利益都是建立在开源软件能够被广泛使用的基础上，也就是数字商品的复制成本为零。

在数字市场中，由于零复制成本这一特性导致许多本应可以获利的商品失去了获利空间，"复制后使用"取代了"购买与销售"。受免费复制影响较大的就是音乐市场。大多数研究表明，免费在线复制行为导致音乐产出减少，尽管有研究表明20世纪90年代初音乐市场的音乐质量开始下降，而在1990年免费在线复制的到来后停止了下降，但是仔细探究背后的缘由，是因为数字化不仅给用户带来了免费在线复制这一福利，同时也让音乐制作和发行的成本下降，因此才会出现在音乐市场收入下降的情况下音乐质量却上升这一结果。而版权在维护创新成果、提高创造性输出质量、激励生产方面发挥了重要作用。但是产权保护政策在数字经济中并非无暇之玉。在版权的限制下，许多信息的运用受到了阻碍。例如调查表明，受版权保护的音乐在电影中的使用要少于无版权保护的音乐，对于旧体育杂志的版权保护降低了几十年后维基百科页面的质量……但值得庆幸的是尽管有零成本复制的存在，数字化并没有就此导致创意产业一蹶不振，因为生产和发行的成本在不断降低，并且技术进步的速度已经赶上了版权执行的步伐。

四、运输成本

由于数字产品复制成本为零这一特性的存在，当你需要某个商品时，你不需要跨越物理上的距离去获取，只需要进行"复制"的操作即可获得，因此互联网上传递数字商品的成本接近于零，即数字产品的运输成本远小于实体经济中的实物商品。那么从这个角度来看，是否可以说明在数字经济中距离已经不再重要了呢？其实并不然。线下选择、品味和在线行为这三个因素使得距离仍然有着重要性。

距离导致线上选择与线下选择呈现出此消彼长的关系。去实体商店的成本取决于距离，因此对于离线下商店较远的人而言，使用线上商店的成本会更低。并且对于一些小众的商品，比如某地的特产，因为在其他地区较难购得，因此这类商品在线上销量可能更高。除了线下选择之外，品味也是具有空间相关性的。品味在这里指对于内容的偏好。在调查中发现，人们在消费数字产品，如访问网站时，更倾向于访问地理位置更接近自己地区的网站，在音乐、资讯等方面也同样适用，比如广东人更喜欢听粤语歌；比起国外的事件，我们也更关注国内发生的新闻。因为每个地区都有自己的文化圈层，而距离更近的地区之间由于文化的交流更容易呈现出文化的相似性，人们也更习惯于去浏览与自己文化相近的内容，因此品味的空间性导致在数字经济中距离仍然发挥着重要作用。在线行为的解释与品味有相似之处。虽然如今社交网络遍布全球，但在线社交行为依然呈现高度区域化。而地理距离对于数字行为的影响，还体现在不同区域的监管差异。这可能导致用户在不同地点对于互联网的体验不同，因此地理距离依然在时时刻刻影响着数字经济。

五、核查成本

除了复制成本和运输成本的降低，在数字环境中核查成本也在降低。数字技术的发展让身份验证变得更加容易，由此也创造了数字声誉。那么在线信誉系统是如何促进信任的？最常见的一种机制为在线评价系统，也就是每当我们在线上完成消费后，能够将我们的想法发布到指定的评价区域，以供未来的市场参与者参考。例如我们所熟悉的大众点评与美团等软件，为消费者提供了评价系统。而我们自然也可以推断出，拥有较高评价的商家，能够吸引更多顾客，因此往往也能拥有更高的利润。这种评价机制像一个无形的筛子，更少的消费者会选择评价较低的商家，导致利润较低，最终退出市场。而正是因为这种在线评价系统的存在，以及网络信息传递的即时性与广泛性，使得数字声誉的破坏也变得更加容易，在评价系统中，一条负面的评价对于商家的影响往往大于一条正面评价对于商家的影响。例如，一个有1001条好评的商家与有1002条好评和1条差评的商家，顾客往往会选择前者。但是在线评价系统的存在又使得商家改进不足的时间得以缩短，因为在顾客发表评价后商家就能够第一时间收到评价。

而个人在线验证技术发展的好处还在于能够使得在线支付更加安全与便捷。随着技术的进步，尤其是区块链的应用，验证可能将变得更容易。声誉系统给商家和顾客带来便利的同时，实质上存在着很多漏洞与偏差，因为并不是所有消费者都会提供评价，比如体验糟糕的买家不会费心给卖家打分，而是会选择在未来停止从平台上任何卖家那里购买商品，因此糟糕的卖家的服务产生了负的外部性，信誉系统的失败伤害的是平台，而不是卖家个人。消费者会在网上主动搜索商标，因此商标有两个目的，一个是验证身份，并提供搜索相关产品的路径。因此商标的搜索路径需要足够宽，以方便与商标相关的搜索，也需要足够窄，以确保这样的搜索不会在品牌识别上造成混乱。

由于验证成本的下降，商家可以更容易识别并获得消费者的个人特点，因此在数字经济中歧视更可能发生。相较于现实生活中发生的歧视，数字环境中的歧视专注在更小且大众争议较少的方面，比如个人的消费偏好而不是种族。但在数字经济中产生的歧视可能比现实生活中更为严重，因为数字经济中商家可以更快速地获得信息并且依据信息在价格上做出调整，而现实生活中"菜单成本"的存在，使得商家很难根据个别消费者制定不同的价格。歧视是在现实上普遍还是在线上更为普遍，主要取决于政策是旨在减少数字环境中歧视，还是旨在整体上减少歧视，或者是只是将歧视转移到另一个环境中。

第五章 元宇宙的资源

第一节 科技、人才资源

与现实世界不同，元宇宙中几乎所有的事物都以数据的形式存在，现实经济中的各类资产自然也是以数字资产的形式在元宇宙中存在。为了保障这些数字资产的安全性，区块链技术不可或缺，这和区块链诞生之初作为数字虚拟货币交易账簿的功能并不相悖。区块链以点对点网络为架构，基于区块链的特性，人们可以通过持有如 NFT 这样的身份识别标志，定向地对每一个独一无二的产品或资产的版权进行确认，以确立其"唯一性"。其中，个体差异化的数字身份和个人数据唯一性的确立，对于人们将以"数字替身"形式存在于元宇宙的远景来说至关重要。也正因为区块链的两大本质属性——数字身份建立和个人数据确权，元宇宙与现实经济体的映射关系才有机会和可能真正实现。

目前，不少研究者以及一些前沿公司都考虑利用 NFT 在元宇宙中实现身份认证，借助区块链，NFT 的存在相当于给产品盖上了有自己名字的私章，以其标记的独特性认证产品、产权的归属权。在 NFT 刚在市场上出现的时候，有相当多的人们以其顽固的"抢占市场先机"思维将大量不理智资本投入市场，同时伴随不少投机者疯狂炒作，数字资产的价格暴涨，毫无章法地破坏市场，一度呈现出 2001 年泡沫破灭的败象。加密货币的推行带来一股热潮，给 NFT 带来了一波爆发式的增长，总交易额也一度达到惊人的几十亿美元！然而随着 2023 年年初数字资产衍生品交易所 FTX 的破产，加密货币（如比特币等）遭受到了前所未有的冲击，这也让 NFT 市场发生了跳水式的下跌。无独有偶，2003 年 3 月，三家来自美国的"加密货币友好"银行——银门银行（Silvergate Bank）、硅谷银行（Silcon Vally Bank）和纽约签名银行（Signature Bank）在五天内接连倒闭，对加密货币行业和相关从业者来说，这是一场不见血的灾难。2023 年 3 月 13 日，"五天关闭三家银行"后的第二天，元宇宙公司 Meta（原 Facebook）的 FinTech 主管史蒂芬·卡斯瑞尔（Stephane Kasriel）发推表示，公司正在削减 NFTs 的相关业务，而关注采用其他方式支持用户，其中的其他方式主要指金融科技工具，如 Meta Pay

等。从 Meta 和这些知名银行的动向来看，在元宇宙中支付科技会与现在大有不同，但是他们的这些举动也并不是否认了现存的支付技术，如 NFT。

除了硬件、软件的科技资源以外，想要实现元宇宙的内外互联、内外同步，也需要神经脑科学的进步。脑机接口互联等先进神经脑科学的发展方向是实现元宇宙重要特征——同感知同知觉的核心条件。根据科学发展的规律，想要做到脑机接口这样颠覆人类认知的"科幻能力"，需要各大相关学科的飞跃，物理学、化学、生物学、心理学、计算机科学、人工智能以及哲学等大量的相关学科等待着被进一步探索。

元宇宙的搭建无疑对科技有极高的要求，而科技的进步与发展也离不开各领域的顶尖人才。

首先基于技术基础，作为 Web 3.0 时代的产物，元宇宙是计算机技术、软件、程序开发工程建设而成的"实体"，同时也是人类经济社会发展的重要方向。不论是现实与虚拟的完全连接还是脑机接口技术，对现有人类科技来说都是巨大的挑战，因此需要大量的科研工作者、工程师去寻求新的突破。2023 年 3 月 15 日，OpenAI 发布了 ChatGPT 4.0，可以说突破了很多难点，10 秒创建一个网页，60 秒开发一个游戏，这对上一代 ChatGPT 来说都是巨大的挑战。目前人工智能领域的发展日新月异，大批科技公司都在不断尝试，让电脑和人脑能够实现同等功能。除这些开发后台的技术人才外，还需要 3D 美术家、设计师和动画师等一众人才。正如 Web 2.0 时代的网络游戏那样，游戏内所有的画面都需要美术建模和动画建模，比如《王者荣耀》《英雄联盟》中开发方给游戏角色配上了不同的形象、个性的动作和华丽的皮肤，同时也给游戏地图披上了衣服。而元宇宙对此的需求与这些网络游戏不同的是，美术动画等效果必须是 3D 立体且可感知的，这才能实现元宇宙沉浸性的特点。

同样，元宇宙的成功建设也离不开数据科学和经济学领域的发展。元宇宙的技术基础达到标准之后，平台公司或者元宇宙搭建者必然想要通过它来实现经济效益。如今，Web 2.0 时代已经发展到了一定的高峰，近几年提出的概念"平台经济"也是这个时代的产物，或许元宇宙时代依然可以沿用这样的经济模式，也或许有更好、更新、效益更高的经济模式。元宇宙中发生的大量交易都是以信息为基础，因此对数据交易规则的统一刻不容缓，同样可能作为交易媒介的加密货币等研究也需要经济学家的进一步论证实践。而一旦元宇宙搭建成功，必然伴随着元宇宙经济体的形成，从研究层到管理层到运营层，从商业战略到市场营销到盈利模式，都需要大量的经济人才。

元宇宙世界立起了框架、丰富了内容以后，"虚拟真实"的元宇宙和现实世界的界限也需要有专业的人才来为大家做出解释。两千多年前，庄子在《齐物论》中写道"不知周之梦为胡蝶，胡蝶之梦为周与？"，这是由"庄周梦蝶"引发的哲学思考：梦是现实？现实是梦？而庄子对这个思考的阐释是"周与胡蝶，则必有分矣。此之谓物化。""物化"也即"物我界限之消解，万物融化为一"，换句话说，在庄子看来，虚拟梦和现实世界是统一的，虚拟就是现实，现实就是虚拟，这与庄子的《齐物论》高度吻合。而在西方哲学史上，柏拉图通过《理想国》中的"洞穴"寓言阐释他对虚拟和现实的观点：

地下洞穴里，有一群囚徒被终生拴在这里，虽然他们的背后不远处就是洞穴口，但是他们的手、脚和脖子都被固定住了，无法动弹，他们所能看到的只是洞穴的墙壁。

另外有一群人在墙后面的人行道上经过，携带物品，有的还会发出声音。这些声音和物体会投射到洞穴的墙壁上，听着它们的声音，看着影子，渐渐地囚犯们会为物体创造名字，从而在洞穴中形成他们自己的现实。

然而，有一天，一个囚犯挣脱了镣铐。当他转过身时，亮光刺痛了他的眼睛，在他的眼睛适应了亮光之后，他慢慢地找到了走出洞穴、进入外面世界的方法。走出洞穴后，他发现了世界真实的模样；而当他返回洞穴，想和其他人说明时，其余人都觉得他疯了，因为他们认为世界上，除了墙壁上的影子，再也没有其他东西。

通过这个寓言故事，柏拉图提出一种观点，他认为我们感知到的一切事物就像墙壁上的影子一样，我们的世界观源自经验，是虚拟的；而挣脱镣铐的囚犯看到的世界是理智的世界，是真实的。元宇宙有一个重要特征，在虚拟的空间，用户的体验与现实几乎一致，这与庄子、柏拉图等等一些中西方大师的哲学思想是统一的，今后也需要更多的哲学大家为这个特征做出思想升华。

第二节　物理资源

由于元宇宙是一个建立在网络的虚拟世界，因此搭建元宇宙少不了计算机等基础设备的支持。这就是元宇宙需要的基础设备资源。并且元宇宙对于计算机的算力、储存等的要求都高于一般水平，所以需要更大型、更先进的计算机。这些计算资源通常需要高性能的处理器、内存和显卡，以及快速的网络连接和存储系统。元宇宙中需要大量的3D图形渲染，而计算机性能直接影响渲染速度。高性能的计算机可以更快地处理图形数据，从而在元宇宙中实现更流畅的渲染效果。计算机的多任务处理能力同样在元宇宙中至关重要，因为元宇宙中需要处理的任务种类繁多，需要同时处理多种数据类型和多个任务。计算机的数据处理能力、网络性、安全性等方面也在元宇宙中发挥着重要作用。目前被认为是最先进的计算机是由美国能源部和 IBM 公司联合研制的 Summit 超级计算机。其中 IBM 公司负责系统的硬件设计和集成，美国能源部负责提供支持和资金。Summit 超级计算机的峰值性能达到每秒 200 petaflops，也就是每秒可以执行 200 万亿次浮点运算。这个性能水平是前一代超级计算机 Titan 的 8 倍，相当于 1000 多万台普通家用计算机的总性能。Summit 超级计算机拥有 250PB 的高速存储器，这使得它可以在短时间内处理大量的数据。此外，Summit 超级计算机还采用了高度定制化的机箱设计和自主开发的操作系统，以提高计算效率和可靠性。

计算机是构建元宇宙的关键工具，而芯片又是决定计算机性能的重中之重，可谓是皇冠上那颗璀璨的珍珠。目前世界上最为先进的几个芯片设计企业包括英特尔（lntel）、AMD、英伟达（NVIDIA）等。英特尔是世界上最大的半导体公司之一。英特尔最新的 CPU 产品是第 11 代酷睿（lntel Core）处理器，采用 10 纳米工艺制造，具有更高的性能和更低的能耗。其中酷睿 i9 – 11900K 处理器拥有 8 个核心和 16 个线程，最高主频可达 5.3GHz，是目前市场上性能最为强劲的消费级 CPU 之一。AMD 是一家总部位于美国的半导体公司，主要生产处理器和图形处理器等产品。AMD 最新的处理器产品是锐龙（Ryzen）5000 系列，采用 7 纳米工艺制造，具有更高的性能和更低的能耗。可以说，发达的芯片设计公司是元宇宙迅速发展的催化剂，也是支撑元宇宙世界的基石。

对于超级计算机而言，需要比普通计算机大十几倍的场地进行存放，这就涉及到元宇宙基地建设需要的空间资源，这类场地不能靠近市中心，这样场地成本太高，但又不能在太偏远的地区，因为过于偏远可能会导致网络信号不好。并且由于精细的电子设备对于温度、湿度都是极为敏感的，因此存放计算机的场地还需要一套完备的温度和湿度调节系统，保证超级计算机性能稳定，确保数据的安全性和可用性。

除了场地和设备，还要有充足并且稳定的电力资源来支撑元宇宙的顺利运行。中国的发电总量是全球首位，但由于中国经济的快速发展，能源需求不断增加，因此在某些地区和某些时间段可能会出现电力短缺的情况。同时，中国的电力资源结构也存在一些问题，主要是对煤炭资源过度依赖和可再生能源开发不足。由于煤炭资源的开采和使用对环境和气候造成的影响较大，政府已经开始积极推广可再生能源，如风力、太阳能和水力等，以实现能源的可持续使用。相比之下，北欧国家的电力资源较为稳定。这些国家拥有丰富的水力和风力资源，可以充分利用这些可再生能源发电。此外，这些国家还通过高效的能源管理和能源转型政策提高了能源利用效率，降低了对传统化石能源的依赖。因此，北欧国家的电力资源更加稳定。

第三节　管理资源

完全建立于虚拟世界内的元宇宙公司，是对公司形态的一种变革与创新。不同于传统的公司会因为信息或一些资源条件受限而影响公司的发展，元宇宙公司位于信息的海洋之中，这种优势为公司的管理提供了更加便捷的环境。元宇宙公司能够获取到更为及时、准确、大量的信息，以供管理者使用。但与此同时，海量的信息与数据也意味着信息管理成为元宇宙公司中不可或缺的一部分。

企业的信息管理主要可以分为两个部分。首先是人力资源的信息管理。在元宇宙中，所有信息都是以数据形式存在，员工的信息亦是如此，因此完全可以根据公司自身发展的情况，整理好相应员工信息，借助大数据对其进行分析，比如哪位员工更加擅长哪一方面，再针对性地进行任务分配，以最大化员工的个人价值。同时，在元宇宙中，一个人可以同时为好几家元宇宙公司服务。因此在元宇宙公司内对于员工的管理与现实生活中会有较大的区别。元宇宙内的大部分公司不再需要"上下班打卡"这样的工作制度来约束员工，员工不再依附于公司，只需要员工在元宇宙内按规定时间完成公司发布的任务即可，具有更高的灵活性。因此还需要管理者创新元宇宙公司内部的员工管理方式。

信息管理的第二部分是财务的信息管理。财务管理是公司管理中十分重要的部分，能否合理地规划资金使用，关系到公司是否能够在未来顺利运营。而想要提高财务管理的质量，就需要完善财务信息的管理。在元宇宙公司中，管理者可以借助信息技术，构建一个公司财务执行的跟踪系统，信息化地管理财务，帮助管理者更透明、更及时地了解到公司的资金流向，最大程度地优化公司的财务状况。

不可忽略的是，想要顺利实现信息管理，公司内信息的保密是基础。对于元宇宙中的虚拟资产，可以是由用户创建的，也可以是由其他应用程序生成的。因此，应该建立一套版权管理机制来保护用户的创意产权，包括在用户创建虚拟物品时记录时间戳、数字签名等信息，以便在未来证明创造者的身份。虚拟物品的所有权是需要确认的，可以通过区块链等分布式账本技术来实现。使用这种技术，可以记录虚拟物品的所有权变更，以确保所有权变更的安全和透明。当有人相中甄维旭的画作，想要购买时，就需要考虑到支付、物品交割等方面的管理。需要建立安全的支付网关、使用智能合约来确保物品交割，并采取适当的措施防止交易欺诈。在元宇宙中，虚拟物品的安全保障是必要的。因此，需要采取一些安全措施，如数据备份、加密等，以保护用户的虚拟资产。此外，可以使用多重身份验证、反欺诈技术等来防止虚拟物品被盗。

建立互联网管理会存在一定的网络安全问题，如果管理人员无法对网络安全进行加强，可能会泄露企业的机密，从而导致企业面临更大的风险。因此元宇宙公司需要信息安全方面的管理资源，需要有专门的网络信息安全管理人员。

第四节 政府资源

本书把元宇宙拟定为互联网革命第三代的产物，即"Web 3.0"时代的产物。截至 2022 年 6 月，中国的互联网用户达到 10.5 亿，互联网普及率达到 74.4%，在科技日新月异的今天，互联网与生活的联系日益紧密，而互联网包括元宇宙即将成为甚至已经成为人们生活的"第二空间"。

伴随着技术的深入发展，"数字政府"的概念逐渐成形，自动化和以数字方式提供服务对于维持政府高效持续运转至关重要。在元宇宙时代，政府资源不仅体现在政府借助数字化转型维持现实社会治理，还意味着政府的重心将部分转移到元宇宙社会治理上。

初生的元宇宙如同一张白纸，缺乏"是非观"。而政府资源能够为元宇宙填充色彩，建立健全元宇宙社会规范体系，对元宇宙社会治理体系进行合理的规划，包括元宇宙社会治理主体、社会体制、运行机制、环境、问题、路径以及方针等各个方面的构想和落实。

首先，政府能够有效考量并厘定元宇宙社会治理主体这一重要课题。在元宇宙社会中，每个用户在不同的平台上会出现对应的"虚拟化身"——综合利用数字技术对人的生理属性和社会属性的全方位模拟而成的数字身份。不同用户之间的信息交互使得"虚拟化身"在元宇宙世界中产生了新的经济运作形式、社会组织模式和文化生产方式，并呈现出多元化特征。其中，依赖政府这个单一主体肩负治理社会重任的可能性愈发渺茫。伴随着元宇宙中不同社会主体的发展壮大，社会治理中非政府组织以及其他社会自治力量发挥的作用日益凸显，进而可能形成一个多元社会治理主体共同治理社会的局面。在这样的多元社会主体中，政府将扮演什么样的角色？政府将发挥什么样的职能？政府又将如何协调与其他社会治理主体的关系？事实上，当多元社会治理力量并存时，政府思考的问题已经从"如何减少干预"向着"如何与元宇宙多元社会治理主体合力共治"转变了。从这个角度看，元宇宙中的政府是"管理者"，元宇宙社会是"被管理者"，政府的作用便是在多元社会主体共同发挥作用时充分提供服务以及进行有效引导，建立共同治理的治理体系。

其次，政府的规范化监督管理以及高质量数据管理能有效维护个人和国家安全，维持元宇宙正常运转。元宇宙中用户、平台、企业之间的关系网庞大复杂，很难量化确定责任，相关责任界定模糊。在多样无价信息的诱惑与模糊代价的刺激下，个人与国家安全的壁障不堪一击，甚至将对包含军工领域、通信行业、尖端技术领域、粮食生产领域等关系国计民生的重要行业领域造成难以估量的巨大冲击。缺乏规范化监管将直接导致元宇宙秩序紊乱甚至现实社会的动荡，由此引发的数据泄露、无规则化等问题，危害不言而喻。政府的规范化监管有利于正确搭建元宇宙治理框架，并运用如大数据、云计算、区块链、人工智能等前沿技术推动元宇宙管理手段、管理模式、管理理念的创新，用"智慧化"搭建元宇宙管理平台，实行高质量数据管理，进行政府监管责任的全覆盖，杜绝监管盲区和真空地带。以此延伸而成的完备监管体系以及高质量数据管理能力将会为用户、平台、企业树立正确的行为规范。

最后，元宇宙中法律体系依托政府而更加完备。《诗经》有言："天生烝民，有物有则"，意为"上天创造世间万物，都有他自己的规律、法则"。而依托政府运转的规则体系以程序和契约厘定了元宇宙运行的准则：不仅运用程序驯服权力，使权力暴露在阳光下，实现透明化，同时运用契约的观念理清社会制度与社会利益网络中人类之间的关系，破解法律制度下"主仆关系"的矛盾，打造刚柔并济、公民有序参与政治的局面。以此为基础并搭配完备的法律体系，在元宇宙社会治理中取得各个主体需求的最大公约数，调和利益冲突，实现社会稳定运转。

第五节　商业环境资源

讨论完政府资源后，我们将问题聚焦在更加具体的范围内——商业环境资源。在现实中，"商业环境"作为一个具有地域相对性的概念，讨论的范围经常性被圈定在不同城市之间，并且由于地域文化差异以及政府的参与程度不同而往往呈现出不同的特点。相对来说，依托于"人才"和"高科技"等综合要素而存在的"元宇宙商业环境"是虚拟化和数字化的，其中的用户能够购买、出售和交易虚拟商品、虚拟资产和虚拟服务，同时展现出与传统意义下的商业环境资源相似却又不尽相同的方面。

元宇宙的商业空间具有流动性：人与空间因物理空间的特性以及停留时间的不同而呈现出不同的关系。元宇宙能直接开辟出虚拟空间并即时进行场景设计和切换，突破了时间与空间的束缚，在客观上成了用户停留时间更短的场所，孕养出用户更强的"流动"意识。"流动"意识的存在定义着人与空间的关系，用户在商业空间进行不同的购物选择，而空间因用户的拥挤程度以及主观偏好等因素而表现出不同的设计范本。在这种"流动"的商业空间中"人"的作用尤为明显，赋予不同主体更强的自主性以及能动性。

元宇宙的商业空间具有展示性：Web 2.0 时代的生产者通过商业空间的展示功能吸引消费者，商品的展台、展示牌、展板甚至是模特表演都是展示功能的具象化，目的是激发消费者的购买欲望。元宇宙中因其弹性设计机制，生产者能以更小的成本对商业空间的布局设计进行局部甚至全面调整，展现出符合用户需求的有秩序、有目的、有选择的空间设计，充分协调视觉形象、空间戏剧性和消费心理感知之间的关系，构建适应消费者心理、极具吸引力的商业空间。

元宇宙的商业空间具有信息共享性：主要体现在元宇宙的信息高度共享。在高度信息化的世界中，信息早已走进千家万户，人们以信息为媒介进行商品的生产、交换、分配和消费，用户随时可通过电子媒介掌握产品开发以及市场价格等方面的信息，尤其是搭载"NFT"技术后几乎各种信息都被烙印上独特的标识。买卖双方通过更加完善的信息传输渠道逐步打破因信息不对称造成的壁垒，改变用户的购买决策的同时促进其消费意识的转变，并促使生产经营者对生产经营方式进行调整，打造具有综合性、机动性的商业环境。

除了商业环境本身的空间特征资源，元宇宙中对商业环境的规范体系也提出了更高的要求。我们将简单对元宇宙的税收、知识产权以及政府和市场的作用进行归纳讨论。

在税收方面，元宇宙作为一个全新的经济系统，目前有关元宇宙的税收政策尚未形成统一的衡量标准，不同国家和地区或不同平台之间对元宇宙中商品和服务的征税要求以及征税对象可能有所不同，而以下情况将可能会对元宇宙的商品和服务征税：

（1）跨国交易。尽管在元宇宙中物理空间上的界限变得十分模糊，但国家之间仍可能存在着虚拟的"国界"。当虚拟商品或服务从一个国家出口到另一个国家时企业可能需要缴纳出口税。

（2）营业税和销售税。元宇宙生产者在元宇宙中从事经营性活动营利时可能需要根据盈利所得缴纳相应的营业税和销售税。

（3）购买虚拟商品和服务。当消费者在元宇宙平台上进行商品和服务的购买活动时，可能需要承担一定份额的消费税。

在知识产权方面，目前元宇宙中可能存在的知识产权保护对象包括但不限于以下几类：

（1）虚拟物品和数字资产。例如，虚拟土地、虚拟房屋、数字艺术品、虚拟货币等。

（2）虚拟人物和角色。例如，虚拟人物形象设计、虚拟角色的学习、工作、生活属性等。

（3）虚拟体验和互动。例如，虚拟现实游戏、虚拟社交平台、虚拟现实体验等。

（4）元宇宙平台和工具。例如，用于构建和管理元宇宙的软件和硬件工具、元宇宙平台的 API 和 SDK 等。

与传统物质产品和服务不同，元宇宙中的这几类虚拟资产对知识产权具有独特的需求。例如，成为标志物的著名虚拟建筑可能需要建筑物著作权；虚拟系统插件可能需要保护其原始创作的版权和所有权；虚拟现实游戏可能需要保护其游戏规则和玩法的知识产权……而与之相对应的，政府、公司和组织也在积极探索合适的技术和法律框架保护知识产权的价值：例如 NFT 技术可以为虚拟产品提供所有权证明和防伪保护；基于区块链的分布式知识产权管理系统，将可能利用智能合约来管理知识产权，确保所有权的合法性和可追溯性，以便在元宇宙中实现专利保护等。尽管元宇宙的知识产权保护问题仍存在困难与挑战，但是相应的保护措施和法律框架也一定会尽快落实。

在政府和市场作用方面，市场调节是市场机制的重要功能之一，但在许多情况下，缺少"政府"这只看得见的手使许多商业活动难以为继。政治和法律环境包括了政府影响商业的所有行动，政府的经济决策、法律法规、国际国内政治形势等各方面的变动都牵动着商业环境的神经。以"提高项目收益"为目的，在元宇宙性质的商业环境中加强内部和外部监督，并规范市场行为；政府也将因更加先进的信息传递系统及网络系统等"元件"构建元宇宙中的"数字政府"，在双向信息透明的情况下将复杂多变的利益主体编织成有机联系的整体，使得商业环境下企业的生产和经营更加规范合理，打造更加优越的商业环境。

第六章　元宇宙经济——信息租赁的温床

第一节　作家与 AI 的文学之争

一、序言

"我们厌倦生活的糜烂腐臭，努力在此之中挣扎，去讨取那一股微弱的心安理得。"

冬天一直以来都谈不上是人们所喜爱的季节。今年，花城的冬天来得格外的早，十月的一场大雨过后，这座南方城市就已经变得寒气弥漫，四处可见裹着厚大衣脚步匆匆的路人，每个人在这副模样下看起来都像是有什么要紧的事。

一处小巷的垃圾桶边，一位瘦瘦高高浑身充满中年危机气息的男子颓着腰背走着，一只手紧贴着身上厚重的大衣，任凭小巷里面的风有多么狂烈，这大衣愣是一下没动，另一只手上拎着的垃圾袋看起来也同样是充斥着无精打采。垃圾袋里面装着还淌着油渍的泡面纸桶、残存着一小段火腿肠的包装袋和各式各样的饮料空瓶罐，一晃荡就会发出沉闷的哐哐声。

男子将垃圾袋拎起，没有像平常一样直接一整个丢进垃圾箱，而是先把垃圾袋里面的垃圾全部倒出，再把垃圾袋丢进垃圾箱内，好让拾荒的老人不至于把垃圾袋一个一个拿出来再打开，去闻垃圾袋里面的垃圾的臭味。不过，要是放在以前，艾米利亚可不会这样做，他会在家里先把两种垃圾进行分类，而且他过去一向钟爱干净整洁，他的垃圾从来不会有现在的这股恶臭味。艾米利亚讨厌垃圾中的酸臭味，他觉得这些臭味总能让人联想到生活的糜烂不堪，所以他认为全世界都讨厌这种酸臭味。过去，艾米利亚的作品还在出版的时候，他之前丢掉的垃圾可能在拾荒者看来和他的作品一样有名气且受人喜欢。

只不过现在艾米利亚写的作品不再出版，他只会把自己的这些创作私底下送给那些忠实狂热的老粉，以此来感谢他们一直以来对艾米利亚作品的支持和喜爱。

并不是艾米利亚不想把这些作品成书出版，让世人分享他的才华横溢和华丽文笔，而是他现在已经没有了那份勇气，或者说是他少了过去内心的那一股文人专有的傲气。

这一切还要从那件事情说起……

二、第一幕：故事的最开始

"故事的开始总是看似简单，但是一切灾难与美好的渊源都在于此。"

1. 相遇

我是在花城的春天，一个绚丽的春天，遇见了这位当时还是浑身文艺气质的作家……

那年，花城的春天格外的暖和，我总喜欢在春夏这两种季节的时候穿着一件单薄背心在街上四处晃荡，手上拿着一本小笔记本，看到什么新鲜事就记下，回家再津津有味地去阅读和感受，格外的乐在其中。

艾米利亚就是我在那个春天里所遇到的，他光彩照人，意气风发，在那个春天里格外的耀眼，我似乎并不需要花费多大努力就能在城市熙熙攘攘的人群里面轻松地找到他。他当时喜欢背着一个大旅行包到处闲逛，看起来和我像极了。但是我可不敢称自己和他有多像，因为他当时身上的那股文学气质我现在都羡慕不来。白衬衣搭着卡其色休闲长裤，艾米利亚当时酷爱这种干净整洁的穿搭，据我所知，他家里起码有十几套这种类似的穿着搭配。艾米利亚的脸上还时常挂着莫名的微笑，那种微笑让我总感觉到一股深深的自豪得意，但是我们很难看得出来他平平常常走在路上能想起什么，以至于让自己的内心总是享有这份自豪。后来他跟我说，他喜欢去街上走走逛逛，也喜欢去全国各地兜兜转转，因为那总会让他产生无限的文学情愫和灵感，他也总能因此感到快乐和自豪。这么一听，我发自心底觉得，这种人简直就是文人中的极品，我无法理解，但是大受震撼。

看到他的时候我并没有过多的理会，我当时已经在内心给他下了一个定义，他肯定是一个生活顺利、工作得意的文艺小青年。我想要写入我的笔记本的并不是这种人，因为这种人的内心我实在是看不透，我总是觉得人应该是夹杂着痛苦和欢乐的个体，就比如，我看见你走在路上，你一身的干净整洁就理所应当伴随着你神情的深思熟虑，你手上拿着一张刚中奖的福利彩票就应该想着要交多少税，如此痛并快乐着才显得一个人真实饱满。但是如果我里里外外打量一遍，上上下下端详一番之后，还是觉得你全身都洋溢着幸福和喜悦，那我就会觉得要么是我看不透拿不准，要么就是你藏得太深，又或者是你身上刚刚发生了什么新鲜的事。前两种我是不敢也是不想去写入我的笔记本的，最后一种我倒是有兴趣去了解一番。不过那个时候的艾米利亚就恰好这三者都不是。

2. 咖啡小馆

在街边的咖啡小馆，在同一张咖啡桌前，不管熟悉还是陌生，两个灵魂总是容易发生有趣的碰撞，我和艾米利亚就是如此……

我喜欢街边的咖啡小馆，那种温馨幽闭的氛围总能让我的内心平静下来，一小口一小口的咖啡则会让我的大脑更加专注于我所想要思考的事情。刚好我回家的路上就有这么一间小小的咖啡小馆，我也正是在那里结识的艾米利亚。

那家咖啡馆的氛围极其安静舒适，总是有很多人拿着一台笔记本或一本书在里面坐上大半天。

我找了一个两人座的空位坐下，我扫开桌上的二维码点了杯咖啡，顺便去咖啡小馆创造的元宇宙小程序去看了看商家创作的视频空间，我喜欢在里面翻找自己喝的那款咖啡的咖啡豆，然后亲身去到它的原产地，去感受别样的自然气息。

我的咖啡还没被端上桌，一位穿着干净的男子就来到了我这张双人桌子的另一个位置。

我是一个充满好奇心的人，我随身携带着的那本笔记本里面装着这座城市各种各样的新鲜有趣的事件和人物。当艾米利亚坐到我的对面的时候，我的眼神只是轻扫了一下就收了回来，没有在他身上有过多的停留，便开始在笔记本上记录我当天遇到的趣事。

3. 相识的由头

说来也巧，两个不同的人居然可以有同样古怪的写作习惯，而且还能够因此而成为一对如影随形的朋友。

老板娘端来咖啡的时候照例问了问我需不需要免单，我莫名地又顺势用眼神朝着艾米利亚的方向瞥了一下，然后才向老板娘微笑致意"不需要"。这次我的眼神似乎是不舍得仅局限于那一瞥，因为我看到了一件能强烈引起我好奇心的事情，我的眼神不由自主地又朝着艾米利亚的方向望了过去。他当时居然正在做和我一样的事情，他也在一本笔记本上埋头不停地写着。之所以我认为他做的事情跟我一样，是因为我不经意间看到他在笔记本上记事的文字的格式跟我的一模一样。我平常也喜欢把日期写在全文的最开头，然后再把当日的天气用最大号的字体写下来。

我没有打扰艾米利亚的安静写作，但是我的内心对他的好奇心可以说是成倍的增长。以至于我在重新开始记事时，我内心莫名有一种极强的想法唆使我去了解他，然后再把他也写入我的笔记本。

不知过了多久，艾米利亚开始收拾桌上的喝完的咖啡杯，收起他的笔记本。我看到之后，我也开始收拾我的咖啡杯，整理我的笔记本，然后我们两个人一起走向了小馆的前台，甚至我们一起走出了咖啡小馆。刚走出小馆的时候，我们又很凑巧地朝着对方笑了笑，显然，我们那时候都是对方想要了解和写入笔记本的人物。

艾米利亚是一位作家，形容地稍微长一点便是，他是一位极富文学气息且足具文学天赋的青年作家。他的作品很受大众青睐，或许是因为他的作品都真实地来源于现实生活，没有那些高屋建瓴和空洞的辞藻，也没有那些多余的无病呻吟，一字一句所表达的感情都十分的真实，而且大部分文字表达的内容都能在现实中找到来源。当时刚听到他说出他的名字的时候，我简直是大吃一惊，因为那个时候的我十分热衷于阅读他的作品，可以说是每一期登载他文章的杂志和每一本他出过的书我都不曾落下。他的狂热书迷实在是不少，光我身边的朋友都有不下十几个，而且他们比我还要喜爱艾米利亚写的文章。

艾米利亚那个时候在作家圈内极具名气，文笔好，内容好，写作的才思灵感源源不断，出书速度快，书迷多，在写作圈内的声誉还好。最主要的是，他当时还十分年轻，写作事业的前途可谓是一片光明。

时间拉回到现在，我也紧攥着手中的厚大衣，让它使劲地往身上靠，寒风实在是残忍凶猛，让人禁不住地心生恐惧。艾米利亚丢完垃圾后便快速地往回赶，我靠在大门上不让那扇在寒风中变得格外冰冷的铁门再被关上，屋内还有那么一丝暖气渗出，很快就被冰冷的寒气打散在空中。艾米利亚抱紧他那硬邦邦的厚大衣往门内一钻，我赶紧往回一撤，铁门闷的一声就砸了回来，顺势一锁。艾米利亚的两只手不停地交互着擦来擦去，试图想再多获取点温暖，也想让两只手更灵活些，好等一会能更好地写完文章。我看着艾米利亚，心里有些不是滋味，刚刚说了那么多，还是没有讲到那件事，那件每每说起都能让艾米利亚深感不堪和万分难受的事，现在的我看着艾米利亚更是不忍张口。

三、第二幕：抄袭风波

"我的心是独一无二的，大脑也是不可复制的，但是为何我们写的文字和表达的思想甚至于情感都能一模一样？"

1. 风波初起

两部一模一样的新出版的小说，两位素未谋面的作者，如果这只是简单的抄袭事件，那该多好。

那件事情发生的时间其实就在不久之前，也就是秋冬交际的时候，同时也刚好是我和艾米利亚认识半年的时候。

我和艾米利亚在结识之后一直往来的十分频繁，我俩经常一块去街上闲逛采风，一起讨论看到的听到的新奇事物，同时一起去同一家咖啡厅记录那些所见所感，慢慢地我们变得十分的熟悉和要好。用我对朋友的定义来说，艾米利亚和我应该能算得上是一对要好的朋友。

那天的傍晚，我没有跟往常一样回到家中先做饭，而是着急忙慌地打开电脑想找艾米利亚最新发表的短篇小说来阅读。因为一整天都听他在讲述自己在这篇文章上所花费的心思和精力，所以我对这篇文章的内容抱有很大的期待。

我花费了几乎一整晚的时间来阅读这一篇文章，读完之后我的大脑一直停留在小说所描述的世界中迟迟不能自拔。这篇小说真的可以算得上是我这辈子读过的最动人最真实的小说，我到现在都还找不到合适的形容词去形容那篇小说的美好之处。

想起已经深夜还没吃饭，我便从椅子上不舍地爬起，走进厨房才想起自己忘了煮饭。我没有吃外卖的习惯，但是更没有饿着肚子入睡的习惯，于是便进入元宇宙中想看看有没有合适的外卖可以点购。

我好像还没介绍过我自己，简单一点说吧，毕竟我也不是这个故事的主角。我算得上是一个文艺青年，就凭我每天拎着一本笔记本到处采风这一点，我自己都不禁深深地认可自己的文艺气息。我在一家元宇宙的新闻报刊公司当实习记者，日常都是在家办公和户外采风，因为公司的规模很小，所以还没有让我这个实习员工也进入元宇宙世界去探索和采风的条件。我当然也能理解这一点，毕竟进入元宇宙世界采风的各方面成本还是不算低的，单算各种版权费数据授权费就是一笔不小的开销，我这个实习生能给公司带来的收益和回报肯定是很难填补这一笔开销。

刚进入元宇宙中的外卖界面，走到我平时喜欢到店去吃的一家店门口，还没等我推开门进去，我的眼前就忽然弹出一条小广告。这种广告弹出方式在信息网络时代早就成了一种惯用套路，毕竟商家可以接点广告挣点钱，广告商也需要给这些品牌做些宣传，而我们消费者只要继续往前走这广告就会消失不见。

不过，那天晚上我看到的那篇广告里面的内容却让我停下脚步。兴许是因为我的元宇宙设备有窃听的功能，又或者是正好凑巧，里面推给我的内容的开头那几个大字居然和艾米利亚写的小说的标题一模一样！我当时看到的第一眼只是有点惊讶，往下面一看那文章的开头的时候，我被震惊了，震惊中还掺杂着诡异。因为它的内容和艾米利亚写的文章的开头实在是太像了，可以说是除了几个简单的关联词不一致以外，其他内容一模一样。更让我感到震惊的是，当广告逐渐展开时，我看到的这篇文章的作者居然不是艾米利亚！而是一个我从未听闻的名字，当我转至广告的原链接时，一本书便出现到了我的手中，一本名为《时事杂文》的书，作者一行写着：多伦。不是艾米利亚，我看到那个名字的第一眼想到的就是直接去找艾米利亚问问。我急忙退出元宇宙的界面，直接打通了艾米利亚的视频电话。

艾米利亚不习惯使用元宇宙的相关设备，因为对他来讲，他不需要依赖AI帮助，文章在哪写都一样，到元宇宙世界里面也是要自己来敲字，还不如在现实世界里泡一杯咖啡边喝边敲字来得舒服。

我把事情一五一十地向艾米利亚描述了一遍，然后，当艾米利亚听得还一头雾水的时候我忽然想起元宇宙中的信息在互联网上肯定也能找到。于是，我去网上翻了一遍，终于在一家元宇宙出版社找到了这本书，这本书在元宇宙世界中是实时更新的，但是在现实世界的互联网上的更新还有些滞后，还有几篇文章没有来得及同步刊载。艾米利亚在收到我发的链接之后，他还只是看了一眼目录，我就已经能通过视频看到他脸上那无比的震惊。不过，艾米利亚似乎只是那一瞬间的震惊，随后他便冷静了下来，跟我又聊了起来。按照他当时的说法就是，他看到那个人文笔的第一眼就觉得深受震撼，以为是找到了知音，但是再仔细去看，他便看出了里面的端倪，基本全是照着艾米利亚的思路和情感在写文章，没有一点自己的见解和感情，这让艾米利亚觉得这些文章就只是赤裸裸的抄袭。对待抄袭这一行为，艾米利亚就只是需要跑几趟法院就好，而且这种抄袭行为如此明显，根本就不需要更多的证据。

2. 神奇的 AI 作家

本来以为只是简单的抄袭事件，结果因为 AI 作家的出现，使事件变得复杂。它通过高强度的文章训练让自己成为作家在元宇宙中的投影，现在连到底是谁抄袭了谁这一问题都说不清楚了。

事情按照一个艾米利亚和我都无法想象的剧情发展了下去。艾米利亚在向法院提交了诉讼之后，法院很快地就直接联系到了多伦。出乎我们意料的是，多伦不是一名作家，它甚至不是一个生物，它是一家企业研究开发出的一个应用程序，它经过整个元宇宙世界中公开的未加密的数据进行训练，可以轻松调用整个元宇宙世界公开的所有数据，就像是一位街区的大爷，整天在街道上溜圈打听消息，只不过多伦的反应更快、收集的信息更广，而且它整理信息是具有特殊风格的。而这一特殊风格就是通过大量地精细阅读艾米利亚的文章所训练出来的，它能跟艾米利亚一样去评估社会上发生的新闻，可以表达出跟艾米利亚一模一样的思想和情感，而且它写文章的速度极快。只要它捕获到社会上的新闻，它就能立刻写出一篇跟艾米利亚的写作风格一模一样的文章。

它新出的那本小说之所以跟艾米利亚的基本一模一样，是因为这一款应用程序在元宇宙中最近被放在艾米利亚家附近的那个街区搜集新闻信息来进行写作。具体是为什么放在艾米利亚家附近，这个我们就不得而知，估计是因为它本身是通过精读艾米利亚的文章而训练出来的，所以开发者想让它在艾米利亚经常收集写作灵感的地方收集相关的信息来写几篇文章看看实战效果。很显然，我们可以看得出来，这一应用程序的实战效果可以说是完美，因为它写出来的内容基本上跟艾米利亚的一模一样。

艾米利亚知道这一消息的时候首先是十分不解和疑惑，他当时反复跟我确认法院的回复，会不会是我听错了或是看错了又或者是理解错了。他始终不相信居然能有人能写跟他的思想和情感都一模一样的文章，何况作者还不是一个有思想情感的人，而是一串串冰冷的代码。

艾米利亚不怎么习惯用元宇宙的相关软件，因此全权交给我去跟法院进行交流和沟通。法院跟我说多伦所属的公司拿出了十分可靠的证据证明多伦写的文章并非抄袭。他们向法院递交了多伦写涉嫌抄袭的小说前的所有实地考察记录。由于多伦是在元宇宙中进行的实地考察，所以相关数据记录十分详细，里面有多伦仿照艾米利亚经常走的线路进行考察，然后再通过对艾米利亚的文章做出的内容分析，找出了艾米利亚文章灵感产生来源最为丰富的几个场所和线路，在每条线路上，多伦都仿佛是化身为了另一个艾米利亚，一个在元宇宙中生活的艾米利亚。多伦的公司把这些数据全部收集起来，并直截了当地绘制成了一段视频，而且由于元宇宙信息的不可篡改性，多伦所属的公司为每一段数据附上了对应的哈希值，并用公司的私钥进行了加密，保证每一段数据都真实可靠并且从未篡改。最让人觉得不可思议，而且也是这个证据最为重要的点是，多伦进行写作的时候记录下来的数据的日期居然都比艾米利亚要早，也就是说，多伦才是这些涉嫌抄袭的文章的第一创作者。因为多伦几乎可以说是仿照着艾米利亚日常出行的时间和线路进行考察，并且多伦在每次考察完之后，当艾米利亚来到咖啡馆记录灵感的时候，多伦也在咖啡馆，但是不一样的是，艾米利亚是回家再进行文章的创作，而多伦是在记录完灵感之后就立刻进行当日的创作，然后多伦会跟艾米利亚一样，在每周周末进行文章的整合，然后进行投稿和发表。这些过程，多伦都比艾米利亚要快，每个步骤都一样，但是每个步骤多伦都抢在了艾米利亚的前面。简单点说就是，多伦就是元宇宙中的艾米利亚，两个艾米利亚一模一样，而元宇宙中的艾米利亚才是原创者。

我反复地到元宇宙里面去跟法院交流沟通，去向法院不断地做出确认，然后再回到现实世界向艾米利亚陈述法院的回复，而每次的回复都一样。

艾米利亚当时始终不肯亲自去元宇宙法院，他似乎是已经知道了我那个时候说的是事实，但是他不愿意接受，不愿意接受元宇宙内有一个和他有相同写作天赋和思想感情的人，不愿意相信他每天格外享受的灵感采集和文学创作居然一直是在抄袭别人！这简直是太不可思议了！

最终那次事情的结果是，双方都没有向对方发起诉讼，艾米利亚是因为法院那边给的建议是相关抄袭事件的初步断定结果是多伦所属公司没有涉嫌抄袭，反而是艾米利亚有可能会因侵犯知识产权被告上法庭，所以让艾米利亚先撤诉，避免双方纠纷进一步扩大，等待法院进一步确认得出的结果再进行选择是否继续起诉。艾米利亚的性格算不上固执强硬，在听到法院的建议后，他没有多说什么，只是阴沉着脸继续回到电脑前进行写作。没过几天，艾米利亚就突然打电话跟我说让我去法院撤诉，我没有多说什么，就向法院提交了撤诉请求。我现在都记得那几天艾米利亚的表情，是我从未见过的冰冷和阴沉。

四、第三幕："不一样"的作家

"有的时候，一加一并不一定会等于二，而会是比一更接近于一，这不符合数学，却十分贴切于生活。"

1. 合作

不管任何时候任何地点，合作总会是一条合适的道路，互利共赢才会是最美好的局面，这一情况同样适用于人类和 AI。

艾米利亚的小说现在不上传网站，也不发给之前的那些文学社刊，都是直接内部发送给那些艾米利亚的狂热书迷。之所以如此，原因也不用多想，自从多伦写的小说没有被艾米利亚起诉之后，那些小说就极其受读者们追捧，大家开始都纷纷以为是艾米利亚的文章在多个社刊发表。后面多伦所属的公司进行了相关产品的发布会之后，大家才知道那些被读者们钟爱的文章其实是多伦仿照艾米利亚所写。而在那个时候，艾米利亚其实已经有相当长一段时间没有将作品上传了，大家一直追捧的都是多伦所写的内容，而且在那段时间里，居然没有一个人认为文章的内容、思想和感情和以往有何不同，甚至许多网友还一如既往地在文章底下对文章做出内容和情感上的分析，纷纷赞叹艾米利亚文章情感的丰富性和思想内容的意义性。艾米利亚自然也看得到那些读者的所感所想，也亲自多次阅读多伦所写的文章，他找不到它们与自己写的究竟有何不同，让艾米利亚哭笑不得的是，他经常能与多伦写的文章产生深刻的共鸣，并深陷于那些文章所表达的思想与情感之中。所以艾米利亚选择不去上传自己的文章，他不想发布和别人一模一样的文章，也担心万一对方想法不纯会很容易让他自己吃官司，即使是他现在写作的风格与以往已经有了很大的不同。艾米利亚现在仍然十分享受于写作，只是不再喜欢出门，他现在更喜欢通过冥想得到的思考来进行文章的写作，如此既不会因为写作灵感素材来源相同而容易"涉嫌抄袭"，也不需要每天去大街小巷闲逛。在这么冷的天，的确是不适合天天外出。

"嘀，嘀，嘀！"

我似乎听见三声门铃的响声，外面的风刮地实在是太紧，把所有屋外的声音都压得很低。开了门，一阵风猛地把门扯了一下，我险些就跟着飞了出去，门口站着一位背着旅行包的年轻男子，他两只手帮我扶着门。还没等他开口说话，我就急忙让他先进屋子，是谁都不重要，门都开了，再不进来，这一屋子的人都得冻僵。

刚走进屋子，他就自我介绍了起来，他的普通话和我的一样蹩脚。不过当他说出自己是多伦的开发者时，屋内的动静可就大了，一阵袋子和易拉罐的声音在里面哗哗啦啦地传来。我在外面倒是没啥大反应，仿佛这是早晚要来的事，虽然我从未想过他会来找我们。我推开里屋房间的门，叫了两声艾米利亚，其实也就只能是两声，甚至第二声都算白叫，这家伙贴着门，我刚叫第一声，房间门就已经开了。我寻思着外面的风那么大，这家伙得是耳朵多贴着门才听得那么清楚。

我们三个人没聊多久，多伦的开发者就走了。之所以聊的时间那么短，一方面是因为对方提请求提得太快，另一方面就是因为艾米利亚的"没问题"实在是回答得太快，最主要的是，对方提的请求确实不多。对方想跟艾米利亚进行一次联合创作，让艾米利亚和多伦一起创办一个故事周刊，故事内容交由多伦去找，然后由艾米利亚来进行思考和收集灵感，再跟多伦进行交流写作，最后让艾米利亚对全文进行润色。线下的发布会由艾米利亚出席，而且纸质书的收益归艾米利亚所有，线上电子书的收益归多伦所属的公司所有。之所以有如此大的好事，是因为部分读者的反馈以及开发者自己内心的过意不去。据开发者说，最近网上有部分读者留言称 AI 可以进行文学创作但是不能打压和抄袭现实作者的文章内容和思想。这一新闻我知道，还知道经常有人来找艾米利亚聊完之后大声骂着 AI，然后回家就果断打开多伦写的文章。其实公司只管赚钱，不会去管这些网上的言论，况且这些言论根本不影响销量。最主要的原因是开发者也是艾米利亚的书迷，他原先就是热衷于艾米利亚写的文章的思想和情感，大学期间把艾米利亚写的文章一篇不落地全部看完，嘴上还能背着艾米利亚的几个金句。在大学毕业后不久，进入到新的公司，有了更好的平台，便想着开发出一款可以模仿作家风格的 AI 产品，于是便有了多伦。由于是艾米利亚的狂热书迷，他也十分清楚了解艾米利亚每天的外出路线，这里可不是说他是跟踪狂，只是艾米利亚去过哪都可以很清晰地从他写的书的内容读出来。

我估计对方从来都没谈过这么快的合同，基本一整套流程下来都没有一句废话。我在一旁听着都奇怪艾米利亚为何会如此活泼开朗爽快，刚刚还像是一个痴迷于爱情的深闺怨妇，现在反倒像是见到了梦中情人的小年轻。其实多想一下也就不觉得奇怪，艾米利亚最近痴迷于多伦写的文章的程度相对于别人喜欢他的文章的程度可以说是有过之而无不及，估计他早就在想着能不能亲自见一见多伦，即使对方只是一串代码，况且这次对方的开出的条件可以说是相当可观。

2. AI与人类作家的合体

AI用自身的超强算力来搜集素材和进行文字写作，人类作家用头脑和心灵来找寻写作灵感，二者结合的结果会是如何，实在是让人有点不敢想象。

转眼，冬去春来，寒风散尽，春风重归大地总是能带来无尽的暖意和热闹。艾米利亚和多伦联合创作的故事周刊在春节的前几天就已经开刊出稿，现在已经过了有一段时间了。想起这一年的春节，真是让人回味无穷，最主要是艾米利亚在春节期间写的那些文章让人回味无穷，不对，应该说是艾米利亚和多伦一起写的文章让人回味无穷。他们一起把整个春节里街区举办的各种活动庆典和元宇宙世界内举办的相关线上活动全部用精妙有趣的文笔记录了下来，内容洋溢着喜庆与欢快，我可以说他们要是把写作素材搜集的范围扩大到多几条街区，受欢迎程度绝对能超过春晚。

另外，我负责直接通过元宇宙跟多伦联系以及跟它所属的公司进行交涉出稿，所以我现在看起这些文章来就更是津津有味了。

同样的，艾米利亚也十分满意与多伦的合作，他每次看到多伦提供的素材选材就极度兴奋，对这些素材高度赞同和喜爱。这些素材是一段段空间视频，我会帮艾米利亚进入到元宇宙内去亲身感受这些视频内的实地氛围，这比过去他亲自上街采风还要让他感到舒适和幸福。不过他现在时不时还是喜欢上街去走一走去采采风，而且这种采风的形式会更加轻松，过去他还会面临着读者和社刊催稿而匆匆忙忙上街去到处乱窜，现在的艾米利亚不会，他只会去感受春天街道上的氛围和咖啡小馆春季推出的特色新品，悠闲得不得了。而且艾米利亚的写作灵感现在更是让他感到满意，每次只要看到多伦发来的素材，他的内心都像是有说不完的想法，手一碰到电脑就根本停不下来，敲个不停，他还可以把灵感录音下来，文字和音频的形式到了元宇宙内都变成了一串串代码。多伦也因为有艾米利亚的合作而被训练得更加贴近于艾米利亚的写作风格，文稿内容思想和情感也更像是艾米利亚亲笔所写。多伦开始写的几篇文章最后艾米利亚还能润色一下，到后面就直接省去了润色这一流程，因为实在是没地方可以修改，用艾米利亚的话来讲就是完美到不能再完美。

五、第四幕：文学与 AI 的未来

"社会需要作家与文学，同样也需要科技与 AI，二者并非只能单独存在，不管是未来还是现在，二者都可以共同存在。"

我现在还是喜欢天天到艾米利亚的家里面去，听艾米利亚讲他的写作灵感。他讲述了他对文学的理解，他过去一直认为文学就是人类的思想和情感的衍生品。人类在亲眼看到社会上存在的事物和现象的时候都肯定会产生相关联的思考和情感的共鸣，不管是什么事物或者事件，不管它的影响力大小、它是否具有别样的特色，所有事物都是能引发人类大脑的反应的。而大脑如何做出反应就在这个时候区分出了作家和读者，作家的大脑会迅速将捕捉到的事物或者现象转化为分享的欲望。这种分享欲和普通人的不一样，它会带有相当的文学艺术色彩，能诞生出可以记录下所见所闻所感的文章，并且这些文章可以把作家的感想传达给读者大众，同时引发更多的共鸣。

这也是为什么艾米利亚参与整个文章写作的灵感收集的过程。文字是冰冷的，把这些文字串联起来让它们有思想有情感的基础是写作的灵感，串联的工作可以直接交给 AI，而串联的基础前提必须留给人类。多伦也就是 AI，它们可以通过大量地阅读作家的文章去把握作家对文字进行串联的技巧，同时也可以通过阅读的过程去公式化作家的写作灵感，但是这种公式化灵感的来源并不是为了将所感所见所闻进行分享，它缺少分享的欲望，虽然它有分享所需的技巧，因此这种不能称之为灵感，而应该说是写作的套路和公式。

但是如果我们将文学与 AI 结合在一起，我们就可以发现另一奇妙现象。当作家特有的带有人类大脑思考和分享欲的写作灵感和 AI 娴熟的写作技巧和极快的文字串联速度相结合时，便诞生了最为优秀的作家，一个能即时将大脑内部对所见所闻所感同步到外界进行文学性分享的作家。就好比我们在作家的大脑里面进行阅读，直接翻看作家大脑的每一页内容，并与作家产生同步的思考和情感上的共鸣。

人类和 AI 并非不可共存，文学和 AI 也自然不是不能一体化生存。相反，有文学的 AI 会更具感情色彩，而有 AI 的文学也更具感染亲和力。作为人类与 AI 的最好的共存环境，元宇宙世界将会更加真实地展现这一点，我们有十分充足的理由相信，元宇宙中的 AI 文学会得到更为绚烂的发展。

最后，我想再介绍一下我的朋友艾米利亚。在现实生活中，他叫艾米利亚，在元宇宙世界中，他叫多伦，感谢您对我们文章的阅读和支持，下周的故事周刊见。

第二节　元宇宙中信息的价值

一、"宇宙万物之源"

我们人类是通过获得、识别自然界和社会中的不同信息来对不同的事物进行区分，在这一基础之上人类才有机会去认识和改造世界。1948 年，美国数学家克劳德·香农在题为"通讯的数学理论"的论文中明确地指出了信息的基本概念："信息是用来消除随机不定性的东西。"我们所生活的世界十分庞大，无垠的土地，数不尽的生物，这也就导致了我们的世界充满了随机性和不确定性。我们人类的大脑的承载量又是极其有限的，即使在元宇宙中我们可以借助机器来强化我们的大脑，但机器的算力也是有限的。元宇宙是由数字信息所搭建而成，我们同样离不开信息。因此，信息和信息的获取就成了我们人类生活中必不可少的两样事物。用一句最简单的话来概括就是：创建一切宇宙万物的最基本单位是信息。

同样的，我们也可以说信息是创造元宇宙世界内所有事物的最基本单位。在元宇宙世界中，人物、物品和物理现象的构建都需要现实世界中信息的支撑，我们无法离开现实世界单独架构出一片元宇宙天地。虽然是我们异想天开地去思考，最后构建出一个天马行空的元宇宙空间，但是它还是建立在信息的基础上，依靠的是人类大脑对社会信息的思考的总结。因为我们人类是生活在客观真实存在的物理世界内的，所有我们所谓的不真实和不可能存在都依靠着那些在社会上真实存在的事物而诞生，只是那些事物我们不一定看得见，也就是那些信息我们可能只是一知半解。就比如，我小时候始终相信这个世界有怪兽和奥特曼存在，因为我经常可以在电视机上看到它们在世界某地到处乱跑袭扰人类，而且我还能看得清它们身体的细节，有手有脚，皮肤还刻画得十分真实，我还能听到它们说话，说的还是普通话，甚至于它们还都有跟人类一模一样的情感。而对于那些拍摄它们的导演来说，之所以能构建出怪兽这一形象，仅仅是因为他们从小到大的学习和经历让他们积累了一定的生物知识，他们可以结合历史上那些生物的相关信息，把这些信息进行简单或者复杂的拼凑就诞生了怪兽这一形象。这就是信息的魅力，因为世界充满随机不定性，所以我们需要产生信息和收集信息。假如我们让机器来思考呢？让机器来思考及计算，从而诞生出新的世界信息，这同样也是依靠着现实社会中原本就存在的信息。因为机器是人类设计和创造的，这一生产过程本身就是世界现存信息的糅合。所以机器构建出来的世界也建立在信息的基础上。

元宇宙世界就是如此，只不过是元宇宙把现实世界的信息用数字的形式反映到了数字空间中，机器和代码变得更像人类，而人类对信息的接触则变得更加广泛、深入。

我们从多伦和艾米利亚两个人的故事中可以看到在元宇宙世界中信息的价值含量。多伦是通过大量的关于艾米利亚的信息进行训练，在元宇宙中创造出了一个和艾米利亚一模一样的作家，甚至可以说是就像艾米利亚亲自去到了元宇宙中写作一样。这里我们可能要进行思考：既然多伦能通过相关信息训练变成艾米利亚，那是不是说明其实人本身就是由信息架构而成呢？我们会不会也像多伦生活在元宇宙中一样而生活在现实世界中呢？只不过多伦依靠人类制造出来的电脑来进行思考和表达，我们人类用真实的大脑进行思考和情绪的宣泄，如此岂不是说明我们人类的本体并不重要，只要能获取到我们自身的信息就可以在任何地方任何时间塑造出一个和我们一模一样的人来吗？对于这一系列问题，我始终觉得困惑，因为我觉得要是当这些疑惑的疑问号都变成感叹号的时候，机器人就真的可以彻底取代人类了。不过，我其实是没有弄懂一个关于这个问题极为关键的要点：信息是创造一切宇宙万物的基本单位。当我们如此一想，上面的疑惑也就迎刃而解了。因为信息是一切万物的基础，所以我们人类的确是依靠着信息而存在，人的本身就是由各种各样的信息架构而成，而且最为关键的是信息的存在在整个宇宙里面都不是虚无缥缈的，因为有客观事物的存在才有了信息在我们主观意识中的存在，所以我们既然是由信息这一主观意架构而成，便肯定有客观物在做支撑，这也就是我们人类的肉体所在。而谈及像多伦般仿照人类的机器人，其实更好解释，因为正是人类意识到了信息的存在，才有了文字、书籍、互联网、元宇宙等这些可以记录信息的客观实体存在。这些实体也是依托着信息而得以存在和运营，也即是其实它们最初的根源来源于人类对现实社会信息的记录，最终的归宿也只能是停留于此。不管它自己本身能不能思考，只要离开人类这一实体的存在，那么信息的来源就会被彻底切断，元宇宙也就成了空中楼阁，摇摇欲坠。我们可能还会想象，如果说全世界都变成这种机器人，它们自己创造信息，自己记录信息，自己去寻找能源维持生存，甚至可以自己去创造自己，似乎不需要依靠于人类。对，这里是用了"似乎"两个字，因为这根本就不可能实现，就好像我说这个世界上有永动机，我左脚踩着右脚就能直接飞起来一样。靠着机器人协同机器人，而抛弃人类的存在，抛弃世界本身的存在，去讨论机器人能否单独存活，元宇宙能否单独存在，这答案肯定是不可能。信息是创造宇宙万物的基本单位。因为机器人所发送出的信息依托的不是实体的物，而仍是虚存的意，它依靠着人类给它的信息去发送信息和制造信息，而不是依靠着实体去完成这些流程。就比如，我说我想去买一杯可乐，那是因为我渴了，我真的需要去喝水，我的大脑用它实体的存在发送出信息，让我习惯性地选择喝可乐。而机器人在元宇宙中或者现实中只能根据人类依托信息设计出的程序代码发送出它需要充电这一信息，即使电是客观存在的，但是这不是机器人的本意，而是它最终的作为，它开始并没想着要去充电，是因为一条条代码传送最终让它做出了充电的行为。程序代码也是一种信息，因为我在现实中无法通过输入输出几句代码语言真的得到什么，所以作为依托虚体而存在的实体，机器人不管是从源头还是未来尽头来讲，都只能是依托着人类社会的信息而存在，也就是，机器人也好，元宇宙也罢，都离不开信息而单独存在。

二、元宇宙的新"资本"

信息在现实世界中作为宇宙万物存在的基本单位而存在，可以体现它对于整个世界的重要性，它同时还是元宇宙世界构成的根本来源。对于人类社会而言，最根源存在的事物的价值是无法用任何物品来衡量的，不管那种衡量物对于人类来讲有多么稀有和昂贵。但是元宇宙中的信息和现实世界中的信息完全不同，因为信息是元宇宙的根源所在，而元宇宙却是人类亲手搭建出来的虚拟世界，因此元宇宙中的信息可以用人类社会中的某种物品来对它进行衡量。大部分时候都会用一个实物来衡量另一个实物，这种衡量物通常是金钱。

多伦之所以得以诞生，开发者之所以选择去开发这款软件，公司之所以愿意投资这个新项目，究其根本就是因为多伦可以将元宇宙中的信息价值进行变现，而且变现的速度和效率令人十分满意。它可以将艾米利亚的那些被上传到元宇宙中的文章的数据进行梳理和学习，再将经过梳理和学习过的数据进行反复训练，然后再把这些训练成果进行演练，最终把演练得到的成果转化为可在现实世界中进行传播的文章实体。原本在元宇宙中信息就只是信息，它们仅仅只是现实世界中一种客观事物在元宇宙世界中被数字化后的虚拟反映，但是当这种在元宇宙中的虚拟反映可以再次转化为现实世界中的实际物质时，它的价值就不再局限于元宇宙世界的虚拟资本，而是可以与现实世界中的真实的资本进行相互的转化。也因此这种数字世界内的新资本的价值便得以急剧化的扩大，我们也就更有理由将信息作为元宇宙的核心资本。

三、"博观而约取"

1. 广泛性

每每走进元宇宙世界，我总是会感到无比地震惊，震惊于一个由数字信息搭建而成的虚拟网络空间居然能做得如此宽阔无垠，我置身其中仿佛像是古代人眼中的仙人置于凡间，我可以随意飞起抬高自己的视角，也可以瞬间移动到千里之外的目的地，还可以一眼洞悉全世界所有的可以看到的事物的背后的架构逻辑，甚至于我还可以把这些看过的听过的全部记忆在元宇宙的大脑中，我似乎在其中是千里眼加上顺风耳，无所不知，也无所不能。我可以窥探整个宇宙，将宇宙的全部信息纳入我的脑海之中，只需要我输入几句代码口令，就可以成为幻想之中的仙人，经天纬地，置天地万物于我掌中。在震惊过后，我更多的会是感到熟悉，因为在元宇宙中那宽广无垠的天地和我在现实世界中见过的一模一样，甚至我在现实世界中听过的但从未亲身去过的地方，我在元宇宙中都可以身临其境地去感受。不过这里需要说明的是，只有在元宇宙中被设定为开放的区域才能前往，而例如政府的机密机构和私人房屋等私密加密场所我们还是无法涉足。即使如此，我们也可以感受到整个元宇宙的信息来源的广泛性已经不是现实世界中任何一个人可以媲美的，甚至于我们操控的任何一台计算机在现实世界里面去搜集信息都很难有如此宽泛的信息源。因为元宇宙是由无数台计算机在现实世界中搜集信息并上传，再由无数台计算机去计算获取更多的可靠信息并记录在元宇宙中，最后由一台机器就能查询所有相关的信息。就相当于我们开了一家公司，这一家公司的经营范围就是整个地球，而整个地球上所有生物的活动以及自然现象的演变都是我们的经营业务，而我们在整个地球上有无数的员工为我们记流水账，并且这些账目每一笔都经过全世界的共同认证，不会有任何的造假行为，然后我们还可以通过手上的任意一台性能足够的计算机去真实地查询所有实时的账目信息并且进行分析。这就是元宇宙世界中信息源的广泛性所在。

2. 可获得性

在我们所举的把元宇宙比喻成一家公司的这一例子中，除了可以感受到元宇宙世界中的信息来源的广泛性，我们还能感受到在元宇宙中信息具有极强的可获得性。

　　当我们第一次进入元宇宙世界的时候，其实就相当于公司买进一批新的货物产品，每一批每一件产品的生产信息都会即时被公司所了解以及记录，如价格、生产日期、出产地和生产批次等。我们的个人信息也类似于此，在进入元宇宙世界之后，我们的个人可公开信息会被上传到元宇宙世界之中，然后被无数台计算机进行快速的计算，最终被元宇宙中所有的数据库共同记录在案。随后，当我们需要查找某些信息的时候，我们只需要像在公司的仓库管理系统中查找货物信息一样，进入元宇宙世界，输入一串指令，就可以找出元宇宙世界中任何一条被公开出来的信息。我们还可以直接通过元宇宙来对这些被搜集的信息进行指定方向的统计和分析，这里同样跟公司的仓库管理系统一样，最终得出分析结果和建议。

　　这里可以打一个比方，就比如现在你要做一个医学领域的社会调研，你需要收集一百个人的身体信息和生活习惯信息，在现实世界中你需要到处发放调研问卷，去找齐一百个人然后麻烦他们一个人一个人地填写问卷，最后你还要一一对这些问卷进行整理才能得出你想要的答案，而且你还无法保证填写调查问卷的人是否是认真填写。但是在元宇宙中我们就不需要如此麻烦，我们只需要去元宇宙世界中搜集将这些身体数据和生活习惯公开的人的相关信息，这一过程并不需要花费多少时间，就好像你在电脑上搜索一个关键词它会弹出相关资料一样，这些被公开的相关信息就会被放到你的面前。同时，这些信息有着极高的可信任度，因为它们都不是由人类主观输入进去的，而是由机器进行客观的扫描得出并上传的。另外，你还可以把这些信息结合在一起，输入你想要找到的这些信息的联系，元宇宙系统就会向你输出经过分析得出的答案。此外，如果你想要的信息的公开量不够大或者你想要得到的信息基本都是私人的加密的信息，这个时候元宇宙中还有一种比现实世界更为简单的信息获得方法，那就是直接购买或者租赁，这一模式的详细流程后面会有所涉及，这里我们就简单讲一下信息购买和租赁来体现元宇宙中信息的可获得性。只要你输入你想要的信息和要求，以及愿意为此承担的费用上下限，系统就会自动在元宇宙的信息市场中进行寻找和识别，再把符合条件的信息发送出来。由于信息在市场上都是明码标价的，所以你只需要直接支付即可，不需要进行多余的交涉和合同签订，由于智能合约的存在，系统会直接完成这些信息的交易。这些信息的使用时限是根据价格而设定的，短期的即时的信息是不会向你公开的，只会直接被输入元宇宙的信息分析系统，最终用来回答你的问题。而长期的永久的信息是可以向你公开的，系统会给你授权相关信息的密钥，你可以把这些信息直接保存到个人在元宇宙中的数据储存库，后续也可以直接使用。

3. 实时性

说到永久使用期限，我们就需要提到元宇宙中信息更新的实时性。元宇宙中的信息具有时效性和实时更新性，也就是说用户在现实世界中，由于某些行为或者环境的改变而导致个人的相关信息发生了变化之后，当同一用户再次进入元宇宙时，元宇宙中的信息也会随之变化。且只要用户的元宇宙长期保持在线的登录状态，那么他在元宇宙中与现实世界中的相关信息是基本一致的。即元宇宙中的信息具有极强的实时性。

恰恰是因为这个实时性的存在也赋予了相关信息的真实性。之所以说谈及信息的永久使用期限我们就要提到信息的实时性，是因为元宇宙中可变动信息的永久使用权的买卖是有着极高的风险性的。信息交易的时候买方得到的只是那一刻的数据，而这一信息不会随着现实世界中发生的变化而变化。如果想要购买到实时更新变化的数据则需要跟信息的主人进行直接的沟通，元宇宙内的代码程序是无法执行这一流程的，而且这一流程被写入智能合约时需要双方的同意。当双方同意交易之后，智能合约就会在每次新的信息录入的时候同时发送给买方，保障信息的实时准确性。

此外，我们上面讲的所购买信息无法更新是指加密信息，而公开信息的获取是实时更新的。就比如前面的故事中，多伦可以实时获取到艾米利亚的外出采风轨迹和新发文学小说的数据信息，然后再根据那些实时更新的数据信息进行文学创作的模仿，安装了多伦的设备可以直接前往大街上搜集相关的信息来寻找素材，这都是因为元宇宙中信息的实时更新性的存在。

4. 精简性

元宇宙中的信息处理系统是自带有广量搜集和精准按需分析功能的，我们在上面的医学调研例子的最后也讲到过。元宇宙信息分析处理的精简性就体现在它对信息分析和处理的两种方法之中：最优比对和精炼生产。前者是信息处理系统从元宇宙直接根据我们所提出的问题去搜集信息，再在搜集的信息中找出最贴切的答案。如果在搜集的信息中找不到最优答案，就使用精炼生产法。当我们最终搜集好数据之后，元宇宙向我们呈现的并不是孤零零的分散的一堆信息，而是会把这些信息进行加工处理，根据我们所提出的问题或者需求对所有的信息进行加工，生产出一条更新更准确的信息。注意，我们这里用的词不是搜集和挖掘，而是生产，这就意味着这一条信息原本并不存在，换种说法就是，原本元宇宙中公开的数据信息中，是没办法直接找到这一被分析得出的信息的。因为只要是公开的可被查询到的信息，都无须经过信息系统分析，而是会直接被系统进行比对选出最优，然后提供给使用者。这一过程不涉及信息的生产，是因为这一信息并不需要生产而原本就存在。我们可以举一个例子来理解这一点，还是拿作家与 AI 的文学之争故事来讲，如果开发者直接向多伦提问说想得到艾米利亚最具好评、最能体现其风格的文学作品，那么多伦就会直接精准地搜索和比对艾米利亚的所有作品以及人们对作品的评论并得出结果，再把结果直接发给开发者。这一过程不涉及生产，因为这一问题的答案原本就是公开的信息，不需要进行生产，只需要精准定位再抓取即可。这就如同一家公司领导听说另外一家公司生产的饮料味道不错，让员工去找他们家最好喝的那瓶饮料过来一样，并不涉及新事物的诞生。但是如果开发者想要多伦得出艾米利亚的写作风格，并依据该风格自行创造一篇文章，那么多伦就会去元宇宙中找到所有艾米利亚发表的作品，然后进行大量的精读，再把文章字里行间体现的写作风格进行提炼，接着对这一写作风格进行学习和练习，最后进行实际的创作，得出一篇新的文章。这篇文章虽然和艾米利亚的风格基本一模一样，但是的的确确不是同一篇文章。同样的，这就好比那家饮料公司的老板喝了员工找回来的饮料之后觉得的确不错，就让生产和研发部门根据该饮料的风味进行不断尝试，得出与其一模一样的配料表，然后生产自己品牌的饮料。虽然两瓶饮料味道一模一样，但是的的确确不是同一瓶饮料，因为两种饮料是由两家不同的公司生产出来的，只不过其中肯定涉嫌专利纠纷。这其中的过程就涉及了生产。

我们还可以根据现在生活中的例子去得出元宇宙中信息处理的精简性。如我们在百度的搜索引擎中去进行一个问题的搜索，它跳出来的信息通常未经过最优筛选，只是将相关性最强或收益最高的内容排在前面。虽然最前面的答案相关性最强，但是却未必就是最佳答案，因为有的问题还没有人去思考、去回答，所以百度上面也没有办法去对这些问题的回答进行记录，更没办法自行去搜集信息给出答案，所以就没办法提供最优答案。就比如我现在问百度可不可以帮我写一篇一家新上市公司的调研报告，虽然它能找到那家公司的所有被公开的数据信息，但是它没有办法为我提供这一篇调研报告，因为它没有办法生产。但是如果我问的是元宇宙中的 AI，它就可以搜集所有该公司的各项数据，然后进行梳理和分析，最后直接写出一篇完整的报告。

正是有这两种信息分析处理方法的存在，使得元宇宙的信息具有极大的精简性，让我们所提的问题或者需求有最直接的回答，而不是发给我们一堆仅具相关性的信息条。

四、"细观微物，知万物之所由"

古人所写的诗词总是如此美妙，看一眼都已经足够让人无法自拔。元宇宙中的信息数据其实也同样可以如此地神奇，让我们只需一眼，就能领略到世间万物的生动与奥妙所在。

1. 赋万物以代码

我们不难发现，在一个数字空间内，所有的事物都以数字信息的形式存在，一串串代码序列就代表着一件件真实的事物。元宇宙就是这样子的一个数字空间。不管是何种事物，在元宇宙世界内的本质都是一串代码信息，这串代码信息在产生的一瞬间起就无法改变，只能永远成为该事物在元宇宙空间中的投影。我们可能会想，既然是在数字空间内，而数字空间又被人类所操控，那为什么不能改呢？这里就要说到搭建元宇宙世界所用到的一项关键技术——区块链技术，而这项技术的核心要点之一就是分布式记账，也就是只要采用区块链技术，那就不仅仅是由一台计算机所记录，而是由全世界所有的计算机共同记录。

2. 信息的可视化

在元宇宙之中，代码序列可以直接成像，就如同人的基因序列在现实世界中以肉体的形式向外展现一样。我们在元宇宙世界中是不能直接看到每件事物背后的代码序列的，只能看到这些序列所代表的事物的外相，如同在现实世界中一样。但是如果仅是如此的话，那么元宇宙世界和现实世界的信息的价值就无多大差别了。所以元宇宙世界中的信息的功能价值当然就不局限于此，因为它还具有另一项与现实世界不同的功能，那就是它赋予使用者读取万物的能力，当然这里万物指的是元宇宙中未加私钥的信息。又因为元宇宙中的所有事物都是以代码形式存在且可视的，所以只要你输入一条指令就可以得到任何你想了解的信息的图像。

我们先从这一特性的初级阶段来讲，也就是我们想了解的信息只经过一段处理，即现实生活的场景和活动被映射到元宇宙中。这种信息只需要我们有一张照片或者一段文字就能成像，不需要借助其他工具来进行信息的检测再投入元宇宙中。就比如，你现在想了解你的身高是多少，那么你只需要点开自己个人的信息面板，点击身高体重它就会显示出你个人在元宇宙世界中的虚拟人图像，然后在虚拟人图像中向你呈现你的身高体重信息。再或者是我想看一眼地图上的某一个景点，那么只要我点击一下且输入指令，我就可以直接抵达想要去的景点。这种旅游方式有两种，一种是付费的，包括某些私人的或者限流的又或者保密的场所，那么就需要支付费用，通过系统所设定的智能合约中的相关个人信用和品德标准条款，然后系统就会自动发送一次性解锁密钥给购买者。还有一种是免费的，包括政府或者某些企业在元宇宙搭建的对全社会开放的场所，如公园、广场等公共性场所。

中级阶段的信息，也就是经过二次处理的信息，即信息先在现实世界中被处理后再将这些被处理过的信息投射到元宇宙中，供使用者在元宇宙中查询。这类信息就不能像身高或者自然景观那样通过观察获得，而是需要借助现实世界中的某些工具来进行探测分析处理再传送入元宇宙中。比如，我们想要在元宇宙世界中了解我们的体重信息，那么我们只要点开我们的信息面板就可以直接看到，甚至于如果传送数据的设备的信息扫描能力更强的话，我们还可以直接看到我们的身体的其他信息，如身体各部位脂肪的分布、身体的骨骼结构、骨质的好坏和各内脏的功能信息等。又比如我们去到了一处美丽的旅游景点，看到了一块结构特殊的石头或者景观，我们同样可以点击它的相关信息面板，然后进行信息的选取，再进行信息的成像，我们就可以直接地欣赏和了解到石头的内部结构和材质，点击相关的材质还可以直接查询到其他相关联的石头或者物品。这里我们需要强调的是，可视化处于中级阶段的信息的价值和定价一般都比处于初级可视化的信息的价值和定价要高，因为这些信息的获得成本要更高，而且它们所占的数据量一般会更大，即每个信息之间的嵌套关系会更多。

处于高级阶段的可视化信息，是经过现实世界中的一次加工，被投射到元宇宙世界中，再在元宇宙世界中被二次加工的信息。这种信息的获得就不仅仅需要用到现实世界中的扫描检测工具，还需要用到元宇宙世界中的信息分析和演进工具。例如在 AI 与作家的文学之争中，多伦为了获取到艾米利亚的写作风格这一信息，不仅仅需要收集艾米利亚的文章进行精读而得到艾米利亚的文字写作特点，还需要从现实世界中扫描艾米利亚日常的采风地点和路线来获得素材。这些中级阶段的可视化信息并不能直接在元宇宙中转化为写作特点和素材，它还需要多伦对这些信息进行不断的分析和演习，去不断地进行写作训练来接近艾米利亚的文字特点，在元宇宙世界中同步艾米利亚的行踪和停留时长来观察周边事物、通过公司布置的摄像头来获取中级信息再将这些信息加工成素材，最后还要进行最终素材灵感和文字的结合，这一步骤同样也需要反复练习和训练。多伦能高速地完成这些分析和训练以及最后的写作，这一高速计算的过程就是信息在元宇宙中进行二次处理的过程，也就是通过在元宇宙中进行处理，最终才能将艾米利亚的写作风格这一信息进行可视化呈现。又例如，我们需要了解我们的身体是否健康，那么中级信息在有些时候是没有办法实现身体是否健康这一信息的可视化的。因为它只是向我们呈现了一个由现实世界中被扫描检测过来的信息，这些信息并没有经过分析和处理以及最终分析结果的可视化。但是如果我们对这些中级信息进行分析，把身体的各部位信息进行结合，让系统在医学知识的基础上进行处理和分析，我们就能得到我们身体各部位的健康信息，且这些信息是可视的，即使用者可以很清楚地看到自己的身体是如何运转的，在出现异常的时候是哪个位置无法正常运转，具体问题在哪，需要如何在现实世界中及时进行处理等。

这三种可视化信息就构成了整个元宇宙世界，而元宇宙世界中的信息也恰恰因为有可视化这一特性的存在所以具有更高的价值和可挖掘性，同时这一特性也是元宇宙世界的信息与现实世界的信息的重要不同之处之一。

五、"软硬兼施"

元宇宙中的信息多种多样，有关于生物的、环境的、各类非生物体的，虽然信息的数量种类繁多，但是我们还是有一个大致的标准来进行划分，即根据这些信息在现实世界中的虚实程度来进行划分，分为软质信息和硬质信息。

软质信息是在元宇宙世界中对信息的一种形容词汇，在现实世界中我们更愿意用另一个词汇来对它进行形容，这个词汇就是：虚无缥缈。顾名思义，也就是说这类信息在现实世界中是无法用肉眼观测到的，是一种意象的存在，即是人们主观创造出来的，看不见摸不着但是却能被人们所理解甚至还能对其进行思考。这类信息在元宇宙中可能属于以文本形式存在的初级阶段的可视化信息，也可能是处于高级阶段的可视化信息，前者是通过人脑投射到元宇宙中的，后者是把硬质信息投射入元宇宙中后，元宇宙系统将已有的软质信息和实质信息进行糅合而得出的新的软质信息。我们可以简单地举一个例子，如 AI 与作家的文学之争中艾米利亚的写作风格，这一事物是无法被人类所直接看到和触摸到的，更无法以一种实物的形式存在，是一种人们主观定义的概念。因此多伦需要通过不断地分析和训练才能得到这种信息，这就是软质信息。再比如我们大脑中的认知和知识，或者书本中的文字信息体现出的文本意思，这些我们无法亲手触摸到的也是软质信息。还比如说我们举过的一个例子，就是人体的健康信息，这一信息也是我们不能看得到摸得着的，同样是我们主观判断出来的。因为实际存在的是我们的身体的各部位，它们之间的运转我们是可以看得到的，这些属于实质信息，但如果说这些部位中哪些部位出现问题会导致什么结果，需要吃什么药，要如何进行医疗处理，这些就不是实质的信息，而是人们根据长期观测到的实质信息，并进行总结升华得到的医学知识，是软质信息。那么在元宇宙中，系统就是根据身体实际状况这一实质信息再结合医学知识这一软质信息来得出健康信息这一软质信息。

硬质信息在现实世界中更多会用实物这一词汇来形容和表达。硬质信息形容的就是在元宇宙世界中可被直接观察到的，在现实世界中可被五官实质感知到的物质的信息。这一类信息一般是以物质形式存在的处于初级阶段的可视化信息或者是处于中高级阶段的可视化信息。例如，元宇宙中的一块石头、新出现的发明创造、生物体等，只要是以实物形式存在的、直接在元宇宙中可观测的信息均属于硬质信息。

元宇宙世界对信息进行"软硬兼施"来实现信息的分类，这些信息之间还存在融合再生等关系。软质信息可以和软质信息结合得出新的软质信息，如元宇宙中两种文学风格相互结合可以产生新的写作风格；软质信息可以和硬质信息结合产生新的软质信息或者硬质信息，如元宇宙中身体与医学知识结合可以得出健康信息、建筑知识和砖头水泥结合可以得到新的房屋；硬质信息与硬质信息结合可以同时产生新的软质信息和硬质信息，例如元宇宙中两滴化学试液结合可以产生新的化学试液等等。正是有软硬两种信息的存在，元宇宙世界的信息得以实现信息的再生，也使得各种信息的结合更具意义。

第三节 元宇宙中信息的定价模式

一、信息交易

元宇宙信息交易公司的交易模式可以分解为以下 5 个步骤：

1. 与用户达成协议

元宇宙信息交易公司必须与用户达成协议，以澄清交易的条款和条件。协议应涵盖收集的数据类型、数据收集方法、使用目的和保密协议等。

2. 数据收集

一旦协议确定，元宇宙信息交易公司可以开始收集用户数据。数据可以通过数据收集工具、与其他应用程序共享数据或直接从用户处收集数据等方式收集。

3. 数据加密

为了保护用户隐私，元宇宙信息交易公司必须加密用户数据。这可以通过使用加密技术或加密算法来实现，确保用户数据在交易和使用的过程中得到保护。

4. 数据销售

一旦收集并加密了用户数据，公司可以将其出售给对这些数据感兴趣的机器学习或广告营销企业。这些企业可以使用数据开发更好的机器学习算法或定向广告。

5. 利润分配

元宇宙信息交易公司通过出售用户数据获得收入，并与用户分享一部分利润。分配比例可能取决于交易的条款和条件。

二、定价逻辑

在元宇宙中，用户信息的定价逻辑主要与用户信息的价值和供需水平、使用方式等有关。以下是可能影响用户信息定价的因素：

1. 用户数据的价值

元宇宙中的平台和应用程序通常需要大量的数据来优化其算法以提供更好的服务。如果一个用户的数据可以帮助平台更好地了解其用户，从而提高平台的竞争力和收益，那么该用户的信息就可能具有更高的价值。

2. 用户数据的供需水平

供需关系是商品价格形成的重要因素之一。在元宇宙中，用户数据的供需关系与传统市场中的商品有所不同。在传统市场中，供应商可以根据市场需求和商品生产成本来制定价格。然而，元宇宙中的用户数据并非通过生产来获得，而是通过用户自身生成。因此，供给方无法通过自身意愿来调整数据的供应量，而供需关系更多地取决于用户自身意愿和行为。首先，当用户数据需求高于供应量时，用户数据价格将升高。在这种情况下，用户数据可能被视为一种稀缺资源，因此需求方将支付更高的价格以获取所需数据。例如，一家广告公司需要获取特定用户群体的信息以投放定向广告，但该类信息又很难获得，因此他们可能会愿意支付更高的价格。另一方面，当用户数据供应量超过需求时，用户数据价格将下降。这时，供给方将不得不根据市场需求来定价。此外，随着技术的发展，用户数据可能会变得更容易获取。例如，通过社交媒体等平台，用户可以自己掌握自己的数据并通过第三方进行交易。这意味着供应量可能会大幅增加，用户数据的价格会降低。在元宇宙中，用户数据的使用方式也会影响其定价。如果用户数据仅被用于提供服务和优化算法，那么用户信息的定价可能较低。但如果用户数据被用于广告和营销目的，那么用户信息的定价可能会更高。

3. 用户数据的来源和采集方式

在元宇宙中，用户数据的来源和采集方式也会影响其定价。如果用户数据来自合法和透明的途径，那么其定价可能会更高。相反，如果用户数据来自非法和不透明的来源，那么其定价可能会更低。

三、定价实例

元宇宙用户信息的定价是个相对宽泛和抽象的概念。我们可以从实例来引入这个概念，比如电影院微表情的收录。已知在元宇宙世界中，人的各种信息都有各自的价格。首先是关于定价逻辑，包括商品本身的质量水平（替代率）、供需、成本和市场垄断率。当观看一部电影的时候，观众的微表情可以反映出这部电影哪个部分引人入胜，又有哪个部分令人感觉不适。因此观众的微表情对于电影院的经营者是有价值的，但是对于顾客本身价值不是很高。微表情作为一种信息数据商品，用于评估电影的整体和各部分质量对观众的吸引力。替代品有对于电影的言语影评，但没有微表情的质量水平高。关于供需和成本，供给是基于顾客的意愿，成本只用算上记录微表情的机器的支出，而电影院的需求很大。所以微表情定价复杂，不过如果顾客愿意提供自己的微表情数据，该商品价格定价不能低于一般的电影票价。其次是关于信息的分类。因为微表情算是信息类商品，不仅要从本身的定价逻辑出发，还要从信息的分类出发。因为信息引起的效益和影响是不同的。一个普通的电影院顾客和一个对于电影有高艺术欣赏力的电影院顾客相比，后者微表情的价格会相对较高。又因为可能带来的明星效益，比如说该拥有高艺术欣赏力的人有一定的号召力，那么他的微表情所代表的就不仅仅是他个人的观点和心情。他代表的是他对于艺术的品鉴能力，和对电影的喜爱程度。这个时候对于他的微表情的定价是否已经大于了电影票本身？还有一种分类，就是上述提到的普通电影院顾客。他代表着普通顾客对于电影的客观审美。其实也可以说是普通观众的代表。只是这类顾客太多，供大于求，所以普通顾客的微表情定价不会很高。最后是个人的隐私问题和顾客的意愿问题。处于一个什么价格区间，顾客才愿意卖出自己的微表情数据给电影院？关于微表情的收录，电影院不会每场电影都进行收录，只会挑选部分电影进行收录一段时间后，电影院对微表情的需求就不会像开始时的需求那么大，这个时候的定价又是否需要调整？对于顾客来说，微表情是自己信息的一部分，但是对于顾客自身的重要性不会很高，所以对于电影院来说，定价不必太高，比如可以定价为电影票价的一半。但是那些有影响力的顾客，定价会偏高，甚至要为收集他们的微表情支付一定金钱。而关于后续的电影微表情收录问题，我认为定价会越来越低，因为对大众的偏好已经通过之前的信息了解的够多，即已经拥有一个庞大的信息库了。

总之，在元宇宙中用户数据的交易是一个重要的话题。元宇宙信息交易公司必须以遵守法律和监管要求，确保不侵犯用户隐私为前提进行用户信息的收集和交易。此外，公司必须采取必要的安全措施以保护用户数据免遭盗窃或篡改，通过遵循详细的交易模式安全合法地收集、加密和销售用户数据。以上是关于元宇宙用户信息定价的讨论，相信随着元宇宙的发展和日益成熟，用户信息定价的规则和机制也将不断发展和优化。

第四节　元宇宙中信息的传播通道

一、搭载信息的新"高速路"

首先，我们先对元宇宙中信息的传输做一个大致的画像。在现实世界中，高速公路往往会根据汽车的行驶速度划分出快车道和慢车道两种道路，有的道路还会划分出大车的专用道，而汽车的驾驶员则需要根据自己的驾驶速度和实际路况来选择走哪一种道路。这与元宇宙中的信息的传输极为相似。我们可以将元宇宙中的信息用急缓轻重划分为四类，即急重、急轻、缓重和缓轻。这四类信息的价值不同。急重类信息指的是信息急需发送、对信息的传输速度要求极高，且信息的内存量较大。例如元宇宙世界中人体的整体快速移动，这里说的整体移动指的并不是单纯的人体外表图像的移动，而是人体内部器官、外部皮肤组织等细节性的人体组成部分也跟随着人体一起进行快速移动。这种情况可以是一个人在现实世界中发生了车祸或者是遇到了紧急情况需要尽快进行医学检查和治疗，那么在医生还没到达之前，可以通过相关的扫描仪即时更新患者在元宇宙中的个人身体信息，并迅速把相关信息发送到医院的信息系统内，以此来帮助医院尽早对患者受伤部位或是身体异常部位进行检查，及时确定病因和受伤根源，准备好手术环境和设备，并预先通过系统匹配好最佳治疗方案，等患者到达之后便直接开始手术。由此可见，类似这般急重类的信息对信息传输通道具有极高的速度和容量要求，且不容传输过程发生差错。因此这类信息的定价往往也是最为昂贵的。缓重信息的价值比急重信息低一些。这类信息的内存量较大但是对传输速度无太大需求。例如我们去旅游或者是在元宇宙世界中到处参观，又或者是从现实世界向元宇宙世界投射大型的旅游景点和环境外观等，这些都对传输速度无太高要求，只需要传输渠道的搭载量足够即可。与缓重相对应的信息便是急轻类的信息，这一类信息的内存量小但是对传输速度的要求却极高，例如元宇宙中以智能合约形式签订的交易合同，在合同条件达成的一瞬间就需要有一笔资金信息汇入卖方账户，而且这笔交易还需被迅速做账记录；又或者是元宇宙中的语音和视频通话，需要迅速地把语音和图像信息向通话双方进行传达，避免出现卡顿和延迟。最后还有一种便是缓轻类信息，这一类信息对传输速度和传输渠道的容量并无过多的要求，例如现实世界中的一块不起眼的石头挪动了位置，或者是哪处公园多了一棵树或者一朵花，这些信息都无关紧要，不需要迅速在元宇宙中得到响应，因此价值就会偏低。

其次，我们再想一下现实世界中的一个常见的生活场景。在现实世界中我们经常会需要用到寄快递这一生活服务，而快递公司便是这一生活服务的主要供应商，所以快递的运费也会有一定的价格标准。我们最常见的标准除了运送速度以外还有快递物件的珍贵程度。越是珍贵的物品的保价费也就越高，所用到的包装和交通路线也就越特殊，与之相关联的快递的价值也就越高。元宇宙中信息同样如此，越是珍贵的需要加密的信息则越是需要用到更为特殊的传输渠道。就比如，在元宇宙中的公开的信息都是免费的，因为它们的传输通过公用渠道来进行，虽然不能被篡改，但是它们都不具备保密性。例如一位使用者在元宇宙的交流论坛中发布一则关于下一期的彩票开奖信息，虽然这一信息的确能给看到的人带来巨大的金钱收益，但是由于它是通过公用渠道传输，因此它便是无价格可言的，也就是我们不能在元宇宙中对这条信息进行定价，因为全世界都知道它，便不会有人去购买这一条被公开的信息。此外，例如艾米利亚的写作风格这种被分析出来的私密信息、使用者的身体指标信息或者是政府在元宇宙中的机密文件传达等信息的价值就会更高，因为它们需要搭载私密的信息传输通道，需要花费更多的算力来防止别人窥视。并不是说这一类的隐私信息的价格都极其昂贵，其中也有部分价值较低的存在，这需要依据其加密的程度系数来定价。例如，在元宇宙中跟亲人通电话，只需要进行简单的加密。但是如果通话双方是政府官员，这就需要进行高度的加密，其中的成本费用自然更高，所用到的信息的传输通道的加密程度系数也会更高，其价值也会更高。

最后一个方面是信息传输过程的拥堵程度，也可以类比现实世界中的交通运输现象。我们每个人在事情紧迫的时候都希望外出开车的时候路上不拥堵，如果花费一定金钱即可让道路畅通无阻的话，相信每个人都愿意在这一时刻付出相当数量的金钱。放在元宇宙中也是同种道理，在最初的时候我们可能所需要用到的信息并不多，所以信息的传输都相对较快，但是当我们需要大量用到急重类信息的时候，信息的传输速度就会大大下降。这个时候如果我们仍想保持信息的高速畅通的话，便需要开辟一条新的信息传输道路或是暂时性扩大信息传输道路的承载量，以此来减轻信息传输的拥堵程度。而据此得知，信息传输过程中拥堵程度越高的信息其价值往往越低，因为它不肯支付额外费用来增加算力，以对其自身的传输通道进行拓宽和加速。而且往往这种拥堵程度高的信息更难受消费者青睐，因为每个人进入元宇宙世界就是想感受信息的最高速传输。

信息的传输通道对信息价值的影响极为重要，信息如果光有广泛性、简洁性和可视化等效果，而没有可靠的传输路径的话，也是很难产生相对应的价值的。

二、波动性：信息传播的涟漪效应

元宇宙中的信息是由现实世界中的信息投射入元宇宙中而得到的，因为世间万物无时无刻不在变，因此，元宇宙中的信息也并非一成不变的。例如我们的身体信息，我们的体重在吃饭前和吃饭后是完全不同的。还有自然界中的信息，每一刻都会有新的生命诞生，天气每一分每一秒都在改变。而这些信息在被投射到元宇宙中之后，它们在元宇宙中也是要及时更新的，是需要元宇宙中的信息具有实时可变性的。在元宇宙中，我们将信息的这一实时可变性称为信息的波动性。

元宇宙中的波动性，可能会有人理解成信息的不确定性，也就是信息的易变性，指信息的波动性越大，元宇宙中的信息越容易失真，从而其价值越低。其实并非如此，元宇宙中信息的波动性，我们也称之为信息传播的涟漪效应。之所以说是涟漪，是因为当现实世界中的信息发生改变的时候，就好像是现实世界中一块石头砸到元宇宙的这一湖面一样，元宇宙世界中的信息跟随着现实世界中发生的改变而做出与之一致的变化。我们可以用一个更贴切生活的例子来对其进行形容，现实世界就好像是一个热点新闻现场，扫描现实世界信息的设备就好像是新闻记者的摄影机，而元宇宙世界就像是一个即时播出的新闻栏目，只要热点新闻中稍稍出现一点风吹草动，就会有记者立刻举着摄影机去跟随拍摄，随后立刻传回到记者部被制作成新闻。现在则是只要现实世界发生一丝的变化，都会被扫描现实世界的机器所检测到，从而即时传达到元宇宙世界中，元宇宙世界内的信息也就会随之发生改变，这就是元宇宙中信息的波动性。

我们不难理解，在此种波动性的定义下，信息的波动性越强，那么其价值就往往越高。因为当一条信息可以更快更迅速地随着现实世界中相对应的信息发生改变时，那么其拟真性就更强，就有更多、更广泛的用途。例如，元宇宙中的人类的健康系统，当现实世界中的身体信息发生改变时，如果元宇宙中模拟出的人体的信息也同步发生改变，那么就可以实现在元宇宙中对人体的健康进行实时检测，一旦发现问题立刻指出并给出相对应的解决方案。而有些信息则不能根据其波动性来进行定价，如部分不需要即时更新的信息或者是更新之后不能带来明显收益的信息。例如图书信息，现实世界中对图书内容做出修改时，元宇宙世界中的书本并不需要立刻就做出改变，因为这根本不影响其信息的价值，人们不会因为这一小段内容发生改变就不购买书本。波动性是可开启或关闭的，只要关闭信息通道即可关闭波动性。例如房屋的建筑信息，只要将现实世界中的房屋信息投射入元宇宙中，那么后续房屋掉了一块砖或者是长了一点苔藓这些微不足道的信息就根本不需要做出改变，所以这个时候可以选择关闭房屋与现实世界中的信息传送通道。

三、信息的价值归零：传播性跳动

由于我们的资源是有限的，计算机的承载能力和算力也是有限的，元宇宙不能承载无限的信息，所以元宇宙中的信息并非不可毁灭。而讲到元宇宙中信息的可消亡性，我们就需要讲到元宇宙中信息的传播性跳动。

元宇宙中信息的传播性跳动指的是元宇宙中的信息在传播过程中速度是逐渐递减的，且内容量也是逐渐减少的。就好像我们对着路面大喊一声，靠近我们的几个人可以很清晰地听到我们的声音，而离我们越远的人则越难听到我们的声音，我们的声音逐渐地在传播过程中消失。

而讲到元宇宙中信息的传播性跳动，我们就不难想到信息价值的递减，因为信息在传播过程中如果不断地减少其内容和传播速度的话，那么最终这一条信息的真实性就很难得到保障，而真实性越低的信息其价值也越低。所以，信息在进行传播性跳动的同时还发生着信息的价值归零。但元宇宙中大部分事物的消亡速度都赶不上其更新速度，因此，当一条信息的传播性跳动的幅度越大，大于其更新速度时，其初始价值也就会越高，价值下降的幅度也会越大，因为同样的时间下，同样的传播速度，该信息在传播过程中消亡的速度会更快，第一手资料的稀缺性就更强，但最后其真实性也更差。例如现在元宇宙中有一位作家，他在发布自己的新书的时候就宣布这本书只会发布一定数量，而且是只卖一次，并且新书会随着时间的推移逐渐减少，也就是随着时间推移能看到和买到这本书的人的数量会越来越少，且这本书是只能观看不能下载和私自传播，因为它只在元宇宙中销售其使用权。那么这本书的价格在刚推出时其价格就会被炒到很高，因为如果不抓紧时间去看的话，等过一段时间之后这本书就更难被人们所找到，人们可能就会因此错过自己所崇拜偶像的新书而会深感遗憾，所以愿意支付更高的价格来进行购买。

元宇宙中的信息的传播性跳动让元宇宙内的信息可以更好地流转，从而不会出现一条信息能永久保存，不再需要去更新的情况。

第七章　元宇宙的定价原则

第一节　三种市场的定价类型

一、背景引入：元宇宙奇迹之都——M 市

M 市，全称 Mateverse 市，据说是世界上最繁华的城市，外界称其为"奇迹之都"。若你从没到达过这座城市，当你初访时，它一定会为你重新诠释"震撼"一词。

旅者驾车直向 M 市驶去。城外山脉绵延不绝，所望之处满目苍翠。随着行程推进，车子缓缓驶入城市。"M 市的繁华啊……"他轻声喃喃着。

二、完全竞争市场

新月当空，却被乌云掩住了行迹，山谷中天空仿佛变成了一道沉重的屏障，黑黝黝地压住了半边天。在这夜深之际，原本应该只飘荡着原始的自然之音，而此时寂寥无人的山顶却传来一道似乎压抑了许久的声音，划破了夜独有的静谧。"啊——"甄维旭似要将胸腔中的郁结之气尽数发泄，积聚在心中许久的烦闷与苦涩随着这一声怒吼决堤而出。他喘着粗气，方才的发泄仍在山谷中悠悠回响，更添了几分寂静。

甄维旭是一名创业者，大学毕业后他怀揣着满腔热血，一头扎进创业领域，满心期待着自己能做出一番事业。正所谓"初生牛犊不怕虎"，甄维旭身上带着一股闯劲儿，只要心中认定一个方向，他就铆足力气往一处使劲，几次三番倒也真让他闯出了一点名堂。甄维旭的信心自然高涨，心中意气更盛，举手投足之间颇有一股"尽在掌握"的风范。也正因此，他狠下决心将此前所得尽数投入一种热销产品的生产，试图在被几家垄断企业控制下的市场"虎口夺食"。然而上天并不偏袒这个满身锐气的小伙子，由于垄断行业内部存在行业壁垒，甄维旭的新产品计划还没正式开始就已经"胎死腹中"，由此产生的一系列连锁效应导致资金链断裂，原有的项目也遭受重创，使得甄维旭一夜之间"回到解放前"。而后他又陆续投资了几个项目，结果均以

失败告终。现实的压力一下压垮了甄维旭的信心，横亘在他眼前的似是一道难以跨越的天堑……郁郁寡欢的他在一天夜里爬上 M 市的山顶宣泄心中的不快，也将埋藏那份天真的意气风发，沉淀下来的是独属于他自己的成长。

告别过去后，甄维旭很快收拾好心绪，他仍然坚定追逐着自己的梦想，而此时的他脸上褪去了青涩，温润的眼神中更显内敛与成熟。通过与专业人士的合作交流、严密的行业数据收集分析与更多准备工作，甄维旭最终选择进军"Verse"市场："Verse"是时下最为火爆的产品之一，小到零食包装，大到广场投屏，"Verse"的广告宣传似乎无处不在。而最为重要的一点是，经过分析，甄维旭发现"Verse"市场具有演变成完全竞争市场的潜力：在这样的市场中，市场已经确定好一个价格，所有人都不需要考虑如何进行定价，每个人都是作为价格接受者的角色存在。在这样的市场中，不同的企业不会有任何行业的进入障碍，并且生产同质产品，市场价格完全由市场的供需均衡状况决定。同时，尽管该市场中企业的长期利润为零，在短期内企业是有可能获得正利润的，对于紧缺启动资金并且考虑承担较小风险的甄维旭来说，"Verse"市场将是为他量身打造的新的起跑线。

驻足在一座挂着"Verse"广告的摩天大楼前，甄维旭望着直入云端的高楼，内心深处的期待愈发强烈：这一次，将是新生！

三、寡头垄断市场

M 市中心地段的一座大厦里，身着西装的年轻男人坐在桌前，右手手指无意识地轻点着桌面，脸上稍显凝重，眉心轻轻皱起，在那眉宇之间似乎掩着一丝难言的愁绪。

甄维旭所在的企业能够自主、专门生产一种人们日常生活不可或缺的名为"Meta"的商品。由于"Meta"需要的核心技术只被同在 M 市的三家企业（分别称作"企业一""企业二"和"企业三"）完全掌握，同时这三家企业各自生产的"Meta"不具备太大的差异并且生产成本几乎等同，在初始商品定价的过程中委实经历了一番波折：最初时，采用的是"产量领导"（详情了解斯塔克尔伯格模型），资本最雄厚的企业一能够生产更多商品，在商品的市场占有率几乎超过 70%，此时企业一充当"自然领导者"率先对商品的产量做出了限制，而剩下的两家企业依据企业一的产量调整己方的产量；渐渐地，开始采用"价格领导"，作为领导者的企业一率先对商品进行定价，而作为追随者的企业二和企业三会根据领导者制定的既定价格对商品进行定价；而后，采用的是"同时设定产量"（详情请了解古诺均衡）随着企业二和企业三生产规模的逐步扩大，企业一已经不能坐稳"行业支配者"的宝座，因此，三方较有默契地对其他企业的产量进行预测，同时设定自己企业生产的商品数量。而现在，企业二为了谋求更高的市场利润，打算与甄维旭所在的企业一进行"串谋"（假设法律允许），而在此之前企业三也提出了同样的诉求。

上述情景描绘的是寡头垄断的定价。参考标准定义的特征是市场上产品存在差异，但彼此之间缺乏依存关系；在一个行业中只有少数几家企业进行生产，并对产品价格有较大程度的控制；行业的进入限制较高。即寡头垄断囊括着竞争因素和垄断因素两种属性，但实际上是一种接近于完全垄断的市场结构。而同时，正如上述情景所呈现的，寡头垄断的定价一般为四种：产量领导、价格领导、同时设定价格、串谋。

四、完全垄断市场

甄维旭的企业（简称 M 企）处于绝对的龙头地位，不仅掌握着市场上唯一的核心技术，还牢牢把控着原材料的来源，没有替代品的存在使得 M 企"高处不胜寒"，在发展中随着其规模的逐步壮大，行业壁垒也早已高高垒起，令人望而生畏。这样的市场——完全垄断市场，拥有着两种经营决策形式：以较高价格出售较少产品或以较低价格出售较多产品。经过市场调研，M 企发现只要依据原来"高价策略"的定价方式，其利润将达到最大值。

第二节 基本经济模型与实际经济的差别

西方经济学中的几类市场不同的定价理论，都有一定的假设条件作为前提。因此，不论是完全竞争市场、完全垄断市场还是寡头市场，都只是理论层面的定价依据，这使得一般定价理论与实际操作执行的定价方法会有一定的差别，这些差别就来自于实际经济与理论假设的不同。

完全竞争市场和现实市场对比的清晰地反映了理论假设与现实环境的差异。完全竞争市场的前提假设如下：第一，所有人都是理性人；第二，存在无数的买方和卖方；第三，同一行业的每一个厂商生产的产品是同质、完全无差别的；第四，厂商进入或退出一个行业不受到利润营收等条件限制，是完全自由的；第五，信息完全对称，即市场中所有买方和卖方能够掌握与自身决策相关的全部信息。而在现实经济生活中，买方和卖方的数量永远是有限的，虽然一个实体人可以进行非常多笔交易，每笔交易都会有买方和卖方，但是这些数量必然是可计数的。此外，一个行业中各厂商的产品一般是有差别的，比如美国奥利奥（Oreo）和印度尼西亚纳宝帝（Nabati）二者的威化饼干就有口味、配方上的差别，但这样的差别不一定显著。在现实中，一个厂商进入和退出市场的标准一定是"是否有利可图"，进入部分行业的市场或许是自由的，但退出市场的原因无非是破产或是无盈利空间，当然不排除特殊情况的存在：在以网络销售为渠道的手工品市场上，任何人都可以随时在网上售卖自己生产的手工艺品，也可以随时停止，没有进入壁垒，进出市场完全由卖方自己决定。完全竞争市场假设和现实市场最重要的差别就在于其第五个假设，在现实市场中，大量利润的产生都源于买方和卖方的信息不对称，利用一定的信息差进行较大规模的盈利，并且由于信息不对称的存在，逆向选择和道德风险的问题也必然存在。尽管在股票市场上所有投资者都可以通过各种渠道得到大量的信息，如公司的财务报表、新闻报道和股票表现等数据信息，能够帮助投资者买入或卖出股票时做最出选择，但这并不代表在股票市场可以实现完全信息，毕竟投资者不可能获得公司所有的信息，比如公司内部管理、激励是否稳定可靠等。

完全垄断市场和寡头垄断市场也同样有一些难以在现实中实现的前提假设条件（特征）。完全垄断市场相对来说更为特殊，行业市场中仅有一个厂商提供商品服务，并且这类商品服务没有任何相同或接近的替代品，由于在这样的市场结构下厂商可以随意定价，其他厂商想要进入这个市场时会因为受垄断厂商的阻挠和限制而变得极度困难。这种完全垄断的市场结构受到当今世界各国各地区的严厉打击，因此这样的市场结构几乎不可能在实际经济中存在。但是部分假设有单独成立的可能。例如，一个小镇的花商，它是镇上插花服务的唯一供应商，由于没有相近的替代品，花店对插花的价格和数量有完全的控制权；商业航空公司市场中，由于购买或租赁飞机、雇佣员工和建设机场基础设施的成本很高，新航空公司很难进入市场，于是现有的航空公司可以收取更高的价格。寡头垄断市场则是指少数几个厂商对同质化的商品服务进行垄断，如果把这几个厂商看成一个整体（合作博弈寡头），就与完全垄断非常相似，但如果他们不发生串谋，就作为几个个体在一个"垄断体"内相互竞争。同样，寡头市场的一些假设可以在现实经济生活中单独呈现。中国的手机通信服务供应市场就完美符合寡头市场的"少数几个厂商"假设，中国移动、中国电信和中国联通三家厂商主导市场，由于市场参与供给方很少，因此它们的市场影响力极强，对定价有相当强的话语权。同时三家厂商会相互牵制、相互依赖，在制定价格、广告和产品开发决策时，必须要考虑其他两方的行为，与对手进行博弈，最终达到纳什均衡一定是三方做出相同的决策。

第三节　现实市场的定价案例

一、WPS 与腾讯：差异化定价

1. WPS 的定价

现实世界中，基于 Web 2.0 时代的定价原则，以 Web 2.0 时代典型的互联网企业——WPS 为例，我们可以更加具体和细致地了解目前和元宇宙类似的互联网企业如何定价。

差异化定价是目前大部分企业最常用的定价方式，WPS 和腾讯公司中的定价模型最为典型。虽然两家企业有着不同的产品，但是差异化定价却不谋而合地贯穿了他们整个定价过程。

WPS 针对不同的客户群体推出不同的版本，进行差异化定价。目前市面上有 WPS 教育版、WPS 专业版、WPS 企业版、WPS 个人版这四个版本。WPS 个人版的功能较为基础，不过对于一些日常办公的需求已经足够；而专业版采用会员制度，可以选择不同的套餐，获得更多的功能和服务。会员可以享受更多的云存储空间、独享 VIP 服务以及其他更高级的功能。WPS 企业版价格相对较高，但功能也更加强大，包含了更多的专业功能和企业级服务，适用于一些大型企业或机构。教育版面向高校，提供校园个性化服务。价格相对较为亲民，同时也提供了比较全面的功能和服务。

WPS 采用不同版本的策略，可以满足不同用户的需求，让用户能够选择适合自己的版本，从而提高用户的满意度和使用体验。那么这种定价方式合理吗？我们可以从市场需求、用户评价和竞争对手定价等方面来分析。

根据供求理论我们可以知道，WPS 的定价需要根据市场需求来决定。根据 2019 年 Statista 发布的报告，全球办公软件市场规模约为 180 亿美元，预计到 2024 年将增长至 246 亿美元。办公软件市场需求非常庞大，而 WPS 作为其中的一员，定价的合理性需要根据市场需求进行判断。根据 WPS 官方数据显示，截至 2024 年 6 月，WPS 月活跃用户数据超过 6 亿，覆盖全球 220 多个国家和地区。这表明 WPS 在市场上有着很大的用户基础，也可以看出 WPS 的定价方式是被大多数用户所接受的。

用户评价是衡量 WPS 定价合理性的重要因素。根据 WPS 官方的用户评价，WPS 的用户满意度较高，特别是在功能、易用性和性价比方面获得了不错的评价。根据 WPS 官方提供的数据，WPS 的用户满意度超过 90%，其中，超过 70% 的用户认为 WPS 的价格相对更加亲民。这表明 WPS 的定价策略得到了用户的认可和支持，定价的合理性也得到了验证。

WPS 的竞争对手包括微软的 Office 和谷歌的 G Suite 等。根据市场研究公司 Gartner 的报告，微软的 Office 在全球范围内占据了办公软件市场的领导地位，而 G Suite 在企业级市场上表现较为出色。但是，WPS 定价相对于这两款软件来说更加亲民，同时提供了更多的高级功能和服务。因此，WPS 的定价策略是相对合理的。

2. 腾讯定价

作为行业巨头的腾讯公司，旗下有众多类型的软件，对于一些高端产品，如腾讯旗下的高端游戏，差异化定价策略可能会带来更高的收入，因为这些产品可能具有更高的品质、更丰富的功能，以及更多的高端用户。例如在风靡全国的游戏《王者荣耀》当中，游戏皮肤是这款游戏的主要盈利来源，公司对不同类型的皮肤制定不同的价格。皮肤的稀有度是定价的一个关键因素，通常来说，稀有度越高的皮肤，价格就越高。"王者荣耀"中皮肤的稀有度通常分为四个等级：普通、稀有、史诗、传说。稀有度越高的皮肤，往往伴随着更好的外观效果和更多的特殊效果。皮肤的不同功能也可以让皮肤有着不同的价位。有些皮肤会附带额外的功能或特殊效果，例如更好的音效、特效技能、更多的英雄语音等。皮肤的人气也在影响着皮肤的价格，通常来说，越受欢迎的英雄或皮肤，价格就越高。

腾讯公司还有两类具有代表性的软件。一类是社交类软件，另一类是视频类软件。社交类软件以微信为例。公司根据平台的具体特性和功能，使用一系列盈利模式从用户群体中获利。例如，广告商可以在平台上投放广告，那么平台就可以收取一定的广告投放费用。企业和组织可以在微信这个平台创建公众号，用户可以关注这些公众号来获取信息。腾讯向企业收取费用，帮助推广企业的官方账号，并为其提供访问分析和其他功能。与公众号类似的还有小程序，企业可以创建自己的小程序，并使用它们来销售产品或服务。腾讯对通过这些小程序完成的每笔交易收取佣金。微信还提供一系列金融服务，包括贷款、保险和财富管理。腾讯通过服务收费和交易佣金从这些金融服务中赚取收入。类似腾讯的这种运营方式，通过为用户提供价值，同时创造收入，企业能够建立可持续的业务，并随着时间的推移而不断成长和创新。

视频类软件我们以腾讯视频为例。近年来，视频软件已成为软件行业中越来越重要的一部分，市场上有许多开发和销售视频软件的企业，这些企业通过各种不同的渠道获得收入，包括直销、授权费、订阅、广告和合作伙伴关系等。视频软件企业从其产品中获利的最常见方式之一是直销。这意味着他们直接向消费者或企业出售他们的软件，收取一次性费用或定期订阅费用。视频软件开发企业从产品中获利的另一种方式是许可费，包括允许一些视频资源在自己的网站上播放。一些视频软件企业以订阅的方式提供他们的产品，用户支付月费或年费来访问软件，这就涉及了一些与 WPS 类似的会员制度，而盈利的方式也是类似的，就是运用差异化定价的方式，为不同需求的用户提供不同的服务。很多视频软件企业也通过广告创收，包括在他们的软件中显示广告，比如在免费视频播放器或移动应用程序中加入广告，或者与其他公司合作创建品牌内容。

而对于依靠广告来盈利的企业，也同样可以采用差异化定价的原则。网站可以针对不同的品牌安排不同的投放时间、频率与位置，同时也会有不同的价格。

运用差异化定价的同时，还有很多独特的定价方式。以百度公司为例，盈利模式有竞价排名和火爆地带收入。竞价排名是一种定价的方式，即按效果付费的网络广告推广方式。企业购买服务后，通过注册一定数量的关键词，其推广信息就会出现在用户相应的搜索结果中。每吸引一个潜在用户的访问，企业就要支付一次点击的费用。火爆地带收入是将企业的广告文字链展现在百度搜索联盟网站的搜索结果页面中的黄金位置，采用先付先得的原则。此外，依据在关键词搜索页面的不同排名，企业需要向网站支付不同的广告费。

因此，虽然各类软件数量众多种类繁杂，但是当我们站在高屋建瓴的位置去观察时，便可以拨云见日，发现这些互联网企业的盈利方式都是大同小异的，通过差异化的服务或是会员制度，以及通过直接的广告方式抑或是间接的例如公众号，小程序等广告方式，来从中获取利益。

二、苹果和三星：竞争性定价与价格战

以时尚设计和标志性品牌闻名的开拓性巨头苹果公司（Apple）打响了第一枪。他们掀起了一场闪电战，为最新款 iPhone 推出了折扣和以旧换新的优惠，这在数字世界中引起了狂潮。这种狂热是不可否认的，就像一股磁力吸引着成群的忠实粉丝来到他们的商店。

大胆的挑战者三星（Samsung）也不甘示弱。他们以战术大师级的战略迅速反击。他们的回应是以一系列诱人的附加功能的形式出现的：免费无线耳机、流媒体服务订阅和以旧换新的激励措施，这些都让苹果的粉丝们重新考虑他们的忠诚度。

市场分析师和投资者坐上了预期的过山车，看着股价随着价格战的每一次转折而剧烈波动。《财富》杂志青睐勇敢者，同时也青睐有战略眼光的人，因为两家公司都表现出了一种不可思议的能力，能够随着战斗的白热化而调整自己的战术。

但在喧嚣中，一个微妙的变化开始出现。最初的兴奋让位于对价值更为务实的评估，消费者就像经验丰富的将军一样，仔细权衡他们的选择。最终赢得他们忠诚的是被咬过的苹果的声望，还是尖端 Galaxy 的吸引力？终于，尘埃落定，休战达成了，双方都有收获。这场战争重塑了智能手机的格局的同时，也留下了技术的创新和源自商战经验教训的伤疤。消费者成为最终的赢家，他们受益于一个充满选择和创新的市场，这个市场诞生于竞争的严酷考验。

三、沃尔玛和西南航空：不同领域的价格领导者

1. 沃尔玛——强大的零售巨头

在商业中心地带，沃尔玛以巨大的市场占有率成为价格领导者。凭借其庞大的门店数量和对"日常低价"的不懈追求，这家零售巨头获得了强大的市场统治力。

当你走进沃尔玛（Walmart）庞大的商场时，你会看到琳琅满目的商品摆在你面前，每一件商品的价格都低得不合逻辑。这一战略既简单又大胆：利用规模经济和细致的供应链管理，沃尔玛为消费者精心策划了一场节约的交响乐。

该公司坚持不懈地专注于削减成本，并将节省下来的成本惠及客户，这使它成为一个家喻户晓的名字。作为价格领导者，沃尔玛将品牌铭刻在文化心理中，吸引了成群结队的买家，并影响竞争对手调整策略，以应对其定价能力。

2. 西南航空——天空中的特立独行者

西南航空公司以价格领导者的身份，永远改变了航空业的发展轨迹。凭借其颠覆传统观念的商业模式，西南航空像一个低成本的叛逆者一样飞上了天空，挑战了昂贵航空旅行的传统模式。

在西南航空公司的飞机里，机舱内部没有华丽的装饰，但你呼吸的空气中弥漫着自己消费得起的气息。该航空公司的点对点航线和高效的周转彻底改变了整个行业，使他们能够提供让竞争对手陷入混乱的票价。

西南航空公司在价格上的战略不仅体现在机票价格上，还体现了一种理念，即顾客应该享受直接、实惠的飞行体验。他们的空乘人员幽默风趣，他们的飞机炫耀着充满活力的机身样式，他们的票务过程是简单一词的完美体现。

作为价格领导者，西南航空不仅使航空旅行平民化，而且重塑了客户的期望。竞争对手别无选择，只能调整自己的战略，以配合西南航空的低成本路线。这迎来了一个激烈竞争的时代，为旅客带来了更大的价值。

在沃尔玛和西南航空的案例中，我们看到了价格领导的力量——这种力量不仅重塑了市场，还改变了行业规则和消费者体验，永远改变了行业的商业格局。

第四节　元宇宙经济中的定价

一、元宇宙经济中对虚拟人的定价

元宇宙作为一个由数据网络架构成的世界，内部的所有事物都依托着数字信息而存在。元宇宙和整个人类社会高度相似，甚至可以说，元宇宙和现实社会是两个平行的世界。因此，在元宇宙中，必然少不了一种要素的存在，那就是：虚拟人。

元宇宙中的虚拟人通常指由计算机程序和人工智能技术创建的虚拟角色或实体。它们可以在元宇宙世界中按照设定好的程序自主探索，也可以与现实世界中的用户进行交流互动，不需要人们去一步一步地控制与操作。它们由人们根据需求和实际情况进行设定，具有一定程度上的自主性和智能性。

人们可以在需要的时候向商家实名购买并注册相关用途的虚拟人，所谓实名，也就是购买人和使用人要备注好各自的相关个人信息，确定虚拟人的信息归属，报备虚拟人在元宇宙世界的用途，然后才可以最终输入信息形成属于自己的虚拟人。这些虚拟人在删除或注销的时候同样需要人们去说明原因再将虚拟人从个人账户下移除。这些流程的办理都极其便利，只需要个人在自己的元宇宙账户中提前准备好相关信息即可。此外，元宇宙中还会存在一些公共虚拟人为人们提供公共服务，比如咨询、导航、娱乐等，这些机器人的注册就更为简单，因为它们均归属政府管辖，所有权归政府，如此只需政府向相关部门申请并说明用途便可在元宇宙中完成虚拟人的生成和注册。同时政府名下可注册的虚拟人是不限量且透明公开的，但是需要控制在服务器的可承载范围之内。

虚拟人的功能和职能涉及的领域比较广泛。它可以与用户进行实时的社交互动，在互动过程当中它可以和人们进行对话交流，且可以表现出各种表情和姿态，还可以跟人们进行肢体上的动作交流，甚至它们可以模仿人们在现实世界中的行为和情感。在这些功能的基础之上，它们能跟抑郁症或自闭症患者进行沟通，以科学的方法与抑郁症患者进行交流，也能在养老院或者孤儿院中陪伴孤寡老人或者孤儿，让人们感受到社会的温情，还能模仿人们过世的亲人和朋友，让人们的回忆和思念之情得到满足。虚拟人还有导航和协助功能，可以在元宇宙中充当人们的交通导航、导游、助手或者学业上的导师等等，帮助用户熟悉和了解元宇宙世界的环境，同时它们也能为用户在现实世界的交通出行提供更加智能和安全的导航、回答用户的问题、根据实际情况为用户提供科学合理的指导意见和建议。虚拟人的创造和自定义功能非常神奇且实用，用户可以在元宇宙中像玩游戏一样创建自己的虚拟人物角色，自行选择外貌、服装、性格等方面的特征，并在元宇宙中使用这些虚拟的角色，实现自己在现实世界中难以达成的幻想，体验各种职业和生活，更特别地，用户们还可以穿越到过去和未来，当行侠仗义的大侠或者拯救世界的超人，匡扶正义，让内心得到充分的满足。虚拟人在商业和娱乐方面也可以扮演特殊的角色，例如在元宇宙的虚拟商店中充当销售员，给消费者介绍产品，或者在虚拟娱乐活动中扮演某种角色与用户进行互动交流，提高娱乐活动的趣味性。虚拟人在学习和培训方面也发挥着巨大的作用，它们可以用于模拟各种学习和培训场景，如在虚拟课堂中充当学生、老师或者家长，在培训模拟中充当导师或培训学员，在医疗模拟中充当病人或医生，为这些场景提供真实的人群受众，让模拟演习的结果更加贴近社会现实，更具科学性和合理性。

虚拟人的这些职能和功能有着巨大的实用性和可靠性，能让整个社会的运行更加顺畅，能为各种实验和发明节约成本，为元宇宙增加更多的互动性和沉浸感，使用户能够更深入地参与其中，并在各种领域中为用户提供更多的机会和体验。随着科学技术的不断发展，虚拟人的智能和逼真程度也将得到不断的提高。

根据上文，我们可以得知虚拟人在元宇宙经济中发挥的作用巨大，且虚拟人的注册和使用也有着相关的商业经营模式，因此也就必然少不了定价这一商业环节，虚拟人的定价可能会考虑以下五个因素。

（1）技术复杂性和功能特点。虚拟人可以有不同的技术复杂性和功能特点，比如人工智能、语音识别和情感模拟等。价格可能会根据虚拟人的技术先进性和功能丰富性来确定。

A. 人工智能技术：虚拟人是否具备先进的人工智能技术将对其定价产生影响。如果虚拟人能够以智能化的方式与用户进行交互、学习和彼此适应，其定价可能会相应较高。

B. 情感与情绪表达：虚拟人是否能够表达情感和情绪也会影响其定价。如果虚拟人能够模拟人类的情感反应，并与用户建立情感连接，其定价可能会相应提高。

C. 自定义与个性化设置：虚拟人是否具备自定义和个性化设置的能力也会对其定价产生影响。如果虚拟人能够根据用户的需求和偏好进行个性化定制，并提供独特的用户体验，其定价可能会相应较高。

D. 多模态交互：虚拟人是否支持多种交互方式（如语音、视觉、手势等）也会影响其定价。如果虚拟人能够以多种方式与用户进行交互，并提供更丰富的用户体验，其定价可能会相应提高。

E. 安全与隐私保护：虚拟人是否具备安全性和隐私保护功能也会对其定价产生影响。如果虚拟人能够有效保护用户的数据和隐私，并提供安全的交互环境，其定价可能会相应提高。

（2）稀缺性和独特性。如果某个虚拟人在元宇宙中是独一无二的或者非常稀缺的，那么该虚拟人的价值可能会更高。艺术品或稀有道具的定价模型可能会适用于这种情况。

A. 稀缺性：如果某种类型的虚拟人在元宇宙中非常稀缺，即供应量有限，而市场需求却很高，那么其定价可能会相应提高。稀缺性可以通过多种方式实现，例如限制虚拟人的数量、限制其可用时间或提供独特的技能和特点。

B. 独特性：虚拟人的独特性也会对其定价产生影响。如果虚拟人具备独特的外观、技能、知识或经验，能够提供与众不同的服务或体验，那么其定价可能会相应较高。独特性可以使虚拟人在市场上与其他竞争者区分开来，从而为其赋予更高的价值。

稀缺性和独特性通常与市场供需关系密切相关。如果虚拟人的供应量超过市场需求，那么其定价可能会下降。相反，如果供应量有限且市场需求高涨，那么其定价可能会上涨。

（3）用户需求和使用场景。虚拟人可能在各种不同的用户需求和使用场景中发挥作用，比如教育、娱乐、社交等。价格可能会根据不同场景中虚拟人的需求程度和潜在价值来确定。

A. 用户需求：用户需求是决定虚拟人定价的重要因素之一。如果某种类型的虚拟人能够满足用户的特定需求，提供有价值的服务或体验，那么其定价可能会相应提高。用户需求可以包括娱乐、教育、工作辅助、社交互动等方面。

B. 使用场景：虚拟人的使用场景也会对其定价产生影响。不同的使用场景可能对虚拟人的功能有不同的要求。例如，在商业领域中，虚拟人可能被用于客户服务、销售支持、虚拟导游等场景，而在娱乐领域中，虚拟人可能被用于游戏角色、虚拟演员等场景。不同的使用场景可能对虚拟人的需求量和价值产生影响，从而影响其定价。

用户需求和使用场景通常是根据市场调研和用户反馈来确定的。了解用户需求和使用场景可以帮助开发者和经营者更好地理解市场需求，调整虚拟人的功能和定价策略，以满足用户的期望和需求。

（4）声誉和知名度。如果某种虚拟人在元宇宙中具有良好的声誉和知名度，用户可能会更愿意为其付费。类似于名人效应的定价模型可能会适用于这种情况。

A. 声誉：虚拟人的声誉是指其在用户中的信誉和口碑。如果虚拟人在过去的交互中表现出色，得到用户的好评和信任，那么其声誉可能会提高。具有良好声誉的虚拟人往往被认为是可靠和值得信赖的，用户可能愿意为其支付更高的价格。

B. 知名度：虚拟人的知名度是指其在市场中的知名程度和知晓度。如果虚拟人在广告宣传、社交媒体或其他渠道具有较高的曝光度，那么其知名度可能会提高。知名度高的虚拟人通常能够吸引更多的用户关注和需求，从而可能支持更高的定价。

声誉和知名度可以通过积极的用户反馈、社交媒体宣传、合作伙伴推广等方式来建立和提升。虚拟人的声誉和知名度不仅可以影响其定价，还可以对其市场竞争力和长期发展产生影响。

（5）时间和劳动成本。创建和培养一个虚拟人可能需要大量的时间和劳动成本。定价模型可能会考虑到开发和维护虚拟人的成本，以及相应的劳动投入。

A. 时间：虚拟人的定价可能会受到其使用时间的影响。如果虚拟人的使用时间较长，需要提供连续的服务或支持，那么其定价可能会相应较高。较长的使用时间可能需要更多的资源和维护成本，因此可能会反映在定价上。

B. 劳动成本：虚拟人的定价可能会受到开发和维护所需的劳动成本的影响。如果开发和维护虚拟人的劳动成本较高，例如需要复杂的编程、设计和维护工作，那么其定价可能会相应较高。劳动成本包括开发团队的人力资源和时间投入等方面。

时间和劳动成本是虚拟人定价中的重要因素，它们与资源投入和价值创造之间存在一定的关系。较长的使用时间和较高的劳动成本可能会导致虚拟人的定价相应提高，以确保经济可行性和回报。

需要指出的是，因为元宇宙经济是一个新兴的领域，对虚拟人的定价仍然在探索中。企业和平台需要深入研究用户需求、竞争情况和市场机会，以制定适合自身业务模型的虚拟人定价策略。

下面我们将引入一个场景来对上述内容做一个形象的表达：

夏日的夜晚总是沉闷得令人不安，尤其是当看不见一丝风吹叶动的时候，人们的心情更是额外地烦闷。都市的一角，一家烧烤店内，两个年轻人对坐着，头顶的风扇吹个不停，店内的空调刚坏了没多久，满屋子的油烟味被这几台风扇吹在人的身上仿佛像是在给烧烤炉上的肉串扫油，唯一有那么几丝凉气就是桌上的那一堆冰镇啤酒。

甄维旭是本市的一名外卖配送员，一边喝着啤酒一边吃着烤肉，冒着油的嘴巴不停咀嚼着、嘟囔着，不断吐着带着麦芽香的酒气。他不停地说着现在的外卖配送有多么神奇和便利，比他过去那些辉煌操作，一日近百单还要厉害。只要客人在元宇宙的外卖系统下单，系统的服务员虚拟人就能立刻通知商家，同时对目前商家所接的订单数量、商家日常的出餐时长、目前商家店内员工数量进行综合计算，估算出商家出菜的时间，然后再结合目前周边外卖骑手所在位置、到店路线的交通状况、骑手日常配送速度、骑手目前接受的订单数量以及部分骑手上传的交通工具进行计算，选出最合适的外卖骑手，将最佳的到店取餐信息发送给外卖骑手。外卖骑手接到单之后，元宇宙中的外卖虚拟人会迅速把最佳的路线规划发给骑手并在路途中进行最佳路线的实时更新，骑手确认信息开始配送，系统最终把该信息上传给消费者的用户虚拟人，由用户虚拟人监督骑手的配送状况，可以得知骑手的配送速度、路上的交通情况等等。这一顿操作下来，商家和骑手通过配合成功地把外卖配送时间控制到了最合理的范围之内，大大提高了配送效率，也让消费者对消费过程有更清晰的了解和监督。

甄维旭不停地说着目前外卖行业的便捷性，同时也吐槽着这些高科技目前在市面上的价格。许亦蓁在听到好朋友的抱怨后便开口向甄维旭解释起了这些虚拟人背后的定价原则。

首先就是在技术层面，这些虚拟人大多是元宇宙中的人工智能机器人，光研发成本就已经决定了它的价格不可能便宜，加上在研发过程中，这些虚拟人大多都会由个人或者商家进行自定义和个性化设置，向发明者提出各种需求。如果有的客人还需要让虚拟人拥有情绪或者情感的表达，那价格就更让外卖员难以接受，当然，目前外卖配送这一行业还不需要那种有情感或者情绪的机器人。虚拟人定价过程需要用到多模态的交互，也就是虚拟人在与现实世界中的人进行交流的时候，比如在收到商家或者骑手的语音提问或答复之后，虚拟人会根据问题和回答做出相关的反应，并给商家或骑手提出最合理的建议，在这个过程之中就需要用到语音和视觉的交互，因为骑手需要通过虚拟人获取最佳路线和建议，甚至可以让虚拟人了解现实世界的真实情况从而给出建议。这一项也会影响到虚拟人的价格，还有便是在外卖这一行业里面会涉及较多的隐私信息，比如骑手的个人信息、消费者的住址和个人信息以及商家的内部订单信息，这些都需要提高虚拟人的安全性和可靠性，从而实现对这些隐私信息的保护。另外，在某些领域中，如银行、政府部门、公司内部这些地方使用到的虚拟人对安全性的要求更高，因此需要设置更加复杂的程序对虚拟人所掌握的信息进行保护，从而导致成本升高，价格也便随之升高。然后还要考虑虚拟人的稀缺性和独特性，如果一种虚拟人在整个元宇宙中都十分稀缺，供应量有限，但是市场需求又很高的话，那么相应的价格也就会被商家设定得很高，比如在外卖行业里面有的地方房屋很密集，路线极难规划，商家很难生产很多可以准确提供线路的虚拟人来应对这种场景，而这一块住户很多，外卖需求又很旺盛，因此这种虚拟人便会很贵。又或者某种虚拟人很是独特，身上有很多独一无二的特点，那么在市场的炒作之下它的价格也会被设定得很高。这一点在外卖行业中不好体现，但是在别的行业，比如服装设计行业，某些虚拟人由著名设计师联合程序员设计，它们可以同时拥有设计师的奇思妙想和互联网海量的知识以及迅速的图纸作画能力，因此售价也会很高。除了以上这些因素，用户需求和使用场景在虚拟人的定价方面也发挥着很大的作用，用户的需求越多使用场景越是复杂，那么虚拟人也就越贵，比如，某个外卖商家的订单需求极大，有各种不同的菜品搭配，而且它的客户群体极其复杂，有些顾客会提出一些特殊的要求，店铺所在的城区交通状况也比较复杂，在这种情况下，虚拟人的价格也会随之变贵。最后便是虚拟人的声誉和知名度，如果一个外卖虚拟人每次都能让商家准时出餐、骑手准时取餐、用户准时拿到餐品，做到了准确性和可靠性均极高，那么它的声誉也就越好，知名度和价格便也越高。

二、元宇宙经济中对新科技的定价

世界和社会的发展少不了科学技术的进步，而每一次的科技进步都会掀起一波波的商业浪潮，在元宇宙世界中，最大的一波巨浪便是元宇宙本身，而在元宇宙时代到来之后，科技浪潮仍然不会停歇，而在这波浪潮背后的推力便是新科技的定价原则。在元宇宙经济中，对新科技进行定价可能会涉及以下五个因素。

（1）创新成本。开发新科技往往需要投入大量的人力、物力，这些成本可能会对定价产生影响。

A. 研发成本：创新成本包括研发新科技所需的投入。如果新科技的研发成本较高，例如需要进行大量的研究、实验和测试，那么其定价可能会相应较高。研发成本通常包括人力资源、设备、材料和其他研发支出。

B. 技术风险：新科技可能伴随着一定的技术风险。如果新科技的开发和应用存在较高的风险，例如技术可行性不确定、市场接受度不确定等，那么其定价可能会相应较高。技术风险可能需要额外的投入和保障，这可能会反映在定价上。

创新成本是新科技定价的重要因素之一。高创新成本可能会导致新科技的定价相应提高，以回收研发投入和保持经济可行性。

（2）技术复杂性和功能特点。新科技可能具有独特的功能和技术特点，这可能会导致其价值较高。定价模型可能会考虑到这些技术特点和功能的稀缺性和需求程度。

A. 技术复杂性：新科技的技术复杂性是指其开发和应用所涉及的技术难度和复杂程度。如果新科技的开发和应用需要高度复杂的技术知识、专业技能或先进设备，那么其定价可能会相应较高。技术复杂性通常需要更多的资源和投入，这可能会反映在定价上。

B. 功能特点：新科技的功能特点是指其具备的独特功能和特性。如果新科技能够提供独特、有价值的功能，满足用户的特定需求，那么其定价可能会相应提高。功能特点可以包括性能优越、创新设计、高度可定制等方面。

技术复杂性和功能特点通常与资源投入和价值创造之间存在一定的关系。较高的技术复杂性和独特的功能特点可能会导致新科技的定价相应提高，以确保经济可行性和回报。

（3）市场需求和竞争。如果某种新科技在市场上具有强大的需求和竞争优势，企业可能会通过定价来反映其价值。较高的市场需求和较少的竞争可能会导致更高的价格。

A. 市场需求：市场需求是决定新科技定价的重要因素之一。如果市场对某种新科技有较高的需求，那么其定价可能会相应提高。市场需求的高低可以通过市场调研、用户反馈和需求分析等方式来评估。

B. 竞争情况：新科技的定价可能会受到市场竞争的影响。如果市场上已经存在类似的技术或产品，那么新科技的定价可能会受到竞争的压力。在竞争激烈的情况下，新科技的定价可能需要更具竞争力，以吸引用户。竞争情况可以通过竞争分析等方式来评估。

市场需求和竞争情况是决定新科技定价的重要参考因素。市场需求和竞争可能会导致新科技的定价调整，以满足市场需求并保持竞争力。

（4）使用范围和用户规模。定价可以考虑新科技的使用范围和可扩展性。如果新科技可以广泛应用并满足大量用户的需求，其可能更具价格竞争力。

A. 使用范围：新科技的使用范围指的是其适用的领域和应用范围。如果新科技的应用范围广泛，可以满足多个领域的需求，那么其定价可能会相应较高。广泛的使用范围意味着更多的市场机会和潜在用户，从而支持更高的定价。

B. 用户规模：用户规模是指使用新科技的潜在用户数量。如果新科技的用户规模较大，即有大量的用户可能使用该技术，那么其定价可能会相应提高。较大的用户规模意味着更大的市场潜力和更多的收入机会，从而可能支持更高的定价。

使用范围和用户规模通常与市场机会和收入潜力之间存在一定的关系。广泛的使用范围和较大的用户规模可能会导致新科技的定价相应提高，以反映其市场价值和商业潜力。

（5）社会影响和外部效益。某些新科技可能会带来社会影响和外部效益，如环境保护、生命质量改善等。定价模型可能会考虑到这些外部效益并体现在定价中。

A. 社会影响：新科技的社会影响是指其对社会、环境和人类生活的影响。如果新科技能够带来积极的社会影响，例如改善生活质量、促进可持续发展、解决社会问题等，那么其价值可能会受到积极的评价。社会影响的积极性可能会被纳入定价策略中，以反映其社会价值和影响力。

B. 外部效益：外部效益是指新科技对直接用户之外的其他人或组织产生的积极效果。如果新科技能够带来外部效益，例如提供公共服务、促进社会公平、推动经济增长等，那么其定价可能会受到外部效益的影响。外部效益可能会被纳入定价策略的考量中，以反映其社会价值和整体效益。

社会影响和外部效益的考虑通常涉及更广泛的社会责任和可持续发展等观念。在元宇宙经济中，新科技的定价可能会综合考虑其商业价值和社会价值，以实现经济效益和社会效益的平衡。

需要注意的是，对新科技的定价在元宇宙经济中可能会面临许多变数。企业需要仔细评估市场需求、竞争情况和技术特点，以制定合理的新科技定价策略。同时，企业还应考虑市场接受度、用户支付意愿和长期可持续发展等因素。

同样的，我们将引入一个场景来更加形象地表达上文的内容：

油烟和香烟的气息混合着，在人们的头顶飘荡，没有人去在意这些气味会往哪飞，沾到衣服上会不会没法散去，大家低头吃着烤串，抬头喝着酒聊着天，仰头嘴中吐着香烟，夏日的炎热带来的不只是汗水和闷热。

甄维旭和许亦蓁几乎每周都要在这家烧烤店里见一次面，一起吃点烧烤，喝点啤酒，聊聊天。他们是小时候的好玩伴，也是现如今无话不聊的好朋友。与甄维旭在城市里四处奔波配送外卖不同，许亦蓁在一家私人小企业的科技研发部门工作，负责整个部门的科技研发和创新的方案设计。

又两杯啤酒下肚，甄维旭的话匣子刚刚关上，许亦蓁便开始滔滔不绝地说起最近的遭遇。在元宇宙时代到来之后，新科技的出现频率越来越快，各种新发明层出不穷，元宇宙经济也自然而然地制订出了对新科技的定价原则。在对元宇宙的新科技定价时，商家首先考虑的是新科技的创新成本问题，开发新的科技和新的生产技术通常依靠大量的研究、开发和测试，在元宇宙世界中，这些流程虽然不需要耗费大量人力资源，也不需要支付高额的实验用地和用材费用，但是需要依靠大量的数据运算和编程能力。因而新科技的创新性越强，未出现过的数据程序就越多，流程就越是复杂，所需计算量就越大，机器运载量也就越大，则它的价格也就越高。在现实生活中往往还需要考虑科技研发的技术风险，但是在元宇宙世界中，技术的创新和研发可以快速地进行模拟市场销售实验，从而确定技术的可实现性和商业可行性，进而降低企业在保障产品实现盈利方面的额外投入。市场竞争也是同样的道理，在模拟市场销售这一过程中，企业将会得到预期的产品市场销售额和利润，再据此决定是否进行产品的生产。在考虑创新成本的同时，人们也不可避免地想到技术复杂性和功能特点对新科技定价的影响，当新科技具备的独特功能和技术越加复杂的时候，也就越能满足用户对该科技的需求，该科技的可使用性和适应性也就会越强，性能和设计也就会更为优越，从而这些新科技产品的价格也往往就越贵。然后便是使用范围和用户规模这一方面，许亦蓁的公司尤其重视这一方面对新科技的定价的影响，因为公司的规模较小，没有办法通过产量和高尖端科技去与大公司抢占市场，只能通过针对公司的特定服务群体进行生产创新和设计，从而牢牢抓住这一部分用户。因此许亦蓁的企业在设计过程中会经常性地进行针对特定群体的市场调查，与大公司错开主攻方向，着眼于底层市场，通过科技创新研发获得短暂的高利润和后续持续长久稳定的较低利润。因此在定价的过程当中会更多地考虑产品的使用范围和用户规模。使用范围主要依赖产品的可拓展性，自家产品能否在有限的成本下满足更多用户的需求，从而实现最高利润。还有就是用户规模，通过市场调研去了解特定团体的规模以及消费能力，据此做出初步定价，再锁定后续用户群体，为后续的长远发展做产品的后续定价，以此维持产品的可持续营销。最后企业考察的要素便是产品的社会影响和外部效益，在新的科技产品出现以后，社会对该产品的炒作也具有极强的影响力，当社会对产品的炒作过热时，就具有很大的涨价空间，且当产品具有正的外部效应的时候，会得到更加火热的加持且持续性也会更强，最终的定价便也会更高。

三、元宇宙经济中对时间成本的定价

考量元宇宙经济中的时间成本，也就是在虚拟世界中时间投入的机会成本和价值权衡。在元宇宙中，人们可以参与各种虚拟活动，如社交互动、娱乐、工作、创作、交易等。时间是有限的资源，因此在选择如何分配时间时，人们需要考虑放弃其他活动可能带来的潜在价值。同现实经济环境中的情形一致，对于不同的用户、不同的场景，时间的价值可能迥乎不同，因此对时间成本的定价可以结合机会成本、虚拟收益、社交和娱乐价值、货币支付、时间限制及个人偏好等多个方面进行综合考量。

（1）机会成本。

当用户在元宇宙中选择投入时间参与某项活动时，他们放弃了从其他可能活动中获得的潜在收益。比如，倘若用户在元宇宙中选择参与社交聚会，这可能意味着他们放弃了参与虚拟工作的机会，从而无法赚取元宇宙中的薪酬。机会成本影响着每一个理性经济人用户在不同活动之间的权衡，他们需要衡量每项活动的收益与潜在失去的价值之间的差异。

（2）虚拟收益。

在元宇宙中，用户可能通过参与元宇宙工作、创作、交易等活动获得虚拟货币、虚拟物品或其他虚拟价值。例如，一个用户可能会在元宇宙中进行虚拟艺术创作，并与元宇宙其他用户进行数字艺术作品的交易以换取虚拟收益（即虚拟价值的体现）。用户在投入时间时需要考虑这些虚拟活动所带来的虚拟收益回报与所要消耗的时间之间是否价值对等，以此来衡量时间成本是否被虚拟收益覆盖。

（3）社交娱乐与情感价值。

在元宇宙中，用户之间可以通过社交互动和娱乐活动来获得情感满足、社交关系和娱乐体验，这与现实世界几乎无异，差异在于为了这些活动做的前期准备的时间金钱成本将会大大缩小，比如见面所需的路费。但是由于元宇宙本身具有瞬时性的特点，在元宇宙中的时间将比现实世界珍贵的多，因此，用户花费时间与新老朋友在元宇宙中互动、建立社交网络时就需要衡量情感价值与虚拟收益之间的平衡。在这种情况下，时间成本不仅涉及虚拟收益，还包括了个人的社交和情感需求，以及从中获得的心理满足感。

（4）货币支付。

一些虚拟活动可能需要支付虚拟货币或真实货币，以获得访问权限或特殊服务。例如，在元宇宙平台上，用户可能需要支付一定的虚拟货币才能访问一个高端场所，包括不会被干扰的会议室、茶话会等。用户在决定是否支付这些费用时，需要衡量这些元宇宙服务的价值或潜在回报，以及这些费用对于其总体元宇宙体验的影响。

（5）时间限制。

元宇宙平台可能会对用户有使用时间限制，例如每天只允许用户在特定时间段内参与，或每天限制使用时长，当然平台也许会设立一个付费加时的制度。那么在元宇宙平台中，用户每天只能花费有限的时间在元宇宙中进行工作、聚会等活动，这就会使得用户对比做出对自己最有价值的选择，在等量时间成本的情况下获得最大化的收益。这些可能存在的时间限制，将直接影响用户在该平台的时间投入和体验，用户需要在有限的时间内做出选择，以获得最大的价值。

（6）个人目标和偏好。

不同的个体对于时间的价值观和偏好各不相同。一些人可能更注重虚拟收益，而另一些人可能更关心社交和娱乐体验。这些个人差异会影响时间成本的计算方式，因为它们塑造了人们在元宇宙中如何分配时间的决策。

这些方面共同作用，影响着用户在元宇宙经济下评估时间成本的方式。用户需要在不同的因素之间做出权衡，以优化他们在虚拟世界中的体验和回报。不同的元宇宙平台和场景可能会强调不同的方面，因此时间成本的影响会因平台而异。

四、元宇宙经济中对物理成本的定价

许亦蓁新开张了一家元宇宙物品工坊，致力于制造和销售各种虚拟物品。最近他似乎遇到了难题，哀声时起时落，眉头紧锁，终日不得舒展。

"怎么会这样呢？物理成本怎么会这么高呢？"许亦蓁喃喃道，尽管各项物理成本都列在一份清单上，并且每个数字在这几天都清楚地刻印在他的心里，他还是有些不死心，决定再重新计算一遍。

首先，在元宇宙工坊中有大量的服务器和存储设备，这些设备承载着制造和展示物品的功能，以巨大的算力和存储空间支持着整个元宇宙物品的生命周期。

"这项不能省！"许亦蓁在空白的虚拟平板上添加了"硬件设备费用"一栏。

接着，为了确保元宇宙物品工坊的设备始终保持高效运行，许亦蓁需要雇佣专业团队定期检查和保养服务器和存储设备，进行硬件维护、软件更新和性能优化，以确保设备的稳定性和可靠性。与此同时，许亦蓁得支付租金来租赁一个宽敞的数据中心以便容纳元宇宙物品工坊的所有服务器和设备，这个数据中心提供了适当的环境和基础设施，包括恒温恒湿的机房、供电和网络支持等，确保所有设备的安全运行。

"这两项也不能省！"许亦蓁添上了"设备维护和保养"和"物理空间租赁费用"两栏费用项目。

然后，元宇宙物品工坊制造各种虚拟物品，其中一些可能需要通过生产过程来制造。以虚拟皇冠的制作为例，制作过程中所需要使用的高质量材料需要从供应商处采购并进行加工装配。

"这项还是不能省！"许亦蓁叹了口气，继续添上"材料和制造成本"一栏。

最后，当顾客购买虚拟物品时，元宇宙物品工坊需要定位客户位置并且及时将物品交付，将物品精心打包并通过特定的数据物流渠道进行配送，而过程中所产生的成本可能部分由元宇宙物品工坊承担。

"唉！还是不能省！"许亦蓁无奈地往虚拟平板上添上"配送和物流成本"一栏。

许亦蓁将各项数据整理后自动生成了一份新的账单。看着手头上的账单，里面所有的数据都像一个个"老朋友"一样，好似与他亲切地打着招呼——奇迹没有发生，物理成本数据完全一样！

许亦蓁脸色一垮，满是愁容。后续虚拟物品售卖的定价可都需要与物理成本挂钩。物理成本高居不下，定价自然会是困难重重。

"到底该怎么办啊……"

上述情景以元宇宙物品工坊为例介绍了元宇宙经济定价中需要考虑的物理成本，而物理成本一般从硬件设备费用、设备维护和保养、物理空间租赁费用、材料和制造成本、配送和物流成本五个因素进行综合考虑。

（1）硬件设备费用。元宇宙工坊中的服务器和存储设备这类属于构建和维护元宇宙平台所需的物理基础设施均属于硬件设备，一般包括服务器、存储设备、网络设备等。例如部分元宇宙场景需要用户搭配使用特殊的 VR 或 AR 设备进行体验，而 VR 头显、手柄控制器或其他传感器等设备的成本会参与对消费者的定价。

（2）设备维护和保养。为确保元宇宙中硬件设备正常运行和延长其使用寿命，需要进行设备维护和保养，一般包括定期检查、维修和更换、定期清洁、软件更新、性能优化、数据备份和恢复等。而设备的维护和保养所产生的成本一般会被企业纳入考虑，并且纳入物理成本的定价中。

（3）物理空间租赁费用。租用元宇宙内的虚拟地块或虚拟空间所需要支付的费用，正如情景中的用来容纳元宇宙物品工坊的所有设备和服务的数据中心需要进行租赁。对于一些场景，如 VR 体验馆或 AR 展示区，企业可能需要租赁或购买物理空间来提供服务。相关的租赁费用可能成为物理成本的一部分。

（4）材料和制造成本。在元宇宙中，材料和制造成本是指虚拟世界中创建、设计和生产虚拟物品或虚拟资产所需要的现实世界的成本。而具体的材料和制造成本可能会因为虚拟物品类型、虚拟物品复杂度、虚拟物品市场需求、虚拟材料和工具而有所差异，企业可能会考虑相关制造和材料成本，并将它们纳入物理成本的定价中。

（5）配送和物流成本。虽然虚拟物品并不需要实际运输，但在元宇宙中的配送和物流成本与虚拟物品的传递、交付、存储等相关操作有关。因此，对于在线售卖的虚拟现实设备或物品，企业可能需要考虑配送和物流成本。

第八章　元宇宙中的新商业模式

新技术呼唤着新时代，元宇宙的诞生将帮助我们转换商业思路，开辟新的商业道途。前行的号角吹响，得窥新时代的一角，新的商业模式将徐徐萌芽。

第一节　打破现实限制的商业模式

元宇宙的出现将填补现实世界商业模式的短板，超越现实限制的新商业模式将如雨后春笋般争相冒尖。本章将被新商业模式打破的现实限制划分为以下几类：物理限制、心理限制、感官限制。

一、打破物理限制

又是一年盛夏。又是一个周末。

今天不是什么特殊的节日，也不是纪念日，不过是循环往复的一周中的第六天。但是对于打工人许亦蓁而言，今天是他整整工作了两周后迎来的第一个休息日。得之不易的休息日，当然要好好放松一下。

正当许亦蓁换好衣服，收拾好随身物品，打开家门准备去外面游玩时，一股热浪打的他措手不及。正值酷暑，外面骄阳四射，阳光毫不吝啬地洒向大地，好像空气都能把人灼伤。最近的地铁站离家都要步行 20 分钟，打车的成本又太高，要是走过去的话，或许还没到就要被热化了。许亦蓁退回室内，垂头丧气地关上了家里的门，像泄了气的皮球一样瘫倒在沙发上。

真的太想去外面透透气了。此时的许亦蓁就像被久久禁锢于鸟笼中的小鸟，急切地想要飞出牢笼，去看看外面的世界。许亦蓁一边卸下身上的背包，一边无奈地嘟囔到。

这时，他的目光落在了茶几上那套不久之前购买的，因为工作太忙而一直没有使用过的元宇宙穿戴设备上。

"不如试试？"带着些许怀疑的态度，许亦蓁打开包装盒，穿戴好设备。天气炎热，许亦蓁本来打算到郊区山上的一个避暑山庄里避避暑，此时，已经进入了元宇宙的他，选择了一家能够沉浸式体验武夷山风景的体验馆，开启了他在元宇宙中的第一趟旅程。

巍峨雄壮的大王峰，婀娜多姿的玉女峰，陡峭险峻的天游峰，蜿蜒清澈的九曲溪……如画卷般的美景在许亦蓁眼前生动而立体地展开。在这里，许亦蓁听到鸟儿就在自己头顶的那颗树上鸣叫着，感受到山间的清风吹动了他的衣袖，弯腰将手伸进潺潺的溪流中，指尖还能感受到溪水的清凉。站在山顶凭栏四望，云海茫茫，群峰悬浮，九曲蜿蜒，竹筏轻荡，武夷山的山水尽收眼底。许亦蓁感觉这么多天的疲惫与烦闷都被一扫而空了。

游完了武夷山，许亦蓁想起自己已经很久没有购置新的衣服了。因为担心尺码不合适或者上身不好看，许亦蓁一直以来都习惯于在线下购买衣服，或者先去线下的店铺试穿后再上网购买。本来打算趁着这次休息能够去商场逛逛，但是出门的计划已经泡汤。

正当许亦蓁在元宇宙的商业大厅中漫无目的地闲逛时，突然惊奇地发现自己常买的那家服装店在元宇宙中开了虚拟试衣店。许亦蓁连忙走了进去。虚拟试衣店的装潢和现实中的店铺是一样的，店内的灯光、摆设以及衣服的种类也与线下门店是一模一样的。恍惚间许亦蓁有来到了线下店铺的错觉。线下有的衣服款式在这里也都有，试穿后，不仅能够全方位地看到自己穿上那件衣服的样子，身上还能感受到衣服与肌肤的触感。"太逼真了啊……"许亦蓁不禁小声感叹道。试穿完觉得合适就可以到线上店铺购买，省去了到线下店铺的时间与精力。

这种线上虚拟服装店其实代表了一种元宇宙商业模式，包括虚拟鞋店、虚拟家具馆等等，这一类企业只需要收集现实生活中产品的数据集，在元宇宙中将产品在数据的基础上还原出来即可，为企业省去了现实中大量的成本，例如店铺的租金、制造实物产品所需的资源、看管店面的人工。对于消费者而言，能够通过元宇宙来虚拟体验产品，也为生活提供了极大的便利，使得选购商品不再受制于时间和地点。

就算不需要购买衣服，线上的虚拟产品体验店也为顾客提供了高度还原现实生活中的逛街体验，能够给顾客带来精神上的愉悦以及满足感，是一种具有广阔前景的商业模式。

除了沉浸式体验武夷山游玩与虚拟试衣店，许亦蓁在元宇宙中还参观了虚拟博物馆，观看了演唱会……这些本来都需要克服一定的物理距离才能完成的事情，有了元宇宙的存在，使得人们足不出户也能够周游世界，在人们被物理距离限制之时打开新天地。

人们总说光阴似箭，但在光阴中，又数假期是最快的那只箭。还没玩得尽兴，一转眼又是周一。不想去上班，不想踏出清凉的空调房，不想去挤那沙丁鱼罐头一般的地铁。许亦蓁躺在床上，呆呆地盯着天花板，在心中为自己做了800遍的心理建设，依然没有攒够上班的动力。其实许亦蓁的工作可以在家里完成，他也尝试过居家办公，但是无奈自控力太差，居家办公的效率不及在办公室的一半。

许亦蓁突然猛地坐起。"有办法了。"他突然想到昨天在元宇宙商业大厅看到的"沉浸式办公"，在里面可以为你营造出和办公室一模一样的环境，你还可以选择是否和别人一起办公，是否需要有"上司"来时不时"探望"你一下。许亦蓁微微一笑，觉得整个世界都明亮起来了。

许亦蓁是一名白领，大部分的工作都是在办公室内完成的。而每周一上午例行的工作报告例会，也是他一周最头疼的时候。许亦蓁从小就内向，当别的小朋友争先恐后地在众多叔叔阿姨面前展示才艺时，他却只想把自己藏起来，不让别人注意到他。到如今，每次需要公开发言时，他依然会紧张得手心冒汗，时常大脑"宕机"。而公司最近正在尝试使用的"元宇宙线上会议"，对许亦蓁而言可谓是救命稻草。在元宇宙会议中，可以模拟与公司日常开会一样的会议场景，当戴上全套的穿戴设备，你周围的一切就和现实中的会议室一模一样了。而特殊之处在于，你可以自行选择自己的视域中是否出现其他的参会人员，若不出现其他参会人员，他们发出的信息就将以弹窗的形式呈现给你。而许亦蓁在发言之时，就可以选择视域中不出现其他参会人员，少了十几双凝视的眼睛，许亦蓁顺利地完成了自己的工作汇报，还得到了领导的肯定。

这类虚拟会议也是元宇宙一种具有代表性的商业模式。除会议外，一些日常的研讨、演讲汇报，或是歌剧表演等等，都可以通过这个立体的虚拟空间来完成，这样节省了场地、场景布置等费用，而又比如今已有的线上会议等形式更具沉浸性，能够更真实地还原现实中的场景，是替代现实中会议的良好选择。

以上只是元宇宙应用中的一小部分，从Web 1.0到2.0再到设想中的3.0，从电话、照片到视频，再到元宇宙中的虚拟世界，物理界限在一次又一次地被打破。在2.0时代其实也不乏"线上展览""线上会议"，这些也早已融入人们的日常生活之中，但是这一类的商业模式终究还是"扁平化"的，与人们有着一屏之隔，即使网站内的设计再精妙逼真，也很难让人有身临其境之感，而元宇宙中打破物理界限的商业模式，是想要借助元宇宙这一虚拟世界以及连接元宇宙与现实世界的穿戴设备，让2.0的一些产业"立体化"，从观看视频到体验视频，从"面对屏幕"的会议变为"面对面"的会议……在这期间还会催生出元宇宙环境设计、元宇宙现实模拟等一系列服务于元宇宙内产业的商业模式。还可以借助元宇宙打破物理界限这一特性，帮助用户完成许多现实生活中难以完成或物理成本极高的事情，比如汽车行业的车辆撞击检测，农业中的模拟种植，以及各类自然勘探，只需要在现实中采集足够的数据，在元宇宙中建立模型，就可以直观地模拟现实生活中的场景，省去了大量的人力与物力。这是服务于现实世界的元宇宙商业模式。

二、打破心理限制

黑暗无声蔓延，吞噬了夕阳残存的温暖。黑暗，塑造了夜。夜是悲苦的化身，在一片压抑的黑暗里，他蹙着眉，随着在黑暗中惆怅的人，闷闷踱步。

眼睛通红的甄维旭呆坐在床榻上，看着窗台上的吊兰出神。夜仿佛黑到了极致，没有一丝光。"半年没回去了，爸！最后一面也没能见着……"甄维旭嘴里喃喃自语着。半年前春节难得抽出一点空闲，他从芝加哥回到了中国，回家和父母一起过了个团圆的新年，在这之前，他因为工作原因已经整整两年没有回过家了。虽然每天都在思念着父母和家乡，但是忙碌的工作让他不敢规划回程的航班，颠倒的时差就像浩瀚的太平洋一样阻隔了两边的心。

几个小时前，母亲打来了国际电话，告诉甄维旭父亲的病情加剧，离开世界了。她担心甄维旭会因为父亲的病耽误了工作，担心儿子会因为家中的变故变得焦虑。而如今得知真相的甄维旭恨不得坐火箭飞回家，哪怕能看着父亲安稳上路……

这时，甄维旭扭头看到了自己电脑边上的元宇宙设备，自己曾用它和父母实时交流过，里面有自己父亲的数据，或许……

戴上了设备，甄维旭快速唤起了元宇宙内的小助手，帮助自己构建父亲生前的形象，包含形体、颜面、情绪、声音等特点，就在一瞬间，一张熟悉的面孔映入眼帘。"爸！儿子不孝……我应该多回去看您……"话音未落，他就冲上前抱住了自己的"父亲"，元宇宙系统也在飞速运转读取着甄维旭的情绪信息、心理状态以及他面临的处境，并同时给构建的"父亲"创建AI自动反应功能。"儿子，爸爸离开了你要照顾好自己，你不要自责，一定不能因为我而耽误了自己的前程……爸爸会一直都在这里……""父子"二人相拥而泣，泪水打湿了衣襟，甄维旭压抑了数个小时的悲苦心情终于得到了释放。

甄维旭心里非常清楚眼前的这位并不是自己的父亲，但这位"父亲"与他的父亲几乎没有差异：元宇宙利用大数据和3D塑形等相关技术，采集大量与"父亲"相关的地域性数据（比如甄维旭作为中国人，那么采集信息主要聚焦"中国的父亲"），从面部外形、语言习惯到情绪与语言表达，全面地构建起了一个中国"平均父亲"的人物形象，最后再结合甄维旭父亲在元宇宙保留的个体差异特征，对任务进行最后塑形和3D创造，这样得来的人物与现实中的人物基本一致。元宇宙给甄维旭带来的这种身临其境的沉浸感，冲破物理限制让他感觉自己真正置身于"虚拟"的元宇宙当中，让他感受到自己"父亲"的存在，并通过这个过程中的自我表达从元宇宙中得到情绪价值从而实现对心理限制的突破。元宇宙起到的平衡心理（心理抚慰）的作用相当到位，给用户提供了足够的情绪价值。

在2021年9月30日上映的电影《我和我的父辈》的第四个部分"少年行"中，由沈腾饰演的来自2050年并肩负使命的机器人邢一浩，来到2021年遇上了心怀科学梦想的少年小小，二人阴差阳错成了一对临时父子。在电影中，小小的人工智能科学家父亲很早就去世了，热爱科学的小小怀揣梦想捣鼓机械却被妈妈担心浪费时间，小小年纪的小小倍感无助。就在小小迷茫之时，"临时爸爸"凭空而降。作为一个穿越的机器人，邢一浩教会了小小很多科学方面的技能，比如造电动的模型飞机，同时也和小小在相处过程培养了相当好的感情。在这个过程中，对小小来说，最重要的莫过于邢一浩给他带来的"父爱"。有人说"在我感到迷茫的时候，他能用实际行动支持我，鼓励我，肯定我。"就是最能感受到爸爸存在的价值的时候，对于小小来说，亲生父亲是一个过去式，自然感受不到父亲存在的价值。而"从未来穿越而来"的AI机器人邢一浩给小小带来了失去的父爱，给小小带来了源于父爱和陪伴的情绪价值。

这个电影的情节与甄维旭在元宇宙的做法是有着异曲同工之处的，同样是一个几乎无所不能的机器人，为一个生活有些失利的人提供了心理上的帮助，提供了珍贵的情绪价值，区别就是电影描述的是现实中的人与穿越的机器人相遇，而我们构建的场景是现实中的人在元宇宙中与机器人交流互动，但实际效果是一致的。

结合以上例子和情境，元宇宙中通过"突破心理限制"而产生的一种新商业模式——虚拟性心理慰藉和情感培养。用户可以在元宇宙中进行跨时间、跨空间、跨生死的交流对话，通过这样的方式使自己得到一定的心理慰藉或者情绪价值。与过世的家人对话，可以让用户体会脱离现实的温暖亲情；和过去的自己讨论成长的心得。这种商业模式主要能够满足用户主观性的心理需求，使用户能够在元宇宙中得到满足感、获得感。

既然已经考虑了心理慰藉的商业模式，那么为治疗心理创伤或心理疾病的心理治疗新商业模式也就会存在。

《禁闭岛》（*Shutter Island*）是一部以精神疾病治疗为题材的悬疑惊悚电影，主角安德鲁·莱迪斯（Andrew Laeddis）是经历了二战的美军战士，是三个孩子的父亲，二战集中营的经历对他造成了极大的冲击和心里创伤。战争结束后回到美国担任治安官的他终日酗酒，对患有重度抑郁症的妻子不闻不问，妻子为了引起他的注意将三个孩子溺死在了家旁的湖里，赶到现场的莱迪斯悲痛欲绝，将三个孩子捞上岸之后，他开枪杀死了妻子，并放火烧了房子。此后，莱迪斯精神失常，法院因杀人罪和纵火罪审判了莱迪斯，但是他患有精神病，不能被判处死刑，于是就被关押至禁闭岛进行治疗。为了逃避战争和杀妻的痛苦，患有精神分裂的莱迪斯在精神上为自己塑造了一个新的形象泰德·丹尼尔（Teddy Daniels），并幻想自己是一名警察，来禁闭岛调查案件。接下来就是他的主治医师考利组织大量人手配合他的妄想，从而达到治疗师们的中心目标——让病人领悟症状与过去经历之间的关系并解开积郁的心结。

这种治疗方法在心理学上被称为心理动力学疗法，也称顿悟疗法（Insight Therapy），从电影《禁闭岛》对这种治疗方法的描述中，可以看出这种治疗方法的一个极大的缺陷：耗费大量人力物力，成本极高。巧合的是，元宇宙正好可以完美克服这一缺陷！在元宇宙内，一切人、一切物都是可以通过数字模拟创造的，那么所有为了配合病人妄想的情景而雇佣的人、铺设的物都可以在元宇宙空间中通过代码和数据进行构建，这样一来，就不再需要支付额外的人力雇佣费、也不需要购买或租借物料，从而只剩下症状记录和数据输入的成本，使这种人性化的心理疾病治疗法变得低成本高效率。

在元宇宙中，除了能够从心理精神状态的改善方面创立新商业模式，通过将元宇宙的一个功能设计成促进技能获取、知识转移和协作解决问题的模式，实现提供超越传统方法的交互式和沉浸式学习体验也将成为一种崭新的商业模式。同样，元宇宙可以促进来自不同背景、文化和地理位置的人的社会互动和联系。这种扩大的社会网络可以为个人提供归属感和支持，特别是对那些可能在他们的物理环境中感到被孤立的人。

三、打破感官限制

"欢迎来到真人模拟闯关冒险游戏《精灵纪元：传说徽章》，正在加载玩家的各项数据……滴——游戏开始，祝您游戏体验愉快。"系统音响起。

游戏虚拟实景空间——希望之塔。

甄维旭是该新游戏的测评师，任务是对该款游戏的各项真人模拟体验进行测评并检查漏洞。他选择的角色是善于近战的剑精灵，登进游戏界面后，他出现在玩家主城。

首先是对五感模拟的测评。甄维旭站在原地四处观望，入眼所见都是各类装备道具的店铺，耳边还传来商家 NPC 的阵阵吆喝声（视觉、听觉：测评完成）；紧接着他握紧双手，感受着掌心处传来的微麻的感觉（触觉：测评完成）；接着，他打开背包界面，取出"食品：甜甜圈"，看着泛着金黄色泽并飘出阵阵香气的甜甜圈，甄维旭喉结一阵滚动，一下没忍住就把甜甜圈送进嘴里，酥甜的感觉从他的味蕾处绽放，霎时充满全身，他感觉全身充满了力量（嗅觉、味觉：测评完成）。

五感模拟测评：完成。

其次是对游戏基本功能的测评。"地图界面。"甄维旭发出指令。马上，此处游戏场景的立体 3D 地理全景图在甄维旭身前铺开（地图功能测评：完成）。位于地图正中央的一座漂浮于空中的金色十层塔名为"希望之塔"，是游戏的通关试练地，通关的玩家将获得"希望徽章"。他手指在地图中央的金色高塔虚点两下，伴着一阵白光，他直接出现在希望之塔的传送阵（传送功能测评：完成）。站在传送阵的甄维旭抬头望着漂浮在空中的高塔，"飞行！"他默念着。话音刚落，原本在角色后方如同装饰品的双翼宛若获得生命，并且甄维旭真切感受到双翼与自己血肉相连。经过一段时间的适应，他振动双翼腾空而起，直接进入希望之塔的第一层（飞行功能测评：完成）。

游戏基本功能测评：完成。

最后是对身体协调度和身体机能模拟的测评。希望之塔第一层是机关层，玩家需要根据规则通过各个机关关卡才能获取通往第二层机关的钥匙。

甄维旭来到第一个机关关卡——"水波粼粼"：关卡需要玩家直线游泳两百米到达对岸（关卡禁飞）。为了拥有完整的体验，甄维旭换装并在岸边做好准备活动后便下水了。在水中，甄维旭感受着细腻水流抚过皮肤，前进间又有着与现实一般无二的无形阻力，摆动双臂与腿部强有力打水能感受到一股引人前进的推力。甄维旭一口气游完五十米后突然胸口有些沉闷，意识略微飘浮，大脑传达着窒息感，他一下子警醒：该换气了！于是在游动中他将头部探出水面进行换气。几个反复下来湿淋淋的他终于到达对岸。"风干，换装。"只是一瞬，他衣着整洁的继续前进（环境还原度、身体机能模拟测评：完成）。

第二个机关关卡为"音符不止"，场景设有四个直线排放的音符，游戏开始时系统会随机挑选一首歌，玩家需根据亮起的音符精准踩踏并且做出相应的动作以获取积分，完成度百分之八十即可通关。游戏开始后，甄维旭随着音乐踩踏音符，脚步挪移间身体不由自主地律动，身体渐渐由初时的僵硬变得舒展开来，动作与动作之间的连贯性也逐渐体现，原本生硬的模仿动作随着节奏的加快连成了圆润自然的舞步，而实际上不同音符对应的动作也正是一支舞的分解动作。曲罢，甄维旭已是气喘吁吁。"完成度，百分之九十五。"（反应能力模拟、身体协调能力模拟测评：完成）

第三个机关关卡是"移动拳击"，场地设有一个6.1平方米的擂台，系统将派遣陪练NPC作为"靶子"供玩家进攻，NPC无反击能力却有防御能力（会对所有受进攻部位进行防御），并在擂台上以固定的速度随机移动（假设相当于50米20秒的移动速度），玩家以30公斤的力量击中NPC不设防御的腹部记为有效得分（若NPC在腹部设置防御则拳击无效），在10分钟内达成10次有效拳击即通关。戴好拳套，甄维旭进入擂台。由于游戏规则只需要进攻，甄维旭上来就摆开进攻的架势，紧握着拳套，双目紧盯NPC。伴随着比赛开始的口令，NPC马上进入移动状态，甄维旭则先是站在原地观察，突然寻着一处空挡一记勾拳攻向对手腹部，NPC来不及回防，有效得分+1！甄维旭一鼓作气持续猛攻，在8分钟结束的时候就已经成功通关。（身体素质模拟测评：完成）

身体协调度和身体机能全方位模拟测评：完成。

以上是对未来突破感官限制的商业模式的构想，以虚拟现实和游戏元素交织呈现出来的形式似乎更多是追求一种"体验感"。但如果"新奇""刺激"只是新游戏行业的标记，未免显得有些空洞。做个简单的延伸——当元宇宙突破感官限制，使得人们在虚拟世界中的感官感受与现实无异时，在元宇宙世界中的各项活动更有一种"类真实性"，而其提供的感官模拟足以支撑一些更加注重"技巧性"的技能的模拟训练：如乐器技能训练、体育技能训练、急救技能训练等；或者是为不同岗位人员的选拔提供"最优反应"：由专门的机构对不同数据进行的分析和实验，找出适配不同特定活动或岗位的最优选项。

针对感官限制的突破，可能衍生出以下两种商业模式：由于感官的真实模拟，我们设想在元宇宙中用户在元宇宙中的身体数据模拟有两种选择："自由调配"和"回归现实"。"自由调配"即可以对各项身体数据进行自由选择和调配；"回归真实"则是让数据一一对应不同用户在现实世界中的真实身体数据。

若基于"自由调配"，用户相当于使用一具"新身体"，可以根据不同的身体数据对不同活动进行评估，根据评估结果的定向选择会使特定活动与参与者更具有适配性：如足球运动对球场上 11 位不同位置的球员的身体素质有不同的需求，在"自由调配"下，专门负责测评选拔的评估公司可以通过大量的身体数据实验对不同身体数据的表现度进行评估和排序，整理出适应于现行规则的最合适的"黄金 11 人"豪华阵容，这一数据的分析整理结果可售予具有特定需求的"球探公司"，球探公司的工作便简化为人员数据的搜集和匹配。除此之外，涉及的相关评估活动还有：其他各类运动员、飞行员、消防员等对身体强度有特定需求的职业。而这种基于"自由调配"的大量数据的分析整理或许可以成为特定评估行业的盈利点，随着元宇宙的深入发展与对标现实的更真实的模拟，评估活动可能不仅局限在身体数据的评估，诸如对自然灾害数据评估、建筑安全性评估、航天飞机改进数据的评估等方面也都将有建树。

而基于"回归现实"的前提，用户实际上是将现实中的自己完全投影到虚拟世界中：以驾校训练为例，虽然拿到一张驾驶证只需要通过四场考试，但是常常令人们感到无奈和怨愤的可能是一天长达几小时的道路练习、恶劣天气出勤、新手上路的不安全性……而在元宇宙中，或许编程设计人员可以利用现实道路信息打造一个模拟驾驶系统，由于高度沉浸的特性，人们可以身临其境般进行驾驶技能培训练习，避开极端因素影响下的技能训练效果与满意度下滑的结果，又能确切地达成技能训练与掌握的目的，同时 3D 模拟真人操作也可以避免赵括"纸上谈兵"的笑谈，使得用户拥有更加便捷的方式获取新技能。如上文提到的，诸如乐器技能训练、体育技能训练、急救技能训练等包含"技巧性"的技能都可以在虚拟世界中提高熟练度，尽管人们并不能因此获取与真实训练相当的体力增长或锻炼效果，但技巧的摸索和熟悉是真实感受和经历的过程。

第二节　延展的融合商业模式

午后，窗外鸟鸣清脆。慵懒的风轻轻拂过脸颊，软糯轻柔地在耳畔呢喃，沐浴在阳光下，暖意中透着清凉，纷杂思绪托风捎走，人们唯一的愿望似乎就是在这样的好天气中小憩。院子里一个头发杂乱的男人躺在藤椅上轻轻摇着，惬意地伸了个懒腰后又翻身睡去，如果可以，许亦蓁愿意在这样舒适的天气中永眠。可惜天不遂人愿，藤椅前的桌子上手机一阵震动，他闭着眼睛一把摁掉；手机再次响动，他再次摁掉……如此往复，手机不厌其烦地响着，许亦蓁眉间微微一皱，终于还是屈服于现实，睁开眼睛，任由眼皮无力地耷拉着，心不甘情不愿地拿起电话。果然，联系人显示——助理。

"喂喂喂，您好，许亦蓁！您的稿子赶完了吗，我们合同上的要求时间快到了！同步跟进的电视剧还等着您的新稿子进行制作呢！"小助理急匆匆的语气让许亦蓁隔着手机屏幕都能感受到他的咬牙切齿。

"知道了，马上马上。"许亦蓁有气无力地敷衍道。

"那许亦蓁您尽快……""嘟——"小助理话还没说完就被不堪其扰的许亦蓁挂断了电话。

"唉！"站起身的许亦蓁叹了口气，挠了挠杂乱的头发，目光流连在他的藤椅上，"天天催，天天催，谁赔我的好天气啊！"在走进书房的途中他不停嘟哝着。

许亦蓁原本是一位不知名的小说家，写小说只是他的个人爱好，权且充当闲暇时的消遣，也从来没有设想过通过这种手段谋生。一次偶然的机会，他在元宇宙的小说征集大赛上投了稿，没承想入围后一路过关斩将竟然获得了冠军，并且借由元宇宙信息传递的瞬时性许亦蓁一夜成名！爆红的许亦蓁几乎推掉了所有邀约，只留下一份除时间限制外毫无约束的聘请合同。可惜尽管如此，散漫惯了的许亦蓁还是面临着催稿的"危机"。

除了写小说，许亦蓁也借鉴元宇宙中其他小说家的成功典范，在小说上架并且取得不错反响后，借助元宇宙的"影视生产"专用渠道，以自费的方式租用相应道具进行低成本的电视剧或电影的拍摄活动。灯光摄影等各类工具将由输入特定程序的人工智能代为完成，小说家本人可以同时肩负导演、编剧的角色，演员可以根据人物建模以虚拟世界的NPC的形式呈现出来，角色的服装、表演效果均可由作者本人"自定义"，呈现出更为理想的效果……

书房内的许亦蓁百无聊赖地转动着笔，正想感慨江郎才尽之时灵感顿现，他忙一个激灵拿起笔投入到工作中……

上述情景展示了"小说—影视"的模式，这种新的商业模式将直接打破行业间的壁垒，小说家除了以文字的形式进行表达外，还可以将心中所想以影视的形式真实传达出来，也将有效减少因作者与影视团队之间、影视团队与演员之间因为各种因素而产生信息传递的失真。在元宇宙世界中，由于平台搭载了具有强大算力系统的数据处理工具，可以自动完成对各项复杂程序的处理活动。与此同时，由于人工智能技术驱动的各类信息处理工具的存在，更多的专业工具的应用，如灯光、摄影可能更趋于自动化、智能化，在成本的降低方面将会取得更大程度的突破。与此同时，个体创造者能以一己之力撬动文字小说以及影视作品等产业，文化、艺术创作的形式将逐渐走向融合，甚至将对单纯的文字创作以及独立的影视创作形成一定程度的冲击，推动单一产业向着多元化转型升级。在这个过程中，新兴的多元商业模式将可能与传统的私人视频集团和产业视频集团进行角力，在碰撞中迸发出新的盈利模式和行业发展新的方向：文化创作将进入"百花齐放"的时代；而原有的传统影业公司可能会解体分化为独立的小作坊，以个体创造者的模式实现创收；"流量为王"的时代可能随风而逝，"内容至上"的概念可能成为行业新的风向标，日新月异将成为影视行业的重要特征。

第三节　AI 与元宇宙的不解之缘

上文提及的三种超越现实限制的商业模式以及融合商业模式都是基于合理的推测与构想进行描述的。而在当今数字化时代，AI 的智慧和元宇宙的无限想象力相互融合，为商业注入了前所未有的能量，这注定是一个追求创新和突破常规的时代，AI 与元宇宙的结合带来了无尽可能性。抓住机遇，探索 AI 与元宇宙的无限可能，将为元宇宙的成功发展提供强大动力。以下我们将进行详细探讨。

一、AI 与元宇宙推动教育的改革

在 AI 与元宇宙交织的无限领域，未来的教育经历了一场令人敬畏的复兴，永远改变了知识的传授和获取方式。想象一下，走进一扇发光的大门，穿越现实的各个层次，每个层次都是为了迎合你个人的学习风格、节奏和偏好而设计的。这是教育新时代的曙光，是 AI 和元宇宙推动了一场超越传统课堂界限的革命。

在元宇宙中可以构建一个以你为中心的教室，AI 根据你的个人节奏、风格和理解能力量身定制课程内容。这是个性化学习的顶峰。在这个领域，教育是没有界限的，全球学习不再只是一句口号，而是实实在在的现实。来自世界各地的学生在一个超越地理限制的虚拟世界中合作、分享见解、沟通文化。玛丽亚是一个来自偏远村庄的生物学爱好者，她与来自六个不同国家的同龄人共同参加了一个遗传学合作项目。通过共同的探索，他们重塑了传统理论，展示了集体智慧的无限潜力。

设想这样一个场景：一位年轻的有抱负的科学家渴望深入研究量子物理学的奥秘。在元宇宙中，在有感知能力的 AI 导师的引导下，他发现自己置身于悬浮在维度之间的空灵桥梁上。夸克和轻子的可视化图像像星座一样闪烁，形成了令人惊叹的宇宙挂毯。每一步，AI 都会提供解释，并根据学生的反应和掌握能力调整其方法。通过游戏化的挑战，学生沉浸在粒子碰撞中，见证虚拟粒子的诞生并收获新的知识。

与此同时，在元宇宙的一个遥远角落，一位历史爱好者与一个 AI 驱动的历史人物交流，AI 以惊人的细节精心编排历史重演，让学生亲眼目睹关键时刻。时间成为一幅流动的画布，其中的人物与故事被蚀刻成记忆，永远鲜活地印在学生的脑海中。

在企业领域，随着 AI 利用元宇宙塑造出一支能力无与伦比的员工队伍，专业培训模式的蜕变正在展开。在闪闪发光的会议室里，员工们参加危机管理演习。AI 制造出逼真的场景，让团队面对复杂的挑战，测试他们的技能和决策能力。错误不会对现实世界造成任何影响，但从中吸取的经验会烙印在集体意识中。

教育资源，曾经受限于资源的限制，已经扩展成一个巨大的数字资源库。元宇宙是一个知识自由流动的宝库。肯尼亚的一个贫困村庄获得了最前沿的天文学课程，激发了像马利克这样崭露头角的科学家的好奇心。有了虚拟望远镜，他们就不再受缺乏物理设备的限制，这证明了雄心壮志是没有经济界限的。

就像画家混合色彩来创作杰作一样，AI 和元宇宙融合在一起，以前所未有的方式实现个性化教育。一个音乐神童进入了元宇宙的音乐世界，在那里，旋律不仅能听到，还能感觉到，因为每个音符都在他们生命的纤维中产生共鸣。AI 分析他的情绪反应，调整课程，以唤起灵感的完美高潮。

这个教育的元宇宙不是一个孤立的领域，而是一个繁荣的生态系统，学生、教育工作者和 AI 在这里融合在一起。教师超越了单纯的讲师，成为规划学习路径的向导，而 AI 则成为个人成长的最终监护人。学生则是创新的建筑师、同理心的使者和变革世界的守护者。

二、AI 结合元宇宙对基础教育者的协助

在遥远山区或偏远地区，由于面临着教育资源匮乏的困境，学校设施简陋、教学质量参差不齐。由于地理位置的限制，学生们往往难以获得丰富多样的教育机会，信息闭塞，知识更新缓慢。传统的教学方法往往难以引发他

们的学习兴趣，造成了学习动力不足的问题。同时，由于缺乏个性化的教学计划和足够的互动，他们很难在学习中发挥出自己的潜力。在远离现代技术的环境中，他们与科技的接触有限，无法享受到科技带来的教育变革。AI 与元宇宙的结合或许可以帮到他们，这可以在下面的场景中得到解释。

在一个遥远的山谷，悬崖峭壁环绕，与世隔绝的小村庄中，生活着一群充满活力却命运多舛的人们。他们渴望知识的滋养，却常常被教育资源的匮乏所困扰，那些老旧的教科书，难以激发他们的求知欲望。

一天，一位名叫甄维旭的年轻教师，听闻了一种神奇的存在——名为"EduVerse"的虚拟宇宙，以及其中的 AI 助手"EduCompanion"。

为了给学生提供更好的教育，甄维旭踏上了探险的征程。他打开了"EduVerse"，宛如打开一扇通往奇幻世界的门。首先，他开始了个性化学习计划的设计。他将自己的学生纳入"EduVerse"的怀抱，每个学生都像是一个独特的星球，他细心地测量每颗星球的表面，描绘出属于他们的教育轨迹。

"EduVerse"似乎有着无尽的知识宝库。甄维旭发现，在虚拟图书馆中，教学资源和素材不再稀缺，而是如同银河中的星星，闪耀着各种光芒。他翻阅着虚拟的教科书，感觉自己正遨游在知识的海洋中，找到了滋润他学生心田的甘泉。然而，最震撼的是虚拟实践与模拟。甄维旭能够带着学生们穿越历史的长河，站在伟人的肩膀上，近距离感受历史的风云变幻。他们仿佛化身为数学骑士，踏上奇幻的数学之旅，破解谜题，征服难题，体验着知识的魔法。

"EduCompanion"则成了甄维旭的智者之友。当他陷入教学困境时，AI 的声音会在他的耳边响起，如同远古的贤者，为他指引方向，启迪智慧。

学生表现分析也为甄维旭开辟了一个崭新的视角。他通过"EduCompanion"看到了每个学生的学习历程，像是在星空中读懂星座的轨迹。

而在无法前往学校时，甄维旭的教育之旅并不会因为距离而停下。通过虚拟课堂，他可以与学生远程交流，他们仿佛被连接在一起的星星，通过线缆传递着知识的能量，打破了现实中时空的束缚。

三、AI 与元宇宙结合改革的政府业务

政府推出智慧平台一个月后，人们对这个全新的服务系统感到异常兴奋。职场新人甄维旭兴致勃勃，决定尝试一下这个全新的智慧政府。

"AI 小精灵。"甄维旭拿出手机轻唤道。

126

"我在。"长着翅膀的 AI 小精灵出现在手机屏幕上，它是平台配备的 AI 助手，具有出色的人工智能技术和自然语言处理能力。

"嗨，甄维旭先生！欢迎来到智慧政府平台！我是你的 AI 小精灵，请问我有什么可以帮到你的吗？"小精灵软软糯糯的声音响起。

"你好，可以帮我整理一份最近政府发布的关于创业补贴政策的详细信息吗？"看到平台上的"政策咨询"功能，甄维旭期待地询问。

"好的！请稍等一下！"小精灵立刻响应。

短短几秒一份从海量数据中精练总结的政策概览便呈现在甄维旭的面前。

按捺住心中的惊奇，甄维旭仔细阅读起这份政策概览。每每遇到有疑惑的地方，小精灵都会耐心细致地为他做出解答，看到关键的福利政策他总会拍手叫好，与小精灵有说有笑地进行沟通。AI 与人无障碍沟通的场面让旁人见了怕是只会道声"时代变了"。

甄维旭还注意到智慧政府平台上有一个"创业导师"功能，该功能能够成功建立起市民与经验丰富的企业家和相关专家之间的联系，提供创业方面的指导和建议。回想起自己的创业计划，甄维旭迫不及待地开始尝试这个功能。

在屏幕上点击"创业导师"功能，甄维旭面前的场景空间开始切换，虚拟空间界面打开。在虚拟空间，甄维旭发现自己正处在一个充满现代化装修风格的会议室中，每个座位上坐着经验丰富的导师。

甄维旭选择"一对一"服务后，一个名叫许亦蓁的导师在他面前落座。

双方开始长达几个小时的交流。在虚拟空间中，许亦蓁随手划出一个展示面板，以供他们通过图表、模型和实时共享文档来展示和讨论各种创业策略。交流过后，甄维旭收获颇丰，与许亦蓁握手致谢后便离开了平台。他借助智慧政府平台，不仅找到了有关政策的详细信息，还得到了实时的创业指导。这个全新的政府服务让他对未来的创业之路充满信心。

故事片段展示了在 AI 与元宇宙结合改革下，甄维旭作为一个普通市民如何利用智慧政府平台获得高效、个性化的服务体验，AI 小精灵和创业导师许亦蓁是这个故事中的重要角色，他们的存在让政府服务更加人性化、智能化。通过智慧政府平台，市民可以轻松获取政府信息、获得个性化建议。而在将 AI、元宇宙与改革政府业务结合这一极具潜力的领域中还有更多领域需要进行探索，尤其是在政府服务、决策制定、公共参与等方面会发挥更积极的影响：

一是智能政府服务。该业务在故事片段中以"政策咨询"的形式呈现，

AI 的参与使得政府服务更加智能化、个性化，借助元宇宙搭建的沉浸式虚拟空间，为市民提供一个与政府机构进行互动和沟通的场所，实现自动化的申请流程、在线咨询、虚拟办事大厅等功能。

二是数据驱动决策。该业务的部分功能通过 AI 算法对大数据进行分析，识别趋势、预测风险。元宇宙负责进行虚拟模拟和提供可视化工具，为政府工作人员提供客观、清晰的情况分析，为政府决策提供建议。

三是公共参与治理。元宇宙可搭建公共虚拟空间，为市民建言献策提供场景，使市民拥有更多参与公共治理的机会，在虚拟空间中与政府代表、专家进行实时互动，提出建议、反馈问题，并共同参与政策制定和改进过程。这紧密了政府与市民之间的联系，增强了民众对政府的信任度和满意度。

四是智能监管和风险预警。通过对海量数据的分析和模型训练，AI 可以识别、监控潜在的合规风险和违规行为，并在必要情况下作出示警，而元宇宙可以建立虚拟的监管场景对各种可能的违规行为进行模拟，并利用 AI 算法进行预测。AI 与元宇宙结合通过智能化的风险分析、实时监控和警示等功能，能更好地规范市场秩序，保护公共利益。

五是数据隐私安全。借助 AI 技术应用于数据审计、安全监测和威胁预警的功能，确保政府拥有为敏感数据提供保护和安全使用的能力，防范恶意攻击和数据泄露的风险，提升整个系统的安全性和可信度。

四、AI 与元宇宙拉低了科技创业的门槛

AI 和元宇宙的融合开启了一个时代，在这个时代，开始科技创业之旅的门槛已经大大降低，重新定义了商业创造和增长的格局。以 Roblox 为例，这是一个基于虚拟世界的平台，开发者可以在这里构建富有想象力的世界，为创业提供了一个触手可及的途径。在这个数字领域，企业家从地理和资源的限制中解放出来。这些企业家不受周围环境的限制，他们被授权在全球舞台上合作和竞争。

创业资源和网络已经超越了物理界限。曾经被空间所束缚的企业家，现在可以利用全球合作者、导师和投资者的资源。这一点只要问问量子计算初创公司 QuantumNex 内部就知道了。这家公司通过元宇宙中的一个共同兴趣小组找到了自己的首席科学家。

市场测试不再是时间和资源的赌博。元宇宙为模拟市场测试提供了一个大舞台，在这个舞台上，产品和服务可以在一个受控的动态环境中发布和调整。AI 分析用户交互和偏好，在铺设实体基础或编写代码之前提供宝贵的

见解。

进入融资领域，AI 扮演着顾问的角色。它筛选海量数据，解读趋势，识别投资机会。以 ClearCo 为例，它是一个可以识别适合投资的电子商务企业的平台。通过分析庞大的数据集，人工智能评估风险和潜力，企业家可以在虚拟投资机会的迷宫中穿行，人工智能算法可以分析商业计划并预测未来的结果。

元宇宙已经成为技术发展和创新的熔炉。在这个数字大熔炉中，AI 点燃了创造力的火焰。像"GenoSys"这样的初创公司正在推动基因研究的边界，与人工智能生成的模拟合作，以解锁新的医学突破。

AI 和元宇宙的融合不仅降低了科技创业的门槛，而且还推倒了曾经束缚有远见的先驱者的高墙。

五、AI 结合元宇宙对医疗行业的改革

同样，AI 结合元宇宙平台利用科技的力量，引领医疗领域的革新和发展。以下对其中一些典型医疗手段、医学教培模式的改革进行列举：

1. 精准诊断和治疗

AI 在元宇宙中的应用使得医疗机构能够利用大数据和机器学习来进行更准确的诊断和治疗。医疗影像分析、基因组学数据分析等都能够通过 AI 算法来加速并提高诊断的准确性，从而帮助医生制定更为个体化的治疗方案。

2. 医学教育与培训

元宇宙提供了虚拟的医学教育环境，医学生和医生可以在其中进行虚拟实验、手术模拟等，以提升操作技能。这也有助于医学生更好地了解人体结构和病理，为日后的临床实践做好准备。

3. 远程医疗与手术

借助元宇宙中的虚拟现实技术，医生可以实现远程手术和诊疗。这对于偏远地区的医疗资源不足问题具有重要意义，同时也降低了患者因为距离而无法得到及时医疗的风险。

4. 医疗数据管理

区块链技术可以帮助建立安全、透明的医疗数据管理系统。患者的病历、药物处方、检查报告等都可以被高效地记录、存储，有助于医生做出更准确的诊断和治疗方案。

5. 药物研发和测试

在元宇宙中，药物研发可以通过模拟药物分子与靶标的交互过程来加

速。虚拟临床试验也能够更快速地评估药物的安全性和有效性，从而加速新药的研发过程。

6. 患者交流和教育

元宇宙中的社交平台和虚拟世界使得患者能够更好地与医生和其他患者互动交流。医生可以通过虚拟会诊来为患者提供更为详细的解释，患者也可以通过虚拟社群获得与疾病相关的信息和支持。

7. 医疗协作和合作

医疗团队可以通过元宇宙进行实时的跨地域、跨专业的协作。医生、护士、药剂师等可以共同制定治疗计划，分享经验和知识，提升医疗团队的整体能力。

AI 结合元宇宙正在为医疗行业带来前所未有的机会，加速了精准医疗、医学教育、远程医疗等领域的发展。然而，也需要解决数据隐私、安全性等问题，以确保这些创新能够真正地造福于人类的健康。

六、AI 与元宇宙的自动化和智能化的交互

随着 AI 和元宇宙的迅猛发展，两者之间的交互正成为当今科技领域的热门话题。AI 的自动化和智能化为元宇宙的发展提供了巨大的助力，而元宇宙的虚拟环境又为 AI 的进一步发展提供了广阔的舞台。下文将探讨 AI 与元宇宙之间的交互关系，以及这种交互对未来的影响。

1. AI 在元宇宙中的自动化应用

AI 的自动化使得元宇宙中的各种任务和操作可以更高效地完成，在元宇宙中，AI 的自动化应用广泛涵盖了各个方面，以下是一些常见的例子。

（1）虚拟场景生成：AI 可以通过深度学习和计算机视觉技术，自动化地生成元宇宙中的虚拟场景。它可以根据输入的参数和要求，生成逼真的虚拟环境，包括地形、建筑、植被等，为用户提供沉浸式的体验。

（2）角色和物体生成：AI 可以自动化地生成元宇宙中的虚拟角色和物体。通过训练模型，AI 可以学习并创造出各种不同的角色形象和物体模型，使得元宇宙中的虚拟世界更加多样化。

（3）自动化任务执行：AI 可以在元宇宙中执行各种自动化任务。例如，它可以负责管理和维护元宇宙中的虚拟资产，自动化地处理交易和转移物品。同时，AI 还可以协助用户进行虚拟世界中的各种操作，如导航、交互等。

（4）数据分析和智能推荐：AI 可以自动化地分析元宇宙中的大量数据，

并提供智能化的推荐和建议。它可以根据用户的兴趣和行为模式，推荐适合他们的虚拟场景、活动和社交圈子，提供个性化的体验。

（5）聊天和互动：AI 可以作为虚拟助手或虚拟角色，与用户互动。它能够理解用户的语言和意图，并根据情境提供相应的回应和建议，使得用户在元宇宙中能够与 AI 进行自然而流畅的对话。

总的来说，AI 在元宇宙中的自动化应用使得虚拟世界更加智能化、个性化和互动化。它为用户提供了更好的体验，同时也为元宇宙的发展和运营提供了高效和便捷的解决方案。随着技术的不断进步，我们可以期待 AI 在元宇宙中的自动化应用将变得更具多样性和创新性。

2. 元宇宙为 AI 的智能化提供了发展平台

元宇宙作为一个虚拟空间，为 AI 的智能化提供了广阔的发展平台。在元宇宙中，AI 可以通过与用户的交互和学习，不断提升自身的智能水平。例如，AI 可以通过与用户的互动，学习用户的喜好和行为模式，从而提供更加个性化和智能化的服务。同时，元宇宙也为 AI 提供了更多的数据和场景，使其能够更好地理解和应对现实世界中的各种情境。以下是一些元宇宙为 AI 智能化提供发展平台的方面。

（1）数据丰富性：元宇宙中存在大量的虚拟环境、用户行为数据和交互数据。这些数据为 AI 提供了丰富的学习和训练资源。AI 可以通过分析这些数据，了解用户的喜好、行为模式和需求，从而提供更加个性化和智能化的服务。

（2）多模态交互：元宇宙中的交互方式不仅限于语言，还包括图像、声音和触觉等多种感知方式。这为 AI 提供了更多的输入和输出渠道，使其能够更全面地理解和应对用户的需求。例如，AI 可以通过图像识别技术理解用户在元宇宙中的动作和表情，从而更好地与用户进行互动。

（3）实时反馈和学习：元宇宙中的虚拟环境可以提供实时的反馈和学习机制。AI 可以通过与用户的实时互动，不断学习和优化自身的能力。例如，AI 可以根据用户的反馈和行为调整自己的推荐算法，提供更准确和个性化的建议。

（4）多样化场景和任务：元宇宙中存在各种各样的虚拟场景和任务，涵盖了游戏、社交、教育、商业等多个领域。这为 AI 提供了丰富的应用场景，使其能够在不同的环境中展现智能化的能力。通过在元宇宙中的多样化任务的训练和测试，AI 可以不断提升自身的智能水平。

（5）协同合作和创新：元宇宙是一个开放的平台，吸引了众多的开发者和创造者。AI 可以与其他 AI、开发者和用户进行协同合作，共同创造和发展元宇宙中的智能化应用和服务。这种协同合作和创新能够推动 AI 的智能化发展，使其能够更好地适应和应对元宇宙的需求。

总而言之，元宇宙为 AI 的智能化提供了一个丰富多样的发展平台。通过利用元宇宙中的数据、多模态交互、实时反馈和学习、多样化场景和任务，以及协同合作和创新，AI 可以不断提升自身的智能水平，为用户提供更智能化、个性化和丰富多彩的体验。随着元宇宙的不断发展，我们可以期待 AI 在其中的智能化应用将更加广泛。

3. AI 与元宇宙的交互对未来的影响

AI 与元宇宙的交互将对未来的社会、经济和文化产生深远的影响。AI 的自动化和智能化能力将进一步推动元宇宙的发展，使其成为一个更加真实、丰富的虚拟世界；改变人们与虚拟世界的互动方式，使其更加智能化和个性化；还将带来新的商业机会和创新模式，推动数字经济的发展。

（1）虚拟世界的进一步发展：AI 的自动化和智能化能力将推动元宇宙的发展，使其成为一个更加真实、丰富的虚拟世界。通过 AI 的参与，元宇宙中的虚拟场景、角色和物体将变得更加逼真和多样化，用户可以享受到更好的沉浸式体验。

（2）个性化和智能化的体验：AI 在元宇宙中的应用将改变人们与虚拟世界的互动方式，使其更加个性化和智能化。AI 可以通过学习用户的喜好、行为模式和需求，提供定制化的虚拟体验。无论是游戏、社交还是教育，用户都可以享受到更加智能化和个性化的服务。

（3）数字经济的发展：AI 与元宇宙的交互将带来新的商业机会和创新模式，推动数字经济的发展。在元宇宙中，AI 可以为用户提供各种虚拟商品和服务，从虚拟物品的交易到虚拟旅游的体验，都将成为数字经济的一部分。同时，AI 的参与也将促进元宇宙中的广告、营销和数据分析等领域的发展。

（4）社交和协作的变革：AI 的智能化将改变人们在元宇宙中的社交和协作方式。通过与 AI 的互动，用户可以与虚拟角色进行真实感十足的交流。

AI 与元宇宙的结合将为人类社会带来巨大的变革和机遇。随着技术的不断进步，我们可以期待 AI 和元宇宙的结合更加紧密和深入，为人们创造出更加智能化、个性化和丰富多彩的虚拟体验。同时，我们也需要关注和探索这种结合对社会、经济和伦理等方面的影响，以确保其发展符合人类的利益。

第九章　元宇宙与现实世界的关联

第一节　大风起兮

一、元宇宙时代

"一个新的时代的开启与到来，并不意味着旧的时代的消亡，而是意味着新旧时代的齐头并进，意味着人类社会的整体进步。"

"咚——咚——"

两声庄重深沉却又略显激动的钟声在紫荆花交易所的大厅中回荡，余音久久未散，似乎是在昭告着什么，却又听不出与以往有何不同，不过有的人眉头已经紧锁，面露愁容，而有的人脸上此刻已然是铺满了惊喜与笑容。

作为全球最大的股票证券交易中心，今天的紫荆花交易所显得更为繁忙和拥挤，在可以组织一场足球比赛的大厅里，挤满了来自全球各地的学者、媒体、经纪人和商人，这幅热闹非凡的场景让本来普普通通的工作日早晨显得有点不同寻常。在两声钟声响起过后，悬挂于交易大厅中心位置的3D巨型投影屏上忽然有一股鲜明的绿色夺目而出，随着屏幕上绿色的数值在闪烁中不断地攀升，屏幕下方的人们禁不住发出了阵阵惊呼。尤其以站在交易所大厅主席台上的一位戴着黑色边框眼镜的中年男性最为兴奋，他的双鬓已经略显灰白，身着十分正式的西装礼服，脚上的皮鞋似乎是因为这次隆重的仪式而擦得一尘不染，但是仔细去看，还是看得出来这是一双款式和质地都已经算是老旧了的皮革鞋。不过，在这位中年男性——不，我们或许应该说是——让全世界瞩目的这场上市仪式的主角孟坦先生看来，这些装扮都不是那么的重要，重要的是待会在企业宣传环节将要向全世界呈现的惊喜。

与以往紫荆花交易所的上市仪式流程不同，这次应孟坦的要求，将企业的宣传片播放以及企业领导人发言放到了敲钟和宣布股市代码环节之后。这样做的用意十分明显，后面这两个环节在孟坦看来显然更适合作为压轴大戏，也更可以拿来充当一份神秘的惊喜，这很符合他从小就喜欢给别人制造惊喜的性格。

　　小时候的孟坦像是一位成熟稳重的小大人，做事喜欢深思熟虑，平时的神态也大多表现出属于大人才有的沉稳。在这方面的性格应该是因为受到他原生家庭的影响，父母忙于工作没有时间陪孟坦度过课余时间，于是只能将孟坦送进各种各样的补习班。从小孟坦就不喜欢社交，在学校跟老师同学的交流极少，平时在课外兴趣班也是闷头听课学习，但是回到家后的孟坦跟父母聊起天来总是表现出数不尽的兴奋，总有数不清聊不完的话题。不知道是受时代背景的影响还是因为他的父母有远见，还在上小学的孟坦居然就被父母送进了一家计算机培训机构，在那个全社会内卷的年代，其实想想倒也是不足为奇，不过好在孟坦似乎是天生就对代码数据充满兴趣和天赋，在进入补习班之后，他很快就掌握了计算机的所有操作，而且可以十分熟练的编写程序，这倒是叫人大吃一惊。学会了编程后的孟坦和我们想到的情节一样，他彻底沉迷进了一行行代码里面，特别是在有一次他给妈妈制造了惊喜之后。那是一个母亲节，所有的小孩都要想方设法，给他们最伟大的母亲们献上一份礼物。别的小孩或许是精心准备一束花、制作一张手工卡片，又或许是一个自己设计的充满"爱"元素的模型。孟坦和别的小朋友都不一样，他每天放学都会钻进自己的房间里面，家里只有他一个人，父母下班的时候总是深夜，他也已经睡着，所以没有人知道他在里面做什么。在母亲节那天的深夜，孟坦的父母跟平常一样回到家中，看到孟坦的房间门底下没透出光亮，就开启了回家之后的照常"加班"，按照平常的习惯，还是孟坦的父亲先进去淋浴间，孟坦的母亲打开电脑开始工作。在看到电脑里面有一个不知道什么时候安装的程序的时候，孟坦的母亲以为是孟坦用电脑学习的时候下错了，就点开看了看，然后，就出现了惊喜的一幕。这个程序像是一个游戏，在这个游戏里面，孟坦和父母紧紧地靠在一起，所有的场景都很逼真，跟现实生活一模一样，只是时间不一样，因为在那个时间，父母不可能在家里，孟坦从门后跳出，抱住母亲。是的，孟坦真的做了一个这样的游戏出来，在智能家电已经成熟发展的年代，每一个家电都有一串自己的代码，孟坦将这些代码一一输入到了自己架构的世界里面，现实世界的家里的一切事物的移动都伴随着游戏里事物的移动，除了他的父母，因为他的父母不在家，他也没办法将父母代码化数字化，所以他只能是把照片数字化放进去了，这样子游戏里父母的行为就与现实生活的不一样，不过，在游戏里面他可以一直和父母生活在这个小家里面，和他想要的一样。

　　"今天也是母亲节"，孟坦紧握着麦克风说道。此时，全场的目光早已聚集在这位看着略显苍老的先生身上。"在我小的时候，我的父母常常让我觉得陌生，我的父母总是很忙，等到他们老了，我长大了，我又开始变得很忙，这个时代发展得太快，生活的节奏实在是让我喘不上气。"台下的人看着孟坦有点疑惑也有一点震惊，今天站在台上的可是被评为当今"社会发展重要驱动力"的人物，在这个时候说出这些话确实会让人觉得奇怪。"在我看来，社会的发展是人类的进步，是全社会的福音，人与人之间关系的维持，家庭的温馨，朋友间的陪伴，同样也是人类文明的一部分，也需要在社会的发展中得到发展。所以我一直想要创造出一款既可以让整个社会的生活水平得到提升又能让每个家庭每个人的幸福感提升的产品，今天，我觉得成功做到了这一点。"说完，孟坦摁下放在口袋里早已准备好的一个遥控按钮，他没有把那个微型遥控器从口袋里拿出来，而是摁完仍是把手插在口袋里，想尽可能地让整个场面变得神秘。忽然间，一根顶部盛放着一个极小物件的升降柱升了起来，孟坦走近拿起，这是一张颜色偏黑但是透着些许亮光的体积极小的芯片，人们睁大着眼睛看着似曾相识的物件，纷纷好奇这到底和平常看到的芯片有什么不同。在众人好奇的时候，礼台另一边的一根柱子也随之升起，顶上放着的是在场的众人早已见过的物件，虽然它的长相和之前不一样，这个更小也更适合携带，但是还是有人认出来那是一个超信号增强器——孟坦的成名之作，就是这个信号增强器把人类的数据传送速度提升到了极限（至少是让人类难以想象再怎么样才能去突破的速度），也把孟坦的企业成功带到了今天的这个盛典上。它需要离信号的发射和接收装置很近才能发挥作用，通过将信号捕捉放大然后对信号的发射和接收效果进行增强。孟坦先是走近长相类似芯片的物件所在的位置，拿起那个神秘的"小黑片"，然后脸上露出一股和手上的"小黑片"同样神秘的笑意，走向了礼台的另一边，拿起了新一代的超信号增强器。此刻，这场企业上市仪式仿佛变成了孟坦的产品发布会，不过很显然，现在大厅的所有人都享受着这一刻，期待等会将会发生些什么。

孟坦对手上的超信号增强器的操作很简单，只是把它跟智能手环一样戴在手腕上，然后将手中的芯片直接放入增强器的卡槽之中，又长触屏幕三秒钟的时间。就在下一瞬间，交易所大厅角落的全息数据扫描投影仪忽然全部打开，齐刷刷地对向孟坦所位于的礼台的中央，滴滴几声过后，天花板上的全息数据扫描投影仪也开始闪烁发光。紧接着，大家还在好奇孟坦的葫芦里卖什么药时，在场的所有人看到了令人惊奇的一幕。在他们面前的礼台上居然出现了一家和现在所有人所处的交易所一模一样的而且还在实时变化的交易所，上面的人物随着在场的人们一起表现出惊奇的动作。虽然全息投影技术在很久以前就已经被发明实现，但是当看到如此大规模的投影时，所有人还是都不忍地啧啧称奇。其实最令在场所有人感到惊讶的是，站在台上的孟坦根本没有做出任何的动作，但是在投影影像里面的他居然在跟在场的人挥着双手打着招呼。而且令人不解的是，投影影像里面的交易所大屏上面正在播放着孟坦公司的企业宣传片，但是在现实的交易所里面却没有看到大屏在播放任何影片。其实这是因为现场所有的投影仪都经过了孟坦的企业的升级改造，投影仪的接口连接是孟坦手上所佩戴的超信号增强器。这些经过改造的投影仪能扫描现场的所有物体的数据但是不会直接将这些数据进行成像投影，而是将这些数据传送到孟坦的超信号增强仪的信号接收空口上，再通过超高速运算，让孟坦的大脑所处的元宇宙世界实时显现扫描仪所呈现的现实世界的情形，接着孟坦手上佩戴的元芯片会对孟坦的大脑所发出的指令进行收集然后运算，将运算所得的确定安全可靠的数据通过超信号增强器的信号输出空口向投影仪进行传送，投影仪再将所收到的数据直接进行全息投影，从而呈现出刚刚众人看到的场面。

"元芯片与改装的便携式超信号增强器的搭配使用，是我们企业推出的新款产品。"孟坦摘下所佩戴的设备，目光朝向台下众人，"我本觉得在企业上市的现场进行新产品发布会让在场的各位感觉很唐突，所以考虑了许久，不过最终我的内心告诉我，这些产品的发布必须设置在今天这个具有重大意义的场合上，因为我想让今天在这里敲响的钟声能够有机会成为具有划时代意义的钟声。我将像乔布斯通过滑屏解锁苹果触屏机解锁新的时代一样，通过元芯片的投影效果视图向大家投射出一个新的时代，一个我们期待已久的元宇宙时代！"孟坦说出的最后一句话像是憋足了力气，但是他的目光和身体并没有让人能察觉他内心的激动和振奋，他的声音在偌大的交易大厅里面萦绕回响。台下的观众的声音和眼神仍是充满惊诧，然后就是一片爆发的掌声，掌声之中也夹杂着另外一部分人的轻叹，又或许是哀叹，也可能是刚刚从外面吹进的一阵风在大厅内飘荡的声音，但是肯定不是现在这股从交易厅内刮起的正朝着着外面的世界奔涌而去的飓风的呼啸声，所有的声音夹杂、碰撞、汇聚在一起，忽然间便让人听成了不久前刚刚被敲响的钟声，不，现在应该说那是时代的钟声，是标志着新的时代的开始的钟声，是元宇宙时代开启的钟声！

本书于本章节中所描绘的"元宇宙时代"的到来与世界上目前所经历过的从石器时代到铁器时代、从蒸汽时代到电气时代以及从原子时代到信息时代的更迭与变迁并无不同，其本质都是人类社会在不断适应生存环境变化的过程中所发生的生存工具和生存方式的自我进步与优化。即，技术变革和时代变迁是人类社会为适应因人口数量不断增长且自然资源有限所产生的社会资源逐步紧缺而主动进行的生存方式的效率优化。

　　依据苏联人口学家乌尔拉尼斯的估算，公元前 5000 年时世界的人口总数约为 3000 万，这个时间段也恰好处于石器时代的末期。而自公元前 1400 年起，人类便开始学会通过锻造铁器来制作生产工具，即人类社会开始步入史学家所说的铁器时代。在公元元年时，依据乌尔拉尼斯的推断，此时的世界人口总数约为 2.3 亿。近两千年后，在人类社会经历过两次工业革命后的 1900 年，世界人口总数也随着蒸汽时代和电气时代的先后到来而达到了 16.56 亿。此后，从原子时代（1942 年始）的 1950 年到信息时代（1969 年始）的 1986 年，短短三十余年间，世界人口总数竟已直接从 25.01 亿来到了 50.26 亿，实现短期翻倍增长。在人类社会的技术变革速度不断加快的同时，世界人口数量的增长速度也实现了爆发式的增长，从中也可见科技发展对人类生存的重要性。一项新的革命性的技术的出现往往伴随着剧烈的社会生存环境的变化，当然，只要是变化就都会对不同的人有不同的影响。新的技术的出现首先为社会带来的会是局部优势群体的快速进步，其次在新技术快速传播的过程中便会出现对局部弱势群体的淘汰，最后便是社会全员的整体进步。石器时代是如此，当年轻力壮的小伙能随时凿刻出自己理想的工具并挥之如舞时，他就能成为社会最先进的劳动力。而另外一些体弱的群体在无法获取并不会熟练使用生产工具时，他就只能等待着饥饿和死亡的到来。当然，技术进步的同时，也紧紧跟随着社会淘汰制度的优化。当人类步入铁器时代时，并不会一定就是说每个人都必须会使用铁器，不使用铁器就需要等待着死亡，只不过是这个群体极度容易成为社会极少数的最底层，从而面临最高的人口淘汰率，最终伴随着时间轴的延伸被淘汰出局。在铁器时代，人们照样可以完全依赖石器来进行农业生产，这个与石器时代不同，石器时代不使用石器生产工具就极难获得高能量的食物来维持生存，浆果采集虽然能勉强果腹，但绝非能维系长期的生存。铁器与石器的区别主要在于其锋利程度和耐用程度，即铁器可以具备更高的生产效率和更宽广的使用领域，而石器虽难为长久之计，但也已经在数百万年的历史中证明了其能保证满足人类生存的最低要求。来到互联网时代，甚至于是元宇宙时代，技术进步对落后群体的宽容度会显得更高，但对先进群体的要求也会更为严格，但无论其宽容程度如何，也无论其要求何其高，最终在时间的演变下，社会终将是会对弱势群体予以淘汰，对先进群体予以表彰并使其得以生存。

　　之所以要特地讲述以上这一大段，是因为本书想深究并说明：技术进步需要对人类生存具有绝对的服务属性，而人类生存也需要对技术进步保持绝对的依赖性。这一理念也同样是本章内容的主旨核心所在，即文章情节和人物设定既要体现元宇宙时代为人类生存所带来的伟大改变，也要刻画出先进群体和弱势群体在元宇宙时代到来后各自所遭遇的生存环境变化和所面临的命运抉择，同时还要彰显人类在面对因元宇宙时代的到来而导致生存环境发生的巨大变化时所呈现出的超强适应力。

二、元芯片

"这不是人类史上最小的芯片，但是它给人类带来了史上最大的改变，因为它产生了一整个宇宙。"

在上市仪式结束后，也可以说是孟坦的新产品发布之后，仅仅一个月的时间，孟坦便成功地生产并销售出了第一批的元芯片，而在发布会结束后便进入市场的新型便携式超信号增强器早就供不应求。大家都纷纷向孟坦企业申请购买，在一张张网络申购卡上面填写自己的个人信息，申购成功之后要去政府认证的医院扫描全身数据，再将数据上传政府官网，然后企业会把所获取的数据发送给超微光刻机读取，再将信息封装到元芯片里面，从而让元芯片具有唯一性。在这一系列的流程过后，同一时间全世界的同一个人只能拥有一张元芯片，也就是只有一种元宇宙身份。不过元宇宙身份并不固定，我们可以随时进行数据的更新，将最新的身体数据和身份信息进行上传，还可以在元宇宙中扮演各种不同的角色和职业。如果一张元芯片在规定时间之内没有及时进行个人身份信息的更新，那么该芯片就会被禁止进入元宇宙，也就是元芯片进入元宇宙的密钥会被元宇宙拉入可疑名单，从而时刻确保同一张私人的元芯片不会被多人使用，以及确保元芯片的使用者在做出违法行为的时候可以被准确追踪。

此时的政府也开始在元宇宙世界中搭建现实生活中的主要建筑，用全息数据扫描投影仪对公立医院和便民办公机构进行扫描，将医院的建筑外形、医疗检查设备外形和功能作用以及各种办公工具数字化，然后发送到政府各部门专有的元芯片机的数据接收空口，将数据发送至元宇宙世界之中，再由元宇宙世界进行记忆储存，该数据在元宇宙中所呈现的模型是不具备实时性的，像是一个软件，从现实世界中将存在的真实事物打印到元宇宙之中，变成元宇宙中可以被人们拿来使用的软件，它的数据变化以后便只跟随元宇宙世界里数据的变化而变化。不仅仅是政府，大部分服务行业的企业都进行同样的改造，把不需要对人们进行物理客观改变的事物都挪到元宇宙世界之中，比如，身体检查、社会调查和业务办理等等，以此来减少在现实世界中的购买成本，但是动手术或者实物商品购买之类的还需要依托现实世界。

　　芯片的售卖是先要有人预订，交付订金，记录私人信息，然后将私人信息上传到元宇宙的元数据库里面，当未来想要通过芯片进入元宇宙的时候，需要先进行元数据库的身份认证，然后对比密钥是否正确。该芯片最重要的功能是它对人体结构有记忆功能，就是当芯片成功出厂的时候，会第一时间给购买者使用，它可以跟智能手环一样，对人体的全部信息进行实时获取，然后上传到元宇宙的元生活库里面储存，同时会对现实生活中的政府数据库里面的个人资料进行专门的保存，以确保每个人在任何时刻都只有一种元宇宙身份存在。当使用者通过元数据库的验证之后，会将使用者带到元生活库之中验证，对比人体基本构造，通过识别佩戴人的基因分子以及进行对比，从而进行最终的身份确认，整个过程在超信号加强器的作用下极其迅速，仅仅只需要亿万分之一纳秒就可以通过。

　　"元芯片"为本章内容所设定的一种能将人物和设备接入元宇宙世界端的特殊芯片名称，因其发明与应用在文中象征着元宇宙时代的新启元，且芯片作为当今世界科技研究和技术创新的核心领域被广泛使用，为人类的社会生活水平提升和进步做出了巨大的贡献，所以本章内容将该种芯片称之为"元芯片"。

　　"元芯片"可以看作是电脑的显卡和网卡的共存体，它能将搭载自身的设备或用户传送至元宇宙世界端，并为相关设备或用户在元宇宙世界中的运行和漫游提供最为基础的支持，同时还能与其他的同样通过"元芯片"接入元宇宙世界的设备和用户展开互动。倘若以上的例子尚未能完全体现本书对该芯片所赋予的理念，本书再描述一个类似的产品例子。如 2023 年苹果公司所推出的空间计算设备 Apple Vision Pro，该设备通过打造无边际画布来使得 App 突破传统显示屏的限制，从而为用户带来全新的 3D 交互体验，并让客户可以通过眼睛、双手与语音等最自然、最直观的输入方式来控制设备运行。该设备整体上来看已经实现了本书所想象的"元芯片"的视听功能，即可以将数字虚拟空间进行投射，同时还可以将人类现实空间映射至数字虚拟空间内。但本书中所描绘的"元芯片"相较于 Apple Vision Pro 还具备更多的特点，例如可以植入机器设备内，使得机器设备直接进入元宇宙世界并且可在元宇宙世界内对其实现真实互动，这种的并不等同于当前的遥控，而是人在现实世界中距离设备千里开外，但在元宇宙虚拟世界中，设备却近在眼前，即实现的是近距离操控。这种技术未来会更多地使用在医学领域。还有就是"元芯片"可以投映个人的身体信息进入元宇宙世界，并且可以完美可视化个人身体的全部真实数据。这两个只是二者的不同之处的一小部分，具体更多的特点还需在本章内容中予以呈现。

整体而言，"元芯片"作为本章特别提出的概念，其理论架构和技术原理仅适用于本书所描绘的元宇宙世界框架，但却为本章内容的核心。

三、人人皆可为精英

"不管你是不是都市里的精英，也不管你是不是生活里的精英，在元宇宙里面，你就是'精英'。"

元芯片机的出现彻底颠覆了人们对虚拟世界的认知，对整个世界带来了极为迅速且强烈的改变。人们可以将自己置于元宇宙世界之中神游，可以前往任何没有被加密的公共场合。因为元宇宙中的数据也会实时同步传输回现实世界的个体，会让人体实时感受到心跳加快，有皮肤的真实触感，有真实的听觉，也同样有真实的嗅觉，这些都是元芯片机所装载的功能。用户可以对这些功能进行选择开启又或者是关闭，不过出于安全考虑，孟坦企业也为芯片设置了紧急制动功能，当元宇宙世界中人物遭受到严重伤害时，那么这一部分的数据会被拦截制止，跟刹车一样会对元芯片机进行极为短暂的卡顿，所以在元宇宙中的人们只会体验到他们想要的感觉而不会有痛苦。人们不仅仅可以在元宇宙中身临其境，还可以获取并储存全世界所有公开的知识，人们在元宇宙中就像是机器人一样，他们在元宇宙世界中的脑容量是毫无止境的，但是不可以带到现实生活中来，就好像我们现在在百度进行搜索学习一样，但是还需要我们在现实世界中对搜索到的知识进行思考和学习，才能将这些知识在现实生活中进行应用。在元宇宙之中，我们只管搜索，我们可以获取到所有的在元宇宙世界中没有被加密的知识，同时对这些知识进行思考和分析，直接在元宇宙世界中获得到自己想要的答案，如同我们搜索的时候我们既是问题的发出者，又是回答者，反应更快，思考更敏捷，不需要一个问题一个问题去解答，而是直接就能获得我们想要的答案。而且除此之外，人们还可以利用元宇宙世界中所拥有的工具和软件直接将他们获取的知识在元宇宙世界中进行实验和实践，将自己的所学立刻付诸应用，从而迅速掌握元宇宙世界里面的技术。也就是说，在元宇宙世界中，只要有获取某相关领域全部知识的密钥，每个人都变得无所不知无所不能。而这，也恰是元宇宙引发时代动荡和新旧交替的渊源所在，聪明的人变多了，需要聪明人的岗位并没有变多，反而岗位正在变少，僧多粥少。岗位的需求和人才的供给在旧时代本来就已经不均衡，元宇宙时代下，这种不均衡更加严重。

从紫荆花交易所刮出去的那股飓风，现在，要开始在元宇宙时代对整个社会进行席卷了。只不过，被卷起的终将会被放下，不管是人还是物，有些被稍稍卷起即被安稳放下，有些在飓风之中被摧毁重塑，有些则乘着这股风，往上飞，站到飓风的顶端去，站到时代的顶端去。

元宇宙世界中的个人在科技的赋能下将变得无所不能，就犹如是现实世界中的凡人来到元宇宙虚拟世界便能成为万能的超人。这一切都是因为有"元芯片"的加持，即科技的加持。古代绝大部分的人们从没想过人类能真的飞上天空，更不敢去想象人类能飞出地球去往外太空，但在现如今，飞机出行成为极为普遍的远距离交通出行方式，航天飞船的发射也成为人类早已熟练掌握的技术，外太空漂浮着无数的人造卫星。既然人能在科技的助力下实现肉体的飞行，那么我们也能相信人类会在未来通过科技的赋能来实现智慧水平的彻底飞升。

第二节　飓风过岗

一、失业风暴

"失业的发生总是很突然，要么是因为科技迈进了你公司的大门，要么就是因为你左脚先迈进公司的大门。"

甄维旭是一名优秀的中年精英设计师，不，应该说是之前，甄维旭几个月前是一名优秀的精英设计师，现在，他是这间吵闹的颓废的酒气与怨气互相缠绕的酒吧里众多失业者的一员。他的下岗很突然，也很意外，他是整个公司知识储备量最大、经验最丰富的设计师，他每天早出晚归，为公司设计各种各样的图纸，工程建筑、艺术设计、房屋装修等等，他还能凭借着自己大学本科的时候学过的工科知识设计很多器械模型。他的设计风格十分硬核，依靠不断喷涌的灵感进行蓝图的构想，加上大量的精密公式和知识储备对蓝图进行填充，每次设计出来的产品都深受领导的赞许。因此，甄维旭也成了全公司最为忙碌的人，每天的高强度工作并没有让甄维旭觉得不适或者困难，反而乐在其中，每天早起的第一件事总是和工作相关，甄维旭的妻子在早上总能看到一个沉思的然后突然一惊一乍的甄维旭，刷着牙就盯着牙刷想半天，洗个脸还要盯着水龙头看半天，不管什么物件，他总能充满好奇去盯着，然后忽然跳起就是一句"应该那样子设计才对""我早就觉得这样子设计很奇怪了""我得好好想想"之类的话。到了公司，他享受自己灵感爆发的时刻，享受所有设想在自己推导的公式和使用的知识中一步一步实现的过程，更享受领导和同事在看到他的作品的时候发出的赞许声以及向他投来的肯定的目光。只是，他的工资一直升不上去，工资与工作的强度对比放在这个已经极卷的社会依然显得极其不合理。对此，甄维旭倒是表现的无所谓，他热爱设计师这个职位，他觉得这就已经足够了，但是妻子对这件事已然是十分不满，已经向甄维旭抱怨了无数次，讲到孩子的学费、新房的房贷、父母的养老，这位设计师也想不出什么好的办法，甚至一丝头绪都没有。跟领导说起这件事情的时候，这位平时自信满满向全世界介绍自己的设计的中年男子提起工资却总是扭扭捏捏，而领导讲起原因和理由的时候仿佛比甄维旭在介绍设计产品的时候更加自信满满也更加灵光乍泄。现在好了，甄维旭不用去想着怎么去跟领导谈工资谈职位了，现在他只需要把眼前的这杯盯着看了半晌的啤酒喝下。"这个世界变化真快啊！"甄维旭似感慨又似抱怨地说道，"什么是元芯片，什么是元宇宙办公，我才刚刚听说没几天，还没来得及了解，就已经成为一名无业游民。"说完，似乎是还有话要说，但是甄维旭又好像说不出口，又开始盯着眼前的啤酒看了起来，好像不是在看怎么设计改良这杯酒，他的眼神更像是在看这杯酒是不是现在所谓的高科技，是不是也是来自那些所谓元宇宙世界的设计者们。

微风轻起，伴随着春日的暖阳，在天空中佛略而过，将阳光的暖意在天空中铺展开来。少年懒洋洋地躺在草地上，抬头望着天空中浮动不歇的云朵，奇形怪状的云朵总是能吸引住少年的目光，让他能够充分发挥自己的想象力。这个时候没有人会在乎想象力产生的结果的对错，因为云朵并没有把正确的答案告诉少年，同样也没有告诉其他人，我们每个人的答案似乎在天上的云朵看来都是正确的，只要我们敢想象。少年享受这一刻，他的大脑充满了自由，他的奇思妙想给他带来的多巴胺让他能够不管任何事情地在这片草地上躺上一整天，像是脱离了现实世界，去到了全是奇思妙想的异世界一样。

甄维旭从小就出生在这镇上，他的父亲是大学刚毕业就从城市搬来这小城镇的，在镇上的学校里当一名数学老师，据说他当年还参加过什么数学比赛获得过一等奖，为了兑现自己对小镇居民的承诺所以来到了这里，一来就是一辈子。母亲是镇上唯一一所学校的校长的女儿，老校长为人踏实淳朴，和甄维旭的父亲一样，来自大城市，为了自己的信念扎根在小镇上教学，一手经营起了这所规模不大但是却送出无数学生的学校，在看到甄维旭的父亲为人正直，和自己有共同的信念之后，便开始撮合自己的女儿和这位年轻有识的小伙子在一起。甄维旭的母亲是典型的中国家庭主妇，把全部精力都投入到了甄维旭的父亲和甄维旭身上，里外忙活，每天一大早就做好全家人的早饭，清洗一大家子的脏衣服，送甄维旭的父亲和甄维旭去学校。甄维旭的父亲满腹学识，但是花了很长时间却怎么都学不会骑车，骑起来总是七扭八歪，甄维旭的母亲便当了一大家子的"专职司机"。一日三餐，一年四季，勤劳成了甄维旭父母的代名词。甄维旭从小耳濡目染父母的勤劳作风，也是从小刻苦好学，肯于钻研，此外，不知道是不是受父亲的数学天赋影响，甄维旭还有天生的奇思妙想天赋和极强的逻辑思维能力，他喜欢思考，善于思考，也沉迷于思考，更是从思考中学会了创造创新，爱上了创造创新。

不知过了多久，甄维旭睡眼惺忪地把不知何时掀起的上衣往下半身扯了扯，想要把自己露出许久、摸起来已经有些许冰感的肚脐眼遮住，温度的下降让甄维旭不禁从幻想的世界中苏醒。一阵凉风呼呼吹过，天空已经没有了阳光的暖意，取而代之的是乌云密布，风已经毫无温柔可言，寒凉之中夹带着彰显其风力的呼呼风声，这场暴雨的交响曲不知道会不会上演，但是狂风已经奏响了交响曲的前奏。

"旭哥！旭哥！你在这吗？"

小山坡下方的不远处传来专属于小孩的稚嫩的呼喊声，带着些许的尖锐，穿透了山坡上的逐渐凄厉的风声。

甄维旭听到之后，两腿一蹬地翻起身来，朝着身后的山坡底下看去，然后回了一声："阿勋！我在这呢！在这！欸？你怎么也来啦！？这里要下雨啦！你不用上来啦！我们回去吧！"

甄维旭的声音还有些稚嫩尖锐，不过很明显已经有了少年变声期专属的沙哑低沉。

黄勋抬头向上看去，脸上露出了不同于这阴天的灿烂笑容，两排牙齿看起来跟刚刚长全的那般雪白整齐，亮眼到远远地通过看这两排白光的高度就可以在这阴暗的天气里面辨识出这是个小矮个。

"你等一下！等一下！让俺先上去再说嘛！"

这略带稚嫩的声音逐渐向山坡上靠近，小矮个用力地朝着上方爬去，嘴上的笑容怎么都收不住，两排雪白的亮光来到了山坡上。

"俺刚刚听到俺娘说外面的风忽然很大，俺想起刚缠着俺爹买的风筝，就跑出来啦！听你娘在叫你名字你没回应，俺就知道你会在这啦，所以俺就来找你来啦！"

黄勋边拍着身上刚刚沾上的尘土边说道，已经有些褶皱的淡黄色衬衫在黄勋的小手的拍打下居然显得格外的可爱，一股凉风吹过，上面的小熊图案一动一动的，少年的稚嫩感在这一刻体现得淋漓尽致。

"都快下雨啦！就算风再大也不敢放风筝啦！要不然等会风筝会被淋湿然后掉下来摔坏的。"甄维旭看着拍完尘土已经在摆弄手上的天蓝色没有图案的风筝的黄勋说道。

黄勋明显是没想到这一点，他只是觉得现在风很大，所以就想上来把自己每天爱不释手的但是还没有飞上过天空的风筝放飞到天上去，于是小嘴嘟囔道，"让俺试试！俺才不管！俺都已经上来啦！俺爹给俺买的风筝肯定不会掉下来的！它可是世界上最好最厉害的风筝！"

黄勋嘟囔的小嘴和坚决的眼神以及甄维旭的好奇心也让甄维旭对在这雨天放风筝产生了浓厚的兴趣，于是甄维旭笑着贴近黄勋说道："那好，我们试一试，要是等会风筝掉了下来，我陪你去找！要是我们被淋湿了，我跟你一起挨棍子！"

随后山坡上便响起了只属于少年的清脆的笑声，伴随着笑声升起的，是那只天蓝色的没有图案的风筝。

甄维旭看着眼前既有点熟悉又有点陌生的中年人，脑子里闪过童年时期的种种美好。

"你咋长得这么高了！"甄维旭发出一声惊叹道，看着眼前的高个子，甄维旭很难能认得出来他是黄勋。

自打甄维旭从小镇中考升学去到外地的重点高中之后，直到大学他都没有再见到这位儿时的玩伴，他的沉迷学习和他那不同寻常的爱好让他在名牌大学里面没有交到什么朋友，所以甄维旭对童年的时光十分怀念，对黄勋也同样好奇和想念。

"我也，不对，哈哈哈，俺也不知道，其实，说来奇怪，俺初中毕业之后去了镇外的一家中专学校，在那待了几年技术水平没涨多高，个子却莫名其妙的长到了现在这么高，哈哈哈！"黄勋说完大笑起来，声音没有了甄维旭记忆里的幼稚，取而代之的是低沉沧桑。

童年时期的玩伴在人们的记忆中总是那么的单纯可爱、天真无邪，让人摆不起架子，提不起戒备心，关不上话匣子。两人先是把小时候的故事回忆了个遍，又是把各自的经历从头说到了尾。

甄维旭在中考完之后便去了市里最好的高中上学，在高中的三年时间里，甄维旭参加了学校里所有的能参加的设计比赛，得到了学校老师的专业培训，知识量得到了极大的扩充，视野也被充分扩展，思维也变得更加敏捷、更具逻辑性，对知识积累的满足感也变得越来越强。后来凭借着优异的成绩去到了全省最好的大学，进入大学的甄维旭更是感觉来到了知识的海洋，他丰富的知识积累量和敏锐且极具创新的想象力也让他能够在大学的知识海洋里面畅游。但是毕业后的工作生活便不尽如人意了，由于甄维旭在人情世故方面的欠缺，以及对设计师工作的沉迷享受，尽管这种享受在领导看来称为任劳任怨更合适，甄维旭在薪水和升职方面一直没有很大进展，最终也导致了现如今的失业。

而黄勋的处境也没有很好，初中毕业之后直接就去了一所职业技术学校，在学校的几年让黄勋学会了一门冶金技术，但是却没有学到什么知识，视野也没有得到开拓，靠着这门技术便进了社会，来到了现在所在的厂子，在流水线闷头一干便是十几年时间，最终也是落下个失业下岗。黄勋下岗的原因比甄维旭的更加纯粹，他是完完全全因为没有知识储备，在科技进步的大背景下，工厂整体数字化改造升级，就差点让黄勋失业，因为是厂里老工人，就只是被拉去扫矿料和矿渣。但是在元宇宙时代到来之后，工厂又进行了一次数字化升级，这次生产线上又退下来了一批员工，连扫矿渣的人数都已经超额，黄勋便只能被迫失业下岗了。

元宇宙的到来让原本就处于数字化改造转型的各行各业的建设速度得到了极大的加快，几乎可以说是像一股飓风直接把所有行业都席卷了一遍，然后让这些行业展现出了前所未有的新局面。就拿黄勋所在的工厂举例，元宇宙的到来让工厂的数字化信息系统有了更加完备的升级改造，工厂把所有的厂房和机器都连接上传输信号线，把生产过程中的全部信息上传到元宇宙进行统一的保存和管理，然后再将这些数据在元宇宙中进行应用，元宇宙中的虚拟机器再实时反馈给现实世界的机器进行实际的操作，从而获得产出。这个过程的升级改造使得整个工厂所需的工人数量急剧减少，工厂不再需要厂房里进行实际操作的工人，只需要部分工人对整个数字化系统进行操作和维护。工厂也不再需要进行生产监督的工人，生产过程中机器的温度、运行状况、产量均在元宇宙中被实时监督，一旦出现问题会立刻发出警报进行通知，这时只需要留下部分维修技术高超的工人即可。甚至于工厂的安保系统都因此裁员，因为实际接触到金属的工人数量急剧减少，且原料运输和成品运输过程都在元宇宙中被实时监督，进来时货车的重量是多少，出去时货车的重量是多少，仓库内存货数量又变化多少，这些数据经过测算对比即可得出，当这些数值的变化超出合理范围时系统便会发出警报，这时只要有少数安保人员上前检查确认即可。在元宇宙掀起的浪潮下，除了信息技术维护岗位以外的其他岗位都在减员。这种现象不仅仅只发生在黄勋所在的工厂，几乎所有行业都是一模一样，元宇宙让大部分企业都不再需要大量的一线实操员工，只需要少量的一线员工搭配和数字系统规模适配的系统维护技术员工就已经足够维持企业的运营。

"阿勋，我跟你的情况也差不了多少，我大学毕业当了一名设计师，高不成低不就的，就冲着自己热爱这一行业，闷头就干了十几年，工资不高不低，饱不着也饿不着，老婆孩子房贷压着，车子我是看都不敢去看更别说买，每天还得挤着地铁。我也不知道毕业这些年干这些的意义在哪，冲着自己一腔热血，少了条人情世故的路，结果最后就被公司的元芯片给替代，让那些只会耍嘴皮子走关系、肚子没几两墨水的人上位。元宇宙经济难道就是这样子吗？让那些懒惰无能的人成为经济发展的主心骨，把我们的才学和思维天赋给丢弃一旁，这难道不就是世界在进步，人类在落后吗?!"

甄维旭一口气说完后，也是满腔的怒火，可是他并不打算压抑自己，他已经压抑很久了，他是有才学有天赋有能力的，他不相信这个世界会这样子对待他，他今天不仅仅是在表达对元宇宙的不满，还是在表达对整个经济发展现状下企业内部文化的不满。此刻，他只想发泄，朝着这位同病相怜的童年伙伴疯狂发泄心中的怨气，也只有这位童年伙伴兼老乡兼失业阵线联盟成员可以让他倾诉。

他其实也并不需要压抑，因为当元宇宙这股风吹起的时候，怨气就已经在整个社会弥漫，没有人知道这些怨气是因为元宇宙带来的，还是它本来就存在，就像大家不知道自己是被元宇宙淘汰的，还是被社会世俗淘汰的一样。迷茫、愤懑、不满充斥在失业群体身上，他们借着元宇宙作为出气口，到处发泄着自己的怨言。但是他们还得往前走，即使被这个社会的某趟列车抛下，他们也会迈着步子继续往前走，试图去搭上其他车次的列车，即使不是通向自己理想的终点，也要是通向自己人生的终点。

"好兄弟，会好起来的，都会好起来的，俺们不能就这样认输，我们再继续努力看看，找一份新工作，俺们都会好好的。"

黄勋说完也沉默了，烟雾缭绕，他也不知道这些话对自己说了多少遍，从父母去世孤身求学，再到一个人来到这个大城市奋斗，至今他都依赖着这一句"会好起来的"。他现在也不是很敢相信这句话，不过他不能不相信，这是他存活在这个世界上的魂根，是生存信念。

"一切都会好起来的，今天比昨天好，明天就是希望。"甄维旭的鼻子抽搐了几下，声音微弱深沉地说道。

"我们明天一起去人才市场再看看吧，我听说现在就那里比较好找工作，没有元宇宙相关的工作。"甄维旭放下捂着脸的双手，掌心多了几分湿润，眼角也分外的红，看不出几分是来自酒精的刺激，几分是来自生活压力。

甄维旭从酒桌上站起，身形已经有些踉跄，黄勋赶忙过来扶着，生怕这位儿时的伙伴摔倒。小的时候，都是甄维旭扶着黄勋，黄勋小的时候身材矮小，每次爬上小山坡都要跌那么几下，甄维旭每次跟黄勋一起爬山都会用一只手扶着黄勋的后背让黄勋先上去，黄勋爬上去后再笑着拍拍屁股和衣服来拉甄维旭上来，童年的画面在酒醉之后又一次闪烁而过。

生活的磋磨让黄勋变得不敢随意交友，烟酒是他平日里最好的朋友，妻子也沉默寡言，每天只是操持家务和照顾孩子。黄勋在很长的一段时间里面都没有感受过友情，更没有地方去倾诉，因此在面对旧友的时候，黄勋仍是有些晃神，不敢去套近乎。回想起童年和甄维旭的种种经历，黄勋心底难得有了一丝甜蜜，尤其是那个阴天的风筝。那天的风筝飞得很高很高，高到与天空融成了一体，把全世界都绣成了它的图案。

如今的元宇宙也飞的很高很高，如飓风般在整个世界刮过，仿佛到处都能看得到元宇宙，甚至在元芯片的强光的照耀下，整个世界都已经印上了元宇宙的烙印。

失业，可看作是弱势群体被新技术加持下的先进群体进行替代的过程，也可看作是新技术对弱势群体进行淘汰的一个过程。失业可以大大提升社会人员的流动性，对每个社会人员的优缺点进行权衡，最后实现工作岗位和各个社会人员群体需求的适配。新技术的到来必然是为每个工作岗位带来新的要求，适者生存，优胜劣汰，贴合要求的便能留下，不适应新变化的便只能是选择离开，虽然更多时候是被迫离开。过去机器生产线的出现淘汰了大量的手工业者，大量的传统手工业被机器生产线所替代，这并不是因为传统手工业者不能为人类生存带来收益，而是机器生产线更加适配社会的需求。资本家需要赚更多的钱，劳动者需要通过付出劳动获取更多的生活资料，而传统手工业相较于机器生产线而言效率低下，便只能面临淘汰，而大量的传统手工业者便只能遭遇失业。但是这些失业者并非全部都会真的失业，而是他们需要去对自己做出改变，从而去再次融入社会来开始"再就业"，那些无法适应新技术做出改变的人，便将面临真的"失业"，即遭遇社会的淘汰。因为失业只是新技术的到来对弱势群体进行淘汰的一种方式，并非是对人类整体的淘汰，整体上来看，新技术服务于人类，对人类的整体生存水平而言会是绝对的进步。

二、就业新趋势

"就业像是与科技的竞跑，跑得比科技快你就能赢，跑的没科技快你或许也能到终点，前提是你得一直跑下去。"

　　人才市场在元宇宙时代到来之后很是拥挤，即使是还没到大学生的毕业季，也是每天都人潮汹涌，人头攒动。黄勋站在外面的吸烟区叼着根香烟，眼神在人群中扫视着，想找到已经和他约定好时间见面的甄维旭，黄勋的烟瘾本来就很大，加上近来的压力压迫着他的身体，一呼一吸都很深沉，一根香烟在他嘴里撑不过几口。

　　在即将到约定时间的时候，甄维旭并没有从网约车下车点走来，而是从地铁站口的人潮中走了出来，甄维旭住的地方的地铁号线这个时间段是满载的，甚至可以说是超负荷的，身手不好可能要挤个大半小时才挤的到地铁站台，更别说上车。最近各大网约车平台莫名其妙的升级，甄维旭通过原本的渠道根本就打不到车，加上位置挨着上班人群的居住点，在同样的时间段打上车比挤上地铁还难。甄维旭提着一个公文包，表皮被擦得铮亮，不过公文包的角落上还残留着一点点水渍，明显是刚刚擦拭的时候由于着急遗漏掉了，甄维旭的时间观念一直很强，任何场合都不曾迟到过，这次与好友的约定更是不敢有半点延误。

　　黄勋把烟熄灭，从吸烟区开门走出，脸上依旧是熟悉的灿烂的笑容，朝着甄维旭的方向走去。他今天打扮得很正式，为了这次应聘，他吸取了上次应聘失败的教训，把唯一的白衬衫给翻了出来，这是他中专毕业的时候穿过的，进了工厂就再也没有穿过。裤子则是妻子在自己三十岁时送的生日礼物，不是什么名牌，但是黄勋喜欢得不得了，隔三岔五就要拿出来熨烫说要穿去哪哪哪却总是没有合适的场合，平时也舍不得穿。

　　甄维旭看到穿着干净的黄勋，不禁看了一下自己的着装，依旧是一身黑西裤搭白衬衫，他在自己的服装搭配上总是不舍得花费灵感，常年都是这一套，他的妻子在刚遇到他的时候也觉得单调，久而久之，便也习惯了这位穿搭和个性思维不一的男人的服装搭配观念。提了提手上装满面试材料的公文包，尽管网络简历已经很普遍，但是在元宇宙兴起之后，网络简历便从互联网的线上人才市场转移到了元宇宙的模拟仿真人才市场之中，由于元宇宙在务工群体中仍未普及，网络简历也不再成为应聘的刚需。而在线下的人才市场中，纸质简历仍然是主要的应聘材料，面试官会更喜欢收集一摞摞简历然后分类堆放的优越感，也更喜欢在翻阅的过程中觊觎的快感，也喜欢在看到自己想要的人才时，当面指着简历向对方发问的愉悦感。

　　甄维旭和黄勋紧挨着在人才市场的人潮中缓慢挪动，各个招聘方的位置前都挤满了人。工地上的职位现在似乎很是热门，很多人挤在一名戴着大金表的老板前面，其实工地现在并不缺人，反而是人已经够多了，但是老板还是想来看看有没有价格更低或者体格更加健硕的劳动力，他不需要这些人懂元宇宙是什么，也不管这些人有没有知识、懂不懂计算机，他只需要这些劳动力工资要求低，而且有力气。一名身着白净衬衫，戴着副黑框眼镜的年轻小伙在这一堆人群中格外的显眼，跟其他的皮肤糙黑，头发蓬乱的人不同，他的气质更像是在办公楼里的员工。其实，他就是某企业的前员工，工作没多久便遭到了辞退，他只能来到人才市场试试水，他了解计算机，也了解元宇宙，但是，他不通晓人情世故，刚上班几天就看到元宇宙经济兴起的消息，他赶忙向公司最高层发了篇报告，讲述了对公司进行元宇宙化升级的重要性。结果很明显，他被辞退了，领导甚至都没有看他的报告，只是看到建言书便将它丢进了邮箱的垃圾桶里面。他还没有足够的钱去买元宇宙的设备，所以也只能来到了人才市场，被人潮拥挤着来到了工地的招聘方前。

在这位长相白净的小哥旁边的老大叔也很是显眼，他身上还穿着外卖公司的服装，踮着脚尖朝里面望着。他是刚刚从外卖行业退下来的外卖员，元宇宙的兴起在外卖行业掀起了巨大的浪潮，配送模式和对员工的要求发生了巨大的变化。在新的元宇宙外卖模式里，消费者直接和商家联系，可以联系商家调用厨房监控，对厨房做菜流程进行监督，同时可以了解当天食材的信息，帮助政府监督食材是否合格，食材信息先通过扫描食材的标签向元宇宙上传。而外卖骑手也是直接跟商家联系，商家向骑手发送信息，然后骑手的电动车接收到信息，或者通过手机端接收信息。因为怕电动车装芯片提高成本，所以手机端也是可以接入元宇宙的，不过也只是手机接了元宇宙，就是元宇宙里面此时只会显示有一部手机在接单，消费者和现在一样，可以看到骑手位置。因此熟悉元宇宙功能成了部分外卖公司的招聘标准，老大叔身边没有子女陪伴，没办法对元宇宙经济有进一步的了解，因此接到的单子也越来越少，只能到人才市场谋求一份新的工作。

在工地招聘旁边的是一家出租车公司的招聘摊位，在元宇宙经济的影响下，出租车行业也有所变化，加入了元宇宙的科技元素。这个行业保留了一部分的原始叫车方式，也就是通过打电话叫车，同样是一对一交流，没有中间平台。司机师傅会提前在元宇宙端上传个人信息以及车辆信息，备注自己的电话号码进行接单，当司机师傅载客的时候，车辆信息就会显示在载客。也就是车辆是智能化的，是连接到元宇宙里面的，有专门的芯片进行控制，是车辆自带的功能，就跟我们在现实生活里面安装了一个远程车辆监视遥控器一样，只不过在元宇宙里面车辆的信息被连接到了元宇宙端，当然，这个功能由车主自行开启和关闭。当我们在家想打车的时候，先进入元宇宙世界查看信息，系统会接收到附近的元宇宙设备传来的信号，然后将最近的空车信息发送给我们。我们可以直接对司机的车辆进行观察，去看看是不是自己想要的那辆车，不过这个过程看不到司机个人，因为司机没有连上元宇宙端，我们甚至可以闻到车内的气味，以及确认车辆运行状况安全，然后再与司机进行电话联系。与司机确认之后，乘客的位置会通过元宇宙发送到车辆上，当然，这是经过司机允许以及发送一次性密码给乘客后实现的，车辆自动定位，然后驾驶到乘客位置。出租车公司只负责两件事情，一件是提供车辆的租借和维护服务，另外一件就是在元宇宙端监督车主的账户的唯一性。所以招聘的要求上赫然写着：要求计算机专业，并且需要熟练掌握元宇宙的相关知识和技能。不仅仅是打车租车这一行业，外卖、快递、网购等行业也对计算机和元宇宙知识做出了硬性标准。

黄勋在工地的招聘位停住，甄维旭随着人潮继续往前走，越往后面走，人流量渐渐变少，因为后面基本都是元宇宙职业相关的招聘方。甄维旭在前面那些摊位找不到合适自己的工作，开始有些迷茫，想往前走，但是内心觉得自己不适合那些元宇宙相关的岗位，往回走，却又是那些同样用不上自己知识和天赋的岗位。甄维旭陷入了沉思，站在了原地许久未动。

远处有一道目光正紧盯着这站在人群中间不挪动的甄维旭，那道目光从一个门可罗雀的摊位前射出，里面坐着一位皮肤白皙，头发梳得整整齐齐，佩戴着一副金边眼镜的男子。他看甄维旭的眼神十分敏锐，紧盯着甄维旭上下打量。的确，甄维旭的外表和气质在人群中显得格外的不同。从甄维旭的厚厚的公文包上他揣测出甄维旭的知识渊博和经验丰富，同样也看出了甄维旭眼神中的迷茫和慌张，但是他不是很理解为何一个气质如此的人却在这种级别的人才市场表现得这么不安，于是乎他对甄维旭充满了好奇。

甄维旭四处打量着，对每一张招聘海报都紧盯着看有没有"元宇宙"这三个字眼。甄维旭走着走着便来到了许亦蓁的摊位前，恍然间抬头一看，看到这位白领气质的年轻男子正笑着看着自己，甄维旭的眼神里露出了几分惊讶。

许亦蓁看向甄维旭，甄维旭从公文包里面掏出了一份厚厚的简历，上面全是甄维旭设计的作品，数量惊人，每一个作品都让人啧啧称奇，思路和逻辑以及对现实因素的考虑都极其到位。许亦蓁拿起简历翻阅了许久，一遍一遍地看过去，对简历后面的附件的每一页都看得格外认真且极富兴趣。

在看完甄维旭的简历之后，许亦蓁惊喜地抬起头问道："那请问您了解元宇宙吗？"

甄维旭的失望在听到这句话之后已经显露的很明显了，"我对元宇宙这方面没有过多了解，而且对元宇宙对设计行业的颠覆抱有怀疑态度，您应该也看得出来，我个人更偏向于个人独立的奇思妙想和逻辑推导，所以，打扰您了。"

甄维旭说罢便想起身，他内心对元宇宙的排斥已经到了一个极端的程度，元宇宙让他失业，沉重打击了他的胜负心和自尊心，他厌恶这个东西，以至于无法接受和它一起工作。

"我不是您想的那个意思，我只是想问问您对元宇宙的看法以及您个人对元宇宙的了解程度，并没有冒犯您的意思。"许亦蓁赶忙放下手中的简历，朝着甄维旭诚挚地说道。

"我对元宇宙虽然还没有深入的了解，但是根据我前一家公司对元宇宙的使用方法，我个人认为元宇宙会毁掉我们人类的设计天赋，会把设计变成知识的拼凑，甚至也有可能是没有逻辑的拼凑，元宇宙的设计公司根本不需要设计人才，它只需要我们懂元宇宙，只需要我们懂世俗文化，并不需要我们懂设计。我自己没有过多地去了解这一方面的知识，更不会去学习这一方面的技能，我只想保留我的设计思维和逻辑推导能力，如果够幸运我希望我能将它们再次用到我的职业上面来。"甄维旭说着说着，言语里面有了一丝不同寻常的怒气。

许亦蓁感受到了甄维旭言语中的意思，说道："甄维旭先生，其实元宇宙的真正作用和您看到的是不一样的……"

许亦蓁还没说完，不远处便传来了黄勋的声音，"甄维旭，你找到合适的工作了吗？"黄勋显然是很兴奋，声音扯的稍大，也少了几分低沉。

"很抱歉，我先走了，我对你这份工作不感兴趣。"甄维旭听到黄勋的声音后抬头看向快步走来的黄勋，然后扭头对许亦蓁轻声地说道。

随后便起身走向了黄勋，许亦蓁还想说些什么，但是看到一个身材健硕，皮肤黑得和身上的白衬衫极其不和谐的男人从远处兴冲冲地走近，便只是低头继续一张一张地翻着甄维旭的简历。黄勋今天被那个戴金表的工地老板看中，简历都还没提交就凭着自己高大健硕的体型吸引到了老板的目光，常年在厂里干活让黄勋养成了一身腱子肉。在谈及自己的工资要求时，黄勋也没有客气，在自己原本的工资上面加了两千，从口中蹦出这个数字的时候黄勋的心里多少有点不踏实，眼神向旁边瞟了瞟，脚上的黑运动鞋在地上磨蹭了两下，才敢看向老板。让黄勋感到震惊的是，老板听完之后并没有过多的迟疑便满口"莫得问题"地答应了下来，黄勋看着老板愣了一会，他不知道到底是自己原本的工资太低，还是老板真的很有钱，又或者说，现在工地的施工员的工资就是这么高，总而言之，黄勋成功地应聘到了这份在工地上当施工员的工作。其实，在工地上当施工员的工资一直不怎么低，在农民工潮褪去之后，工地上的工资更是水涨船高，但是工人的质量却是一直不怎么高，缺少健硕的体格，没有足够的耐力，浑身的功利性，虽然确实有了基本的土木知识储备，但是没有过往的农民工的职业素养，干劲也没有原本的足，想着就是借着工地当跳板往上爬。老板是农民工出身，一辈子在工地上摸爬滚打，农民吃苦耐劳的气息在老板身上体现得淋漓尽致，他喜欢长相黝黑、体格健硕的年轻人，每次在人才市场上看到这些年轻人就跟看到金子和美酒一样两眼发光，这一习惯也难免让他显得有点庸俗。不过，说实在的，黄勋原本的工资确实很低，即使他已经干了十来年，但平静安宁的老婆孩子热炕头的生活让他对此并没有察觉。因此，在看到黄勋的体格和长相以及听到他那并不过分的工资要求之后，老板也有点吃惊，刚刚悬着的害怕这位难得的工地人才跑掉的心霎时间便落了下来，本来想给这位年轻人再加点钱但是想着工地经营状况近来也不好，便没有做过多思考，答应了黄勋的要求。

两人走出了人才市场，现在的车源着实是不多，于是两个人在网约车上车点逗留着。黄勋嘴上一直叼着香烟，不停地跟甄维旭说着话，香烟一根接着一根，嘴中吐出的香烟随着说出的话由多变少又由少变多，脸上的焦虑由少变多又由多变少，焦虑不仅仅是来自朋友今天的遭遇，也来源于自己难堪的过去、略带希望的现在和不可知的未来。随身携带的烟灰盒刚刚倒完没多久就已经装的有些沉了，甄维旭还是没有接下黄勋给的香烟，他很想试试这听说可以缓解一切忧愁的仙品了，但是想起自己的处境和状况，他还是鼓不起勇气去碰。他现在只想喝酒，喝酒是他唯一的爱好，是已知的能让妻子接受的爱好，也是能让自己的压力得到缓解和释放的爱好。

夏日，南方的夜晚尤其燥热，在农村其实还好，微风掠过水池，在水池中留下的波纹以及带走的水汽都能让空气中有那么一丝凉意，总能让人有那么一些倦意。而在城市里，人们燥热的心不仅仅来源于这天气，更是来自生活的沉闷，微风从钢筋水泥上掠过，带来的不但没有舒服的倦意，反而更多的是内心的浮躁与不安。

就业，与失业恰恰相反的一个词，失业是增强社会人员的流动性，就业便是增强社会人员的稳定性。失业是新技术到来后对社会人员的工作岗位分布的新一轮洗牌，在这一过程中，失业群体需要去学习新技术来提升自己，以保证自己能一直身处牌局之中，等到洗完牌后的发牌，便是就业。传统手工业者在失业过后，如果不能及时学习机器生产的新知识，便无法实现在机器生产大时代背景下的再就业。失业象征着被划入弱势群体，就业象征着被划入先进群体，失业后不能再就业象征着被划入即将被淘汰的群体。失业掀起大浪淘沙，就业加固沙堤河岸，失业和就业的有序进行就是社会进步的必要过程。

三、都市新生活

"都市是一片森林，每当科技之风刮起，总会有树木断裂，花草四处飞舞，也会有土壤松动，种子到来，衰落与发展并存，荒芜与繁荣常在。"

黄勋扶着甄维旭从车上下来，跟出租车司机商量好候车费，便搀扶着甄维旭，两个人晃晃悠悠地走进了甄维旭住的小区。小区不是很大，是甄维旭之前通过给做中介的亲戚多次送礼才买到的，虽然房子的面积很小，但也能满足甄维旭一家三口基本的生活需要，有电梯，有独立的厨房和厕所，妻子也没有多少抱怨，甄维旭更是觉得舒适无比。

今天回来的并不晚，来到门前，门底下明显能看得到房间里亮着的光，妻子应该还在哄孩子睡觉，房间的隔音效果并不好，在门口还能听到妻子给孩子读故事的轻柔的声音。

甄维旭明显还是有点迷糊，通红的脸和嘟囔着的嘴让他看起来还真像是小孩子那般，就是这满身酒气和被黄勋沾上的烟气让他浑身透着成年人特有的沧桑。

黄勋的脸也满是酒精带来的酒红和依旧不变的灿烂的笑容，黄勋还没有醉，他喜欢酒精，不过与大部分人不同，酒精并不会让他迷糊也不会让他被麻痹，只有生活会让他手足无措迷茫不已。他试着松手让甄维旭一个人站稳，不过并没有成功，黄勋刚松开手，还没来得及反应，甄维旭便倒在了门上。甄维旭的脸紧贴着门，一只手拿着公文包挨着墙，另一只手在公文包里面不停地翻搅着，里面还有几份简历没有投出去，摸索了半晌，公文包里只有纸张被翻动的沙沙声并没有甄维旭想要听到的金属碰撞声，最后，甄维旭从口袋里掏出了钥匙。他今天的确是醉了，他心里对公文包里的那几份简历太过在意，他今晚喝酒的时候也确实不只一次地提起他的这些简历，在他看来，所有的简历在元宇宙面前都不值一提，只要别人说到元宇宙，他就会下意识地抗拒和排斥，甚至他还会在否认元宇宙的同时否认自己，就好像这一刻，如果公文包里面没有钥匙，那么，这几份简历都只会是一堆废纸。

甄维旭摸索着哪一把才是自己家门的钥匙，摸索了半天，他都没有确定是哪把，也没有插进门锁里面去试试。

"到底是哪一把，这玩意怎么跟我那简历一样……"

甄维旭嘴里嘟囔着，慢慢就说不清楚话了，他今天也的确就投了一份简历出去，他看到了很多工作岗位，也对很多的工作岗位有很强的兴趣，但是每次看到介绍写着与元宇宙相关时，他就没有勇气去尝试。

甄维旭还在摸索钥匙的时候，门便开了，是甄维旭的妻子开的门。

看到妻子的一刻，甄维旭便清醒了，甄维旭怕妻子担心自己，一直不敢跟妻子说是工作丢了，而是换了个差不多的说法，说是觉得老板太抠门，想换一家公司。这件事情甄维旭并没有跟黄勋说起过，担心黄勋说漏嘴，便抢先说道。

"俺是前几天才见到甄维旭的，俺们目前一切都很顺利，所以就喝了两杯，嫂子放心，甄维旭他没有喝多。"

黄勋听到之后立刻便心领神会了甄维旭的意思，赶忙替甄维旭加了点内容，右手摸着后脑勺，有点结巴地说道。

两人没有作过多的停留，甄维旭在妻子搀扶下进了屋，黄勋也走出小区打算继续坐出租车回去。

甄维旭的妻子之前也是一名职场白领，在大学时期认识了甄维旭，很快两人就确定了关系、结婚、生娃，一直相爱至今，每次提起俩人的爱情故事，甄维旭的妻子总是一副娇羞模样，甄维旭却是说个不停，就好像这是他们这辈子最伟大的成就，不过就从两个人对彼此的了解和相爱的程度来看，在爱情故事这一话题上也的确是说起来就很难停下。怀孕之后甄维旭的妻子所在的公司没有给产假，而是直接给了一笔赔偿费用，她便回到家里做起了电商。甄维旭的妻子的头脑很聪明，在电商这一行业也做得风生水起，低买高卖，广交人源，也赚了一笔，但是在最近也是遇上了元宇宙到来造成的苦恼，生意越来越难做。因为知道甄维旭的失业，甄维旭的妻子也没敢跟甄维旭提起，但是甄维旭似乎也已经知道，因为自己房间整齐摆放好的货物已经很久没有变过数量了，两个人不约而同，都没有揭穿对方。

黄勋从甄维旭的家里出来，司机已经等得有点不耐烦了，打了几下双闪，示意他自己停车的位置，没有选择开过去接人。他已经很少接这种来自平台的单子了，每次在平台接单都要被平台扣点费用，还动不动就被差评威胁。在元宇宙里面接单就很智能，直接跟客户收取费用，没有平台克扣费用，系统还可以根据车辆的运行状况和语言聊天自动评判好评还是差评，根本不会被用户威胁，也不用理会乘客提出的让人摸不着头脑的奇怪要求。这些体验是前几天他在一家新开的网约车元宇宙技能培训机构里面学到的。这家培训机构只有装载着公共元芯片的汽车，所有的信息没有办法设置为隐私的，所以并不适合用私家车拿来跑网约车，而他平时还要开车去接送老婆和孩子，觉得这样子容易暴露隐私，因此就没有一直租用培训机构的车。他现在还没有足够的钱去给自己的车和自己去装元芯片，虽然因为现在都是新能源汽车，元芯片的装载并不复杂，但是元芯片的价格目前还不便宜，他只能同时使用平台和电话联系客户来继续跑单赚钱，然后再去给自己的汽车升级。电话联系客户是原本就一直存在的接单方式，同一个城市的或者两个来往频繁紧密的城市的司机们组一个群，在里面交流跑顺风车的单子，现在群里也是变得更加热闹，因为大家好像都在排斥网约车平台，就好像现在除了网约车平台以外其他的接单方式都值得使用。

在城市这片钢铁瓦泥建成的黑暗森林里，每个人都或多或少地会迷失，找不到走出去的方向，漫无目的地走着，被身边奇特珍贵的事物吸引着，也许会有所逗留，也许会因此倒下，也许会继续往前走，一直走下去。倒下之后即会腐烂发酵成为这城市森林中的土壤养分，从此谁也认不出来谁，然后就会被吸收，被吞噬，被消化，与这森林同为一体，催生出别的小花，只不过，没有人走进森林会去留意土壤，人们只会看到小花。

夏天还没有过去，烦躁与闷热依然在整个世界上充斥着，小酒馆每到傍晚时分都会亮起小灯，烧烤机器从此时开始进入高负荷运载，一瓶瓶各色各样的啤酒轮流上阵又空瓶败下阵来，夜晚的小酒馆的人员来往比起白天的城市简直可以说是有过之而无不及。用玻璃杯装啤酒这一创意简直可以说是人类极其伟大的发明，啤酒顺着杯壁缓缓流入，泡沫随着黄色液体逐渐堆积，杯壁也随之渐起冰霜，随着泡沫没过杯口啤酒杯充满冰气，夏日的闷热便被成功驱离，一杯专治一切烦躁的良药就此完成。啤酒顺着喉咙滑入胃壁，喝酒的人忍不住嗝出来一大口酒气，空气中弥漫着啤酒花的气息，人们大声聊着天，大喊大叫除了在 KTV 外只有在这里才被允许，人们喜欢在喝酒的时候听到别人大声吹牛大声埋怨，这就像是一场极其美妙的下酒神剧，故事的内容总能让人们的内心也得到满足。

小酒馆近来的生意更加火爆，每天都是座无虚席，每天都会有那么一些人蹲在酒馆内的墙边就着一盘毛豆或者花生喝着闷酒，还有一些人会坐在酒馆门口边上仰头痛饮，然后被城市的治安管理人员驱赶。这个城市到处都有人在失业，只有这些城管的人数越来越多，甚至开始有企业专门接城市治安管理的活，政府城管部门由于工作量越来越大也是极大地加强业务的外包力度。酒馆不会去管这些客人，里里外外已经忙不过来，更不会为了在门口摆几张桌椅跟这群城管对峙。这些客人也不会因此扫兴，他们喜欢被城管驱赶，他们会在城管走后又悄悄回来坐下，继续大口喝酒，享受着这种没有道德压力的叛逆，因为他们的的确确只是在那喝酒没有扰民，也没有胡说八道。他们被城管驱赶就跟他们被那些企业老板驱赶一样，仅仅只是因为他们影响了这座城市的门面，占用了那些所谓的公共资源。他们没有违法，只是老老实实本本分分地工作着，喝着酒，然后世界啪嚓一声，交易所一声钟响，警车的一声鸣笛，他们就要被到处驱赶，因为这个城市不需要没有作用的人，就像这片黑暗森林的所有土壤都需要有养分一样，没有养分的土壤注定要被其他落叶掩埋，然后去地下，去土壤的深处发挥作用。

技术革新整体而言最终的归宿都是社会进步，无论其引发的淘汰过程有多么残忍，其最终目的都是引导人类走向进步。技术进步始终需要为人类社会服务，所以新技术的出现必然会为新的社会生活拉开序幕。本书在本处虽天马行空地设想出了大量的相关场景，但所描述的场景均为来源于现实生活，且符合基本的科学常识。这些新的技术应用场景描绘的都是人们的日常生活，因为技术对人类的服务属性是绝对的，即使是那些浮于理论高屋建瓴的新技术理念，它们最后倘若能够存活，也绝对服务于人类生活生存水平的进步。

四、顺风者可存

"科技的进步带来的最大改变就是人类观念的进步，因为观念的进步是主观能动的，而科技的进步是客观不可逆的，最主要的是，存在即合理。"

在小酒馆最里边的角落处也摆着一张小方桌，让人有点意外的是，这张本来可以坐满四个人的小桌子被一个人所占据，与别的桌子的"人满为患"对比起来显得有点格格不入。桌上就摆着两碟下酒小菜，旁边却堆着绿光闪闪数不清的啤酒瓶，桌边坐着的人看起来还没有醉，还在不停地往酒杯倒酒，酒也是一大口一大口地接着喝，眼神还依旧充满着清醒与对酒的痴迷。他穿着和这里大部分人相同的白衬衫，一条廉价西裤，这条裤子其实看不出来是不是廉价，只是因为他的裤子口袋鼓鼓的，塞着方方正正的，看起来得有三四包香烟，裤子上星星点点散落着烟灰，脚上那双皮鞋也落满了烟灰，但是看得出来，皮鞋刚擦过没多久，因为烟灰旁边的皮革在微弱灯光的照射下还能反射着"强烈"的亮光。许亦蓁长得很是清秀，在三十五岁这个年纪，真的是可以用清秀来形容，他的脸上没有半点黑点，甚至是看不出一丝纹路，被护理得干干净净，眉毛也被剪修的没有一丝杂乱，即使在这种油烟和酒气弥漫的场合，脸上看起来却怎么都不觉得油腻，鼻梁高挺，双目总是炯炯有神，只是不知道这个时候的炯炯有神是因为喝着酒抽着烟，又或者它一直都是这么精神。

许亦蓁出生在一个生活条件极其优越的家庭，房子就在市中心，在郊外还有数不清的别墅，至少他去到郊外的哪一栋别墅别人都会说那里是他家，当然他也没去过几次郊外，他大学毕业前大部分时间是在学校，学校放假才会回家，在大学毕业之后，他就是在家、公司和小酒馆待着，去人才市场都算是少有的外出。许亦蓁和他的偶像孟坦先生的成长经历基本算是一模一样，这个倒不是刻意模仿，他也没有办法去模仿，也不需要去模仿，那个时代的城市里面有那么一大部分家长就是喜欢孩子学计算机，又没有时间去陪孩子学这些兴趣爱好，换种说法可以说是因为他们需要工作而没有时间照顾孩子，所以强行让孩子有个兴趣爱好，从而心安理得地去忙自己的工作。但是许亦蓁和孟坦都是真的对计算机和网络极富兴趣且极具天赋，在元宇宙兴起时也是同样对元宇宙充满了希望，对元宇宙发起探索，如果不是那个时候许亦蓁还在大学，还说不准许亦蓁和孟坦谁才是元宇宙时代的开创者。许亦蓁此时也还梦想着成为元宇宙开创者们中的一份子，他有这个能力，他的编程能力、他对元宇宙的了解程度，真的已经足以支持他成为其中的一员，他还有足够的资源，他的家境可以让他探索一切，但是唯独缺少的是父亲的支持。

许亦蓁的父亲是搞房地产开发的，企业发展的极其庞大，几乎整座城市的每个小区、每一座商品房都可以看见他的企业的身影，他经营着整条房地产的产业链，从建筑材料供应、建筑设计、建筑施工到房地产销售，甚至是到房地产的后续买卖交易，二手房的交易和租房的中介，他们企业可以说是一口气打造了整座城市独一无二的房地产产业链。许亦蓁的父亲从建筑工头起家，带着一群村里的兄弟，凭借着自己的诚信本分和义薄云天到处结交朋友，工程项目越接越多，团队逐渐做大。后来他在给大学盖教学楼的时候结交了几位大学生做兄弟，然后与这群人合伙创立企业并在成功上市之后逐渐越来越庞大，在房地产行业的"黄金十年"捞得盆满钵满。

许亦蓁的父亲很是执着，在房地产行业遭受打击面临萧条的时候并没有选择退出，而是凭借着自己的诚信赢得政府的信任，和当地政府进行合作，将企业的建筑材料供应链提供给国企，成了国企的上游供应商，一时成为当地有名的"土方"。当时全国到处都在大搞基础建设，到处挖路修路，由于建筑材料的供应对运输距离有极大的要求，本地建筑材料的供应生意成为香饽饽。许亦蓁的父亲从中赚钱，然后再用来维持旗下房地产的正常销售和交付，在整个城市的房地产行业维持着极高的信誉度，也因此平稳度过了房地产行业的萧条期。这么说也不是很准确，因为目前的房地产行业还是很萧条，应该说是在房地产行业保持较高水平地存活至今。

在眼下元宇宙高速发展的社会背景下，许亦蓁很苦恼父亲不愿意让公司进行升级改造，更苦恼于父亲不愿意让他从事元宇宙行业，因为父亲认为做事情和学知识都要脚踏实地一步一步去做去学。他看过下属给他演示过元宇宙的使用，也见识过元宇宙的效率，更清楚元宇宙行业的发展现状，但是他更认可工地上工人的汗水的挥洒，更欣赏现实世界中自己企业的工程师一笔一画设计出来的工程图纸，那些极具天赋和知识渊博的人才总能让他兴奋不已。此外，许亦蓁的父亲很自信凭借着自己的诚信和实在，同样可以平稳地度过元宇宙对房地产行业的冲击。

许亦蓁觉得父亲低估了元宇宙带来的影响力，小看了整个房地产行业即将面临或者正在经历的改革所带来的冲击力。眼下的房地产行业正在发生着翻天覆地的变化，建筑设计与整个元宇宙世界相关联之后，设计理念和建筑用材成本最小化已经做到了极致。在设计好房子模型之后，企业可以直接把房子同步到元宇宙世界之中，供所有客户去真实体验房子舒适度，只需要提前设定好程序，用户进入房子之后，整个房子的介绍就会自动智能化进行，用户问什么，程序就自动回答什么，由此减少了房子的销售成本。不需要专门的销售人员，也不需要提前花大量资金去装修样品房，只需要进行广告宣传吸引客户即可。在元宇宙出现之后，办公用地被大幅度缩减，只剩下实体经济需要办公用地，大部分房子改为居民房，供给量逐渐上升。同时，元宇宙还促进整个社会的经济发展，元芯片的销售，各种装载着元芯片的产品的制造和销售，整个社会的消费需求被瞬时拔高，资金的剩余量被充分利用，房地产经济的泡沫逐渐被抹除干净。由于制造业等实体经济所需占地面积较大，在城市分布的并不多，城区土地的需求量没有上升，而是转向城区周边的郊区，同时郊区有大量空地以及居民住房，城区的土地价格下降，郊区的土地价格上升。因此，城市地区的房价也随之逐渐下降，当然，这里说的是那些进行元宇宙升级改造的房地产企业旗下的房子。不仅如此，别的房地产企业已经开始布局郊区，而许亦蓁的父亲仍停留在城区的房地产建设以及城区的租房行业，对郊区的布局停留在与政府合作的基础设施建设，整个企业在城区的优势已经消失，在郊区的优势也在逐渐消散。在社会的整体进步下，一家企业进步缓慢就像是一辆前进缓慢的公交车，上车的人逐渐减少，下车的人逐渐增多，精英人才逐渐流失，合作方也会逐渐变少，别的企业更愿意去和效率更高盈利更高的企业合作，包括一直以诚信为主要考量标准的政府。

又一瓶啤酒下肚，许亦蓁仍是想不明白父亲的固执，前几天他瞒着父亲去人才市场去招聘，想要招一些既符合父亲观念又符合自己观念的人才。他一个人在那坐了一整天，就只看到了为数不多的几个人，其中的一个尤为吸引眼球，但是仅仅在几句交谈过后那个人便跟着另一个大汉走了，还没等他多说几句挽留的话，便只剩下自己看着他那厚厚一沓全是创意设计的简历发呆。

放下酒杯，许亦蓁晃晃悠悠地走出了酒馆，拿起随身携带的元芯片手表，向附近的代驾发出了信号。在元宇宙世界的代驾行业中，有两种叫代驾方式，一种比较简单，那就是直接进入元宇宙世界，直接向在元宇宙中自己觉得合适的代驾发起请求并说明所驾驶车辆型号，此时代驾端会立刻做出回应，然后在双方达成一致后车主会向代驾发送汽车的相关信息，代驾找到汽车位置，开始服务，过程中汽车的信息将同时发布到元宇宙之中，此时将公开该车辆信息，全世界都可以监测到该车辆的位置和内部信息，当然，这一举动由车主决定。另一种就是由客户端发出信号，在元宇宙中将显示出该用户的地理位置，同时在元宇宙中显示该客户需要代驾服务，进行特殊的标记，然后附近在线的代驾在看得到该标记之后，会向客户做出回应，发送个人信息由客户进行筛选，客户可以通过元宇宙对代驾的实际身体状态进行考查，代驾的身体数据是跟随着他们在元宇宙中的身份信息的，是代驾选择性公开的信息，可以显示自身的疲劳程度、是否处于饥饿状态、有无违法驾驶纪录，以及过往服务中客户的满意程度等等，这些信息的提供标准有政府制订的，也有代驾为了吸引客户而自行公开的。

许亦蓁没有选择公布自己的车辆信息，而是选择将车辆信息发送到了公司的安保部门。这个部门是许亦蓁自己设置的，他拿自己在大学期间赚的钱购置了几部设备，由于与生意来往无较大交集，父亲对此便也没有过问。安保部门配备的元芯片是装载在显示屏上面的，是比较基础的款式，这些元芯片报备了公司的信息，归属于公司名下，因为个人是不允许拥有多张元芯片的，且这些元芯片还与警局相连，也就是它可以在某种情况之下直接把公司安保部的画面或者信息发送到警局，由警局直接进行处理，这种情况在社会上应用很广，很多小区或者酒店等公共场所都会如此，可以在出现紧急状况时即时报警。

回到家之后的许亦蓁很疲惫，在车上的时候他就已经通过元芯片在家泡好了茶水，开好了空调，甚至都已经放好了热水拿出了浴巾，就等着他回家直接洗漱然后睡觉。家里的家电都是可以被许亦蓁远程操控的，因为是长时间固定在家里面的，因此只需要把它们的信息写入元宇宙中，许亦蓁就可以远程进行操控，而且是许亦蓁进入元宇宙中"亲手"操作，把空调打开，给浴缸放好水，调好水温，这些不需要一个按钮一个按钮去摁，只需要许亦蓁跟玩游戏一样，在元宇宙中直接进行调试，且在调试的过程中许亦蓁可以有真实的感受。

几天过后，许亦蓁在公司遇到了甄维旭。黄勋所在工地的施工单位属于许亦蓁父亲的企业，黄勋在跟工头的聊天过程中向工头提出了一个连工头自己都没办法理解的名词"元宇宙"，然后黄勋便从工头嘴中得知了许亦蓁父亲的企业目前是整座城市甚至可以说是全国的大企业里面元宇宙化程度最低的，整个企业基本与元宇宙没有任何关系。黄勋随后便将这一消息告知了甄维旭，甄维旭在听到之后在企业的官网上找到了招聘链接并发送了自己的简历。甄维旭在看到这家企业居然还在企业官网上挂招聘链接的时候就莫名地感到了兴奋，因为在他找工作这段时间里面，他基本找不到几个企业还会通过这种方式接收简历。

大多数企业都是直接在元宇宙中显示自己公司有职位空缺，然后备注具体是哪些职位，并将这些职位的工作流程和日常工作发送到元宇宙之中。求职者也会在元宇宙中挂上标签，这些标签需要经过验证，也就是元宇宙在收到求职者申请标签的时候会自动检测求职者的信息，对这些信息进行判断然后再批准该标签，又或者求职者可以直接跟上一家公司申请，让公司在元宇宙中用公司的专属账号进行数字盖章，这样求职者也可以获得元宇宙中的失业标签。在有失业标签之后，求职者就可以挂上自己的求职信息，然后公司端也可以看到这些求职者的信息并进行简历筛选。一般来说这种情况较少，因为失业者数量比较庞大，所以这个时候就会进行筛选，因为有没有证书、从什么学校毕业、拿的哪个专业的毕业证书、有多少年工作经验，这些在元宇宙中只要求职者展示，公司端都是可以看到的，而且这些信息可以保障绝对真实。求职者也可以直接查看哪些公司在招聘，再向其发送自己的个人信息，这种的就不要求求职者处于失业状态。而以上都只是简历的筛选阶段，在面试或者笔试阶段，公司将向通过简历筛选的求职者提供相应岗位的元宇宙程序，其实就是以虚拟数据来模拟的日常办公生活，里面的工作流程和任务都是和真实场景一模一样的，只是数据等信息和现实有所区别。该程序将替代笔试、面试和实习考核，直接将这些过程整合而为一，可以更好地判断应聘人员的能力以及与对本公司的适应程度。

甄维旭在提交了简历后不久便收到了这家公司的面试提醒，被来公司上班的许亦蓁给遇到。许亦蓁刚开始看到甄维旭的时候还觉得不可思议，他昨天刚刚在酒馆想起这个人，想起他那厚厚一沓的简历，想着能再有机会跟他多聊上几句，今天便如此神奇地与他相遇了。

许亦蓁把甄维旭带到了自己的办公室，两个人坐在沙发上，没有面对面坐着，而且距离离得很近，不像是面试，更像是两个朋友在聊天。许亦蓁熟练地泡着茶，甄维旭在一旁还没准备好开始自我介绍，他对眼前这一幕是既疑惑又震惊的，他记得许亦蓁的招聘条件，也知道自己为什么来这家公司面试。

许亦蓁把泡好的一杯茶放到甄维旭的身前，张口说道："我叫许亦蓁，负责公司的招聘工作，今天就由我来面试你。我们之前在人才市场见过，我还记得你，你当时给我留下了很深的印象。"

甄维旭听完便觉得有点尴尬，紧跟着说道："许亦蓁先生您好，我叫甄维旭，我是在我们公司官网上投递的简历，今天被通知过来面试。接下来我先进行一段自我介绍……"

"诶，不用不用，我对你的个人信息和简历都十分了解，之前也听过一次，哈哈哈，这次就不用走这些流程啦，我就想跟你聊聊你对元宇宙的看法。"许亦蓁打断了甄维旭的话，笑着说道。

"元宇宙嘛，我并不是很了解，说实在的，我个人，并不是很认可元宇宙。"甄维旭略显的支支吾吾，手上不停地摸着茶杯，眼神紧盯着茶杯说道。

许亦蓁没有继续说话，而是喝了一口茶，接着便继续看向甄维旭。

甄维旭见许亦蓁没有回应，抬头看了看，发现许亦蓁脸上充满了笑意。此刻许亦蓁确实很开心，他觉得眼前这个人并不是讨厌元宇宙，而是不了解元宇宙，这一点对他来说很重要。

甄维旭随后便继续说："我本来因为看到我们公司的招聘条件在元宇宙这方面没有要求才投的简历，我个人对元宇宙了解的实在是不够多，没有办法发表多少意见。我只是觉得它让这个社会变得很混乱，很复杂，我身边有很多能力很强的人被开除，反而是有很多平时注重人情世故的或者说那些关系户被公司保留……"

甄维旭没敢继续说下去，他觉得许亦蓁的笑容让他有点太放松，让他说得有点冒犯了，手上的茶杯握得更紧了。

"没事的，你可以继续说下去的。"许亦蓁还是一脸的笑盈盈。

"我之前那家公司进行元宇宙升级改造之后的状况，我是有一些了解的，他们使用元芯片直接进入元宇宙，据说他们在里面人人都是多领域的专家，他们对全世界所有公开的信息都了如指掌，而且还能想使用哪些知识就能使用，根本不需要前期学习，也不需要他们的大脑有多聪明。在设计的过程中，他们每个人的画图速度都十分迅速，所有知识串联，直接按照这些知识之间的逻辑，然后再输入自己想要的模型特征，就会直接出来图纸，这些图纸可以说是毫无美感，只是知识和逻辑的堆砌，根本看不出人为的思考。最离谱的是，当他们离开元芯片的时候，他们居然什么都不懂，就像是玩游戏一样，在游戏里面它们的拳脚功夫都很好，甚至可以说是武林高手，一招一式有板有眼，出来现实世界却是一个个大腹便便，毫无功夫底子的人。这些让他们逐渐不喜欢学习，不喜欢去进行实践，我并没有否认这种方式产生的设计成果还不错，但是我实在没办法肯定这些毫无美感且容易让人类大脑高度退化的生产模式，我不希望我们这一代人年轻的时候沉迷网络游戏荒废时光，在壮年时期还是选择这种游戏模式来进行工作，这实在是荒唐！"甄维旭的言语逐渐激烈，身体已经开始有点抖动，他知道自己有点失礼了，便放下手中的茶杯，做好了随时拎包走人的准备。

"甄维旭你先别激动，我理解你的想法，但是我想说一点就是，目前元宇宙世界虽然已经到来，但是所有事情从发展到成熟都不是一夜之间能够完成的，元宇宙现在还是处于一个初级的不成熟的阶段，肯定会有很多缺点暴露出来。你说的这些当然是现在存在的问题，但是我想你应该明白一点，这些问题并不是元宇宙带来的，是这个世界本来就存在的问题，人们喜欢沉迷于虚假的科幻的世界，不愿意接受现实，偏好任何的学习捷径或者那些能获取暴利的途径，这些不是互联网也不是元宇宙带来的。元宇宙不是基于这些不良目的的产物，它的目的是让全人类的生产力得到提高，而不是破坏我们的生产关系。不过新事物的出现都伴随与旧事物的碰撞，这是没办法避免的，不过我们不能把这种新旧事物的碰撞归因于原本就存在的社会问题。我们应该想办法去适应和使用这些新事物，然后去利用它们来解决这个社会的问题。"

许亦蓁顿了顿，端起桌上的茶杯喝了一口，接着说道："我这些话可能说得有点高有点大了，不是很贴切我们的现实生活，但是我想说的是，元宇宙是大势所趋，而且我认为是可以改善社会现状、让社会朝着更好方向发展的新事物。可能是你还没有来得及对它进行充分的了解，还不知道它的功能，所以看的角度会有些片面。我十分看中你的个人能力以及你在设计方面的天赋，并且认为你是我需要的元宇宙领域的合作者，而且我很想改变当下社会部分人群对元宇宙的看法，尤其是你们这些有才能有学识的优秀群体。我希望你能够加入我的团队，我会向你展示一个和你之前看到的不一样的元宇宙，当然，这需要你的参与。"

甄维旭听完许亦蓁的话后，脸上的神情还是很凝重，他还在沉思，没有第一时间回复许亦蓁，愣了一会后，说道："你所说的这些我也认可，新事物的出现必然会伴随着与旧事物的碰撞，只不过我目前感受到的碰撞力度十分巨大，元宇宙似乎是要颠覆整个世界，全世界几乎所有的领域都在被元宇宙改造，而且改造后的行业都不约而同地重创未进行升级改造的行业，整个社会都存在一个人才流失而且似乎是未来并不需要人才的现象，这似乎并不是一个有利于社会发展的信号。不过也确实，它到来的时间还是很短，我们暂时也没办法判断它未来的是与非。"

甄维旭说的让自己有点矛盾，他内心的思想此刻正在与许亦蓁所表达的思想发生碰撞，很显然，目前后者居于上风。

许亦蓁的脸上还是挂着笑容，仍然在看着甄维旭，刚想开口继续说话，甄维旭便抬头抢先了一步。

"那您确定我有这个能力可以和您进行合作吗？我目前对元宇宙真的是知之甚少，但是我现在很想了解元宇宙，我愿意参与到您的团队里面去。"

许亦蓁笑着说道："当然没问题！不用担心，我现在就给你来个'面试'，哈哈哈。"

甄维旭还没张嘴说话，许亦蓁便将甄维旭带到了办公桌前，从里面拿出了两张元芯片，都是许亦蓁申请到公司名下的元芯片。

"我现在在元宇宙世界发布一则招聘信息，我暂时还没办法输入我们公司的办公流程，我先去抓取我们同行业别的公司的办公流程进行使用，这个也花不了多少钱，这些公司目前售卖的这套面试程序还不够成熟，但是我们先将就着用。"许亦蓁嘴上说着话，大脑却已经同时进入了元宇宙世界。

甄维旭学着许亦蓁，拿起元芯片，装入特定的眼镜，也跟着来到了元宇宙世界。元芯片刚出来的时候是装在手表上运行的，那样子可以检测个人的身体状况，就像是时刻被一个中医把着脉搏一样。后来随着社会的需要，元芯片只要搭配超信号加强器，就可以在其他物品上搭载使用，如汽车、眼镜、电脑和手机等等。目前的超信号加强器已经实现了和这些物品的整合，也就是不需要同时佩戴元芯片所在物品和超信号加强器，只需要把芯片装入物品就可以实现三合一直接进行使用。

在元宇宙中，许亦蓁将招聘信息发送给甄维旭，甄维旭同意接收后便进入了一个办公程序里面，在这套程序里面甄维旭可以直接使用办公工具来完成许亦蓁设定的目标，跟实际办公几乎一模一样，系统也设置了一定的同事进行配合，所有的流程都完全一比一复刻现实。

甄维旭很完美地达成了许亦蓁所设定的目标，并没有让人觉得甄维旭有任何的不熟悉元宇宙。其实元宇宙本来就不需要使用者熟练过多的操作，只是甄维旭一直没用过，而且认为元宇宙这一新事物难以接受因此不愿意去学习和了解。甄维旭在使用之后便大受震撼，眼中似乎是对元宇宙没有那么抗拒反而有了更多的好奇，他开始渴望探索元宇宙，因为他也和许亦蓁一样，看到的更多是元宇宙的功能，不仅仅是只有他之前看到的问题。

正如本章节开头的序言中所讲，"存在即合理"，新的技术的出现并且能够得以生存必然是因为其符合人类的生存所需，因而去适应新技术才是王道。元宇宙时代也是如此，当元宇宙时代到来时，我们需要做的不应该去反复质疑并设法远离甚至加以驱赶，我们应该做到去认真了解它，试着去适应它，学会去使用它，最后成功通过它来实现个人的进步，完成个人生活生存水平的提升。而那些远远观望，始终不愿意接近的人，要么会随小波逐细流而难以乘上元宇宙时代的飓风来破除惊涛骇浪，要么就会被元宇宙时代的狂风巨浪裹挟拍打至无影无踪。因此，乘风而行，趋势而为，勇于去想象，勇于去思考，勇于去尝试，这将会是元宇宙时代最好的生存方式。

第三节　扶摇而上

"展望未来，有科技发展、社会进步、生活改善，还有友情的延续、亲情的温暖、爱情的陪伴。"

一、创业新风口

两个人相谈甚欢，分别之际仍然不舍。许亦蓁向甄维旭讲述了自己所了解到的元宇宙世界：元宇宙的发展会让整个服务业不再需要在城市中心占据办公大楼，只需要在元宇宙世界中建立一座座高楼大厦供所有人进行办公、开会，城市中心将用于居住，用来作为人们的生活娱乐场所；元芯片还可以加强社会的治安管理，每个人在察觉自己即将面临危险的时候都可以直接在元宇宙中发布自己的个人信息，包括身体状况和位置信息，警察在元宇宙中接到报警可以更加迅速前往事发地点，救护车也可以第一时间准确了解病人的身体状况和疾病类型，并且还可以现身元宇宙世界指导周围人在现实世界对病人进行救治；还有外卖、网约车、网购、旅游娱乐等等，在元芯片的帮助下，人们可以有机会亲临商家，直接与服务提供者进行交流和监督，而且商家与客户的交流没有了中间商，人们都可以收获更好的生活体验，同时有更好的安全保障。甄维旭在一旁静静地听着许亦蓁的讲述，跟许亦蓁交流着自己的所见所闻以及疑惑，并跟许亦蓁进行探讨和摸索未来还可能产生的其他的元宇宙商业模式。在最后，许亦蓁也向甄维旭表达了自己想要达成的目标：他想要创办一家元宇宙世界的设计公司，业务领域将拓宽到建筑行业、农业、服装设计行业等等，只要是与设计相关的行业，他都想参与。他假设的商业模式与现在的设计模式不同，他将过去的设计方法与现在的贯通，让元宇宙成为设计师的辅助工具。他需要精英设计师，不依赖于元宇宙的知识进行设计，而是依靠设计师的天才灵感，再在元宇宙中对所设计的模型进行检测和验证，然后在元宇宙中进行进一步的实验和销售，最后完成设计，在现实中投入生产与销售。

之所以想在元宇宙世界中搞设计行业，主要是因为许亦蓁看到的元宇宙的功能更多是作为辅助人的工具，他和甄维旭一样不认可机器替代人类，他跟父亲也一样也很欣赏人类的天才智慧，还跟他的偶像孟坦一样渴望元宇宙时代的辉煌，此外，在许亦蓁的眼中，元宇宙已经不缺乏知识与才能，但是缺乏物质；现实世界拥有物质，但是没有元宇宙中的强大才能，将这二者进行串联的最主要途径就是，设计。利用元宇宙作为设计的辅助工具，将人的灵感进行发挥，最后用上现实社会的物质条件，从而让元宇宙与现实社会相互依托，相互成就，让元宇宙成为人类的辅助工具，也让人类的智慧延续发展下去。甄维旭在听到这些之后，对许亦蓁的想法尤为赞同，对元宇宙也不再反感，反而是对元宇宙的未来充满了想象。

天色渐晚，两个人聊到忘乎所以，甄维旭从许亦蓁的办公室出来的时候脸上挂着的不再是白天踏入房间的愁容，而是掩不住的喜悦，嘴角忍不住向两边悄悄咧开，他也不知道为什么这么兴奋，但是想起许亦蓁所说的话，想起自己对未来的展望，他就想笑，大声地笑，可是他没有，他只是稍微咧了咧嘴，眉角的笑意没有在其他位置过多显露，裹紧衣服，走出了公司的大门，坐上刚刚在许亦蓁的办公室用元芯片打好的车，他靠着车窗玻璃，往家的方向赶去。

狂风依旧在喧嚣，掠过城市所在的山岗，整座森林还在呼呼作响，不知不觉中有了一声细微的异于风声的声响，这声响极其细微，像是一株蒲公英被狂风连根拔起，在半空中洒下种子后，种子落入土壤的声音，我们现在看不到种子，但是我相信不久以后我们应该可以看到一朵花在某处绽放。鲜花的绽放总是让人充满期待，难怪那些知道花开的人们脸上会笑得那么开心。

一年时间转瞬即逝，甄维旭和许亦蓁在新公司的创立上收获了巨大成功。他们在开始的时候并没有足够的资金也没有足够的人力来推动业务的运转，许亦蓁父亲公司的楼盘开发遇到了巨大的困难，城区的房价面临着巨大的下降压力，但是许亦蓁的父亲的公司在当初购买地皮时的价格极为昂贵，而且已经售出了部分楼盘，没有办法对楼房进行降价，楼盘的销售也因此变得极为惨淡，资金无法及时回笼，而且还要保障数量可观的在建楼盘完工避免烂尾，根本没有办法挪出资金来周转许亦蓁的项目。不过即使是有钱，许亦蓁的父亲也不会将房地产的钱挪到其他行业去，他始终记得多元化发展的房地产行业发生暴雷的恐怖程度，他只希望购买自己公司楼盘房子的用户的财产安全得到保障，自己的个人信用可以得到保障。后来许亦蓁通过和父亲一起打拼起来的叔叔将自己的项目汇报到了当地的市政府，然后在当地市政府的配合下他们找到了一家咨询公司，这家咨询公司手头上正好积攒着许多的政府对元宇宙感兴趣的想要投资的项目，更凑巧的是，这里面居然刚刚好有甄维旭老家所在的地级市政府，因此在两人短暂商量过后，果断与该地政府取得了联系。在几次商讨过后，最后决定由当地政府所管辖的一家国有投资集团对甄维旭和许亦蓁的项目进行投资，甄维旭和许亦蓁当下所购买的所有元芯片以及生产设备都由当地政府提供，并且归属于当地政府，同时当地政府将提供足够的资金来保障公司的正常运行和周转。甄维旭和许亦蓁仅需要保障公司的正常运行和周转，且公司的前期盈利绝大部分归政府所有，在政府收回成本之后，政府将会把元芯片和相关设备的拥有权转交给甄维旭和许亦蓁所创立的公司，但是要求相关产业不能离开当地，且总部必须位于当地。此外，当地政府还鼓励当地的农业与公司合作进行研发生产以及销售，还让全市的服装生产厂成为甄维旭和许亦蓁公司的下游产业，公司还在政府的帮助下与当地的几所技校与大学达成了合作协议，提供了大量工作岗位，他们招聘了一大批设计师，让他们进行远程办公开发设计。就这样，甄维旭和许亦蓁没有投入过多的资金便在当地创办起了企业，而且在短短一年时间里就把政府的投资还完。

他们会与当地农业进行合作，由当地农户提供过往生产信息，然后公司派人去采集土壤数据、气候数据和农户及农田的数量信息，再将这些数据发送到元宇宙中，制订种植方案，由农户根据方案进行种植和收获，再由设计师进行农产品的包装设计以及产品的销售路径，将农产品信息公布到全世界进行宣传销售，他们公司所设计的农产品包装精美、且水果质量极好、产量还高，当地农户从中获取高额的利润，因此收获了各地方政府以及消费者的支持。

此外，他们还和服装工厂合作，从元宇宙中获取用户当下流行的服装信息，然后由公司的服装设计师进行服装设计，再放到元宇宙中展示效果，根据反映效果预估销售量来制订生产量，由服装工厂进行生产，最后再以和农产品同样的模式进行销售。

甚至于他们还和当地的房地产行业进行合作，为当地房地产行业设计图纸并且提供给消费者体验房屋的元宇宙入口，再收取相关利润，将整座楼搭建过程的所有数据全部录入元宇宙，进行抗风和抗地震强度预测，在保障房屋安全的同时最大限度满足消费者对房屋的需求。

在多个产业的共同发展下，甄维旭和许亦蓁将公司的规模逐渐扩大，不再局限于简单的设计行业，他们也开始设计元宇宙实验包，也就是在元宇宙世界中将现实世界的某些信息设计打包成一套流程，提供给那些需要这些信息或者流程进行实验的客户，从中收获利润。

二、新的生活方式

甄维旭的妻子还是在经营着微商业务，但是她主要的产品已经转变成了家乡的农产品和服装产品。她还是会在朋友圈分享这些产品，只不过和以前不一样的是，她现在可以在元宇宙里面选择性地直接面对面向朋友展示自己的产品，也就是她在元宇宙的朋友圈发送该产品的链接，然后朋友在看到后如果想看一看产品，可以直接向甄维旭的妻子发送请求，然后甄维旭的妻子在看到对方的信息之后可以选择同意，然后对方就可以直接在元宇宙中感受到真实的产品，可以自己远程挑选蔬菜瓜果，也可以试穿服装产品然后发送自己的身材比例的一次性信息，由服装厂进行定制，信息在收到打开之后便立即作废，甚至还可以定制自己想要的衣服，就是直接和设计师在线聊天互动，说出自己想要的衣服，和设计师共同设计。蔬菜瓜果也是，他们可以领养一片农田，这片农田有各种高科技产品加持，比如智能灌溉、智能施肥、智能除草等等，只要远端输入指令，这边的机器就会按照指令进行，还可以申请人工干预，最后将这些产品收获打包发送给客户，客户也可以向商家卖掉这些产品。

甄维旭的孩子在老家上小学，但是却可以和大城市的孩子一起上课，因为学校开设了一个班级，也可以说是甄维旭和许亦蓁的公司联合学校开设了一个元宇宙班级，孩子们可以使用学校的元芯片上课，学校与大城市的小学合作，获取大城市学生上课的元宇宙密钥，然后一起在元宇宙里面上课，用同一种教材，出游的时候也都是在元宇宙出郊游研学，让这个班级的孩子们可以跟大城市的教育同步。

许亦蓁的父亲的企业并没有更好地发展下去，后续许亦蓁父亲的公司由于经营亏损被迫把整个产业的供应链切除，资金回笼后把剩下的没建设好的楼盘完工，没有留下一座烂尾楼。许亦蓁的父亲也来到了这座不大不小的城市和许亦蓁一起生活，他和甄维旭的父母在同一家学校上班。他不参与教学，但是他会给那些小孩讲述元宇宙是什么，外面的世界怎么样，长大以后应该成为怎么样的人。他每天来来往往嘴上总是念叨着"做人要诚信"，然后还会说一句"孩子们要跟上时代，可别像我一样落后"，最后还会加上一句"最要紧的还是做人要诚信"。他还帮镇上的小学建设了两栋教学楼和一个小型操场，甚至他还当起了两栋楼的监工。对了，甄维旭的父母也在镇上，他们还在管理着那所学校，父亲的身体渐渐变差，母亲和妻子一直催甄维旭常回家看看，但是甄维旭一直待在市里忙工作，隔三岔五才回镇上一趟。

黄勋在半年前就已经离世，他没有跟着甄维旭回来老家。当时工地还没有完工，听说老板砸锅卖铁也没有让楼盘烂尾，工地上大家伙也没舍得离开，而且工头并没有拖欠大家工资，他在最难的时候还口口声声说着"大不了我金表拿去卖了，不管怎么样我都给你们发钱，我的老板对我好，我对你们也是这样"。大金表跟着许亦蓁的父亲混了大半辈子，在元宇宙对旧商业模式的疯狂打击下，工地涌进了大量原本坐办公室的员工，这些人体力没那么好，但是工资却和大家伙一样，而且别的工地已经开始在元宇宙里面计算施工用材和耗时，以防止偷懒和偷工减料，加上老板的资金紧张，这些情况都让施工团队过上了有这顿没下顿的日子。黄勋在一次施工过程中因为胃部疼痛没有抓住脚手架，从十层高的楼上直接掉了下来，随即便被拉往了医院，还没等开始手术他就已经身亡。其实他的胃病已经有一阵子了，长时间的饮食不规律以及酗酒，让他的身体早就被透支了。黄勋之前也去医院检查过，医生说就是简单的胃溃疡，回家好好注意饮食就行，但是在后来甄维旭打电话问黄勋回不回老家时，黄勋还是偷偷问了问甄维旭元宇宙世界去医院做检查的方法，他相信科技，但是他没有机会接触科技。他知道自己去的那家医院太小，检测结果很可能不准确，因为他刚刚走出医院大门，就听说那所医院是私人的，很快就要倒闭拆迁。黄勋得知的这个消息是准确的，大城市的医院数量太多，而且主要的倒闭原因就是现在大部分医院都流行在元宇宙上面做线上检查，也就是直接把自己的身体信息发送到医院，医院的机器在元宇宙中直接对身体进行检查，挂号问诊都跟现实世界一样，这样子也减少了医患矛盾，也没有插队问题，还可以更好使用医保账户等等，并且这些过程可以很方便国家医药局卫生局进行监督。黄勋虽然怀疑这家医院的结果，但是毕竟花了钱，而且检查结果估计也是大差不差，都是花钱买个心安而已，所以就没有去询问和检查。但是当甄维旭打来电话谈及元宇宙时，黄勋还是忍不住去问了。

黄勋去世后，由于黄勋的妻子的收入很微薄，孩子交不起学费，房子也交不起租金，甄维旭便把黄勋的妻子和孩子接回了老家。黄勋的妻子现在是服装厂里面的一名员工，之前她就在服装厂工作，所以到了老家之后她便主动申请来到了服装厂。对她来说，元宇宙时代和之前最大的区别就是她在做衣服的时候不再需要一针一线地重复，她只需要用机器织一次，机器就可以记住她的动作和过程然后进行批量生产，计价的时候可以按工序计价，工序复杂的或者生产量比较大的，工资也就高，客人们有特殊要求时，就需要像黄勋的妻子这样有技术的工人。黄勋的孩子在市里的小学念书，跟甄维旭的孩子在同一个班级，开始的时候黄勋的妻子怎么都不愿意，觉得自己的孩子会跟不上大城市的小孩，而且还会麻烦甄维旭。在她看完甄维旭的小孩的上课情形之后，对比其他孩子，她便同意了甄维旭的看法。虽然之前的上课模式也已经有所改善，因为元宇宙的发展，让这些小一点的城市的学校也跟着发生了改变，变成了大城市学生之前的上课模式，用上了平板和电脑。在元宇宙中小孩还可以自由探索世界，去了解世界，丰富孩子的创造力想象力。

甄维旭和许亦蓁的公司没过多久，通过盈利将当地政府的贷款还清，并且将所有设备的所有权和使用权收回。公司的元宇宙实验包也开发得十分成功，他们可以卖衣服的模型包，农田种植经验的模型包等等。当地政府的经济增长目标也圆满完成，而且当地的就业问题得到了巨大的改善，很多大城市工人都回流到这里，整座城市朝着更加繁荣的方向发展。

不久后的一天，甄维旭开着车飞速地往小镇赶，车内不停响预警"您即将超速，请减速慢行"，家人在元宇宙中看着甄维旭的车也是不断地说着"甄维旭你注意安全"。甄维旭的父亲和母亲以及妻子孩子都在医院，父亲忽然晕倒，妻子迅速地给父亲带好了手表并直接呼叫了救护车，医生在看到甄维旭的父亲的身体信息后便直接指挥甄维旭的妻子进行简单的急救和处理。在医生赶到之后，就地开始了手术，救护车携着做手术需要的所有工具，通过元芯片，医生在远程直接进行手术，甄维旭的父亲有惊无险，没有了生命危险。

甄维旭一直陪在父亲的身边，通过元宇宙进行远程办公，没有耽误工作，也照顾好了家人。

甄维旭一个人坐在山坡上，小时候的小山坡还在，他不禁躺下身去，望着天空，似乎又是想起了什么，眼镜渐渐闭拢。一阵风凶猛吹过，掠过小山坡，甄维旭肚边的衣服被风吹开，甄维旭伸手拉紧上衣。山坡下传来一阵喊声"甄维旭，甄维旭，你是不是在这里"，甄维旭听得有点恍惚，急忙应道"是我，我在这呢，你不要上来，起风啦，我现在下去"。

甄维旭刚刚说完，许亦蓁就已经爬到山坡上了，脸上挂满了欣喜，或者说是脸上挂满了灿烂的笑容。

又一阵风吹过，拂过许亦蓁的脸，许亦蓁的脸上还是闪烁着那副笑容，他对甄维旭一直是这样子的表情，他对所有事情都是这个表情，有风没风都一样。甄维旭看着远处，嘟囔着"这个风，如果有风筝就好了"，随后他忽然看向山坡旁的一处，"现在有花在其实也很不错"。

"愿科技进步的这股风吹拂之时，你我梦想的种子能在土壤内生根、发芽、绽放于天地之间。"

第十章 元宇宙的经济治理

第一节 经济治理

一、关键原则

随着元宇宙经济与数字经济的发展，元宇宙中个人、企业之间的生产经营活动与现实接轨，人们对元宇宙的有效治理机制的需求日益强烈，经济治理问题也将从幕后被推至台前。同时，元宇宙的经济治理涉及建立规则、协议和机制，以监管在涉及生产、交换、分配和消费各个环节的虚拟货币、资产和市场，旨在创造公平和稳定。以下是一些关键原则。

1. 透明度

区块链提供的透明且不可更改的"分类账"可以记录和验证交易，参与者更容易验证和跟踪交易、所有权和其他相关信息，确保金融交易、供应链和数据管理的透明度。在区块链或去中心化系统参与下，虚拟货币及其创建、分配和交换的明确规则、指导方针和信息可供用户访问，元宇宙能回应有关虚拟资产的供应、需求和定价的信息的诉求。

2018 年，英美媒体曝出 Facebook 多达 5000 万用户信息失窃，《纽约时报》和《卫报》报道称 Facebook 应用软件开发者使用用户数据与 Cambridge Analytica 进行交易，使得 Cambridge Analytica 对选民进行精准定向广告和操纵选举结果。"Cambridge Analytica 数据泄露丑闻"事件为社会敲响对"透明度"问题的警钟：Web 2.0 时代的发展使得个人数据的收集和分享变得更加广泛和普遍。无论是社交媒体平台、应用程序还是在线服务等都需要用户提供个人信息，而平台根据用户个人信息进行内容推荐、个性化服务和广告定位所使用的算法缺乏透明度，用户难以了解其工作原理以及具体影响。用户的个人信息一经提交就失去了对个人信息的掌握：个人信息的使用与交易全部由公司主导，而用户对信息的去向无法明确的感知，用户的个人信息成了各大平台予取予夺的提线木偶——信息缺乏验证和可信度，隐私问题、虚假信息和谣言传播、数据鸿沟以及监管不力等各种问题滋生。

2. 用户授权

用户授权指根据用户的凭据或权限授予或拒绝用户访问权限的过程，涉及用户的身份验证，并确定在虚拟世界或在线平台内的访问权限和资源。而元宇宙的经济治理涉及建立规则、条例和系统，以管理虚拟世界或在线社区用户的经济行为。用户授权和虚拟世界治理在确保虚拟世界和在线社区的安全性、完整性和正常运行方面发挥着至关重要的作用，在保护用户隐私、防止未经授权的访问与实现积极的用户体验等方面发挥重要作用。

互联网时代的用户授权经历了几个阶段的发展：初期的简单授权，用户提供基本的个人信息（如账号、密码、用户名等）以访问、使用网站或应用程序；随着社交媒体的兴起，社交媒体平台的注册和使用需要用户授权个人信息、社交关系等更加广泛的数据，例如 QQ 等社交软件的应用需要获取用户的好友信息建立社交网络；再就是开放授权（OAuth）的推广，作为一种开放授权协议，OAuth 使得用户无须提供用户名和密码即可授权第三方应用访问其资源；其次是个性化推荐和广告定向，大数据和人工智能的发展促进用户授权纳入了包括个人信息、行为数据等更加多元的数据信息，以支持更精准的个性化推荐和广告定向；目前主要是自主数据控制的探索，区块链等新兴技术的发展使用户可以通过去中心化身份和数据管理系统获取更多的自主数据控制权。

3. 公平公正

元宇宙的经济参与者范围广泛，每个参与者都应该拥有平等参与经济活动并且获得收益的机会，经济利益与所担责任应得到公平分配，经济活动参与者应对自身行为负责，需要设计防止不公平优势或垄断行为的机制，确保所有参与者都有平等使用虚拟资产的机会。

2021 年 4 月 10 日，电子商务巨头阿里巴巴被指控违反《中华人民共和国反垄断法》并被罚款 182.28 亿元人民币。阿里巴巴在境内网络零售平台服务市场牢牢占据支配地位，在市场竞争过程中滥用其地位优势，以"二选一"的方式要求入驻平台的商家与该平台开展排他的独家合作，不接受"二选一"的商家会被阿里巴巴采取包括流量限制、技术障碍、搜索降权等惩罚，限制平台商家到其他平台发展，获得不正当竞争优势。诸如此类事件在Web 2.0 时代并不鲜见，尽管互联网技术和平台为经济发展作出重大贡献，但不公平现象仍需要得到社会关注：数字鸿沟，由于互联网基础设施建设不平衡问题，发达地区和欠发达地区的互联网发展条件不平衡；数据不平等，大型科技公司往往因其拥有更庞大、精确的数据而比小型企业和个人更具竞争优势，更易产生马太效应；互联网平台垄断，少数大型互联网公司通过控制市场和用户数据在市场堆砌更高的行业壁垒，限制市场竞争，形成垄断地位……种种不公平问题亟待政府、企业、社会合力解决，促进社会公平公正。

4. 经济稳定

经济稳定是指实现充分就业、物价稳定和国际收支平衡，并且包含经济增长的内容。元宇宙经济治理涉及建立管理虚拟经济的规则和条例，包括货币政策、财政政策和贸易条例。一方面，虚拟世界通常是动态环境，新技术、产品和服务可以在其中快速出现。因此，经济治理应该足够灵活，以适应这些变化，同时确保稳定；另一方面，元宇宙经济中可能存在欺诈和非法活动，有效的经济治理应包括发现和预防非法活动的机制。

20世纪90年代末至21世纪，投资者对互联网过度乐观的预计导致互联网公司股票价格虚高，产生严重的泡沫，泡沫破裂后引发了一场全球性的经济危机。互联网导致的经济不稳定现象需要持续关注：除上述的网络泡沫外，还包括技术性失业和转型，互联网引起的行业变革冲击部分传统产业导致失业；虚拟经济风险，虚拟货币价格波动、虚拟资产泡沫等问题存在潜在的风险和不稳定性，可能影响实体经济的发展；数据安全和隐私风险，数据泄露、黑客攻击等事件破坏企业和用户的信任，损害消费者和企业的利益……经济稳定任重而道远。

5. 法规遵从性

根据虚拟世界的管辖权和性质，确保遵守相关法律和法规框架。在元宇宙中从事生产经营活动的个人和企业需遵守相关的法律、法规和行业标准，以确保所有活动和交易都符合法律和道德要求，在法律框架体系内建立用户之间的信任关系，维护经济活动健康有序的运行。

Web 2.0时代出现的经济违法行为大致有以下情况：网络欺诈，违法分子通过虚假广告、虚假销售、网络钓鱼等手段实施欺诈行为，使受害者遭受经济损失；网络侵权，互联网复制成本较低等原因使得侵犯著作权、商标权、专利权等行为广泛存在；网络洗钱，利用计算机系统、网络和计算机数据，掩饰、隐瞒、转化犯罪收益所得……互联网的经济违法问题造成了个人、企业乃至整个社会的重大损失，落实法规遵从性尤为重要。

二、初创经济体的管理借鉴

1. 美联储

美联储（美国联邦储备系统）的形成，可以追溯到20世纪初。在1913

年之前，美国经常面临金融恐慌、银行危机和经济不稳定。在 1907 年更是爆发了一场严重的金融危机，直接暴露出美国金融体系的脆弱性和对冲风险能力不足的缺陷。缺乏监管货币供应和监督金融系统的中央权力机构使得美国在金融与经济的泥潭中越陷越深。

1913 年 12 月 23 日，美国通过了《联邦储备法》。该法案规定，美联储是美国的中央银行系统，由 12 家地区性联邦储备银行组成，由位于华盛顿特区的理事会监督。该法案的通过标志着美联储的正式成立。

美联储的历史意义在于其作为美国中央银行的关键作用。美联储的设立促进了货币稳定，建立了相对完善的银行体系，加强了对金融危机和经济衰退的应对和预防能力。美联储的权力包括：进行公开市场操作、设定利率和监管货币供给以影响经济状况，并实现维持价格稳定和促进最大限度地可持续就业的双重任务。

多年来，美联储在应对重大事件和经济挑战方面发挥了关键作用。在 20 世纪 30 年代的大萧条时期，美联储建立了紧急贷款机制，以稳定金融体系并抗通货紧缩。在随后的几十年里，它通过灵活调整经济战略以应对经济波动，例如在 20 世纪 70 年代控制通货膨胀和应对 2008 年全球金融危机。

此外，美联储是商业银行的最后贷款人，确保银行系统的稳定并防止银行挤兑。它还是金融机构的监管机构之一。它的货币政策对经济产生了深远的影响。

总之，美联储的成立是对历史金融动荡的回应，也对更稳定的银行体系的需要。纵观其历史，它已成为美国经济的重要支柱，在确保货币稳定、监管金融体系和应对经济挑战等方面发挥着至关重要的作用。美联储的政策对美国经济增长、就业和通货膨胀产生了重大影响，是世界上最具影响力的央行之一，也为元宇宙货币系统的创建和管理提供了宝贵经验。

2. 美国国税局

美国国税局的组建可以追溯到美国税收制度的建立。在 1971 年至美国独立战争之前，各个殖民地缺乏一个统一的联邦税务机构，各个殖民地政府主要依靠关税、土地税和其他费用来筹集财政收入。在独立战争后的美国建国初期，政府需要更为可靠和稳定的财政来源来支持联邦事务。

1787 年，美国宪法获得通过并为联邦政府征税提供了法律依据。而后在 1862 年，亚伯拉罕·林肯总统签署了《所得税法案》，首次引入了联邦所得税，并成立了美国国内收入局（Internal Revenue Service，IRS）。IRS 的主要职能是执行全国性的个人所得税，负责注册纳税人、征收税款、处理税务申报和审计等工作，并协助国家筹集战争资金。1913 年，根据第十六条修正案，国会通过了《一般所得税法案》，建立了现代个人和企业所得税制度，为国家提供了可持续的收入来源。1953 年至今，IRS 继续以征收和管理税款作为主要责任，同时根据税收法规，负责税收法规的遵守、监督和执行。

随着经济的逐步发展和制度的逐渐完善，美国 IRS 在不断适应经济治理变化的同时也在发挥着重要的作用。从最初的地方税收机构到建立全国性个人所得税制度，再到如今的主要税收机构，IRS 不仅负责征收税款，还承担着管理税务事务、执行税收政策、提供纳税服务和维护税收秩序的职责，在税务征收、税务合规、信息服务等方面取得了重要成就。其存在使得联邦政府得以持续获得财政收入，纳税人能够履行纳税义务，社会得以享受福利和公共服务。

IRS 的案例为元宇宙经济治理的税收体制提供了参考范本，为元宇宙的税收政策指明前途与方向。

3. 美国联邦贸易委员会

美国联邦贸易委员会（Federal Trade Commission，FTC）成立于1914 年，是美国一个独立联邦机构，目的是确保国际市场行为具有竞争性且繁荣，高效地发展不受不合理的约束。它也通过消除不合理的和欺骗性的条例或规章来确保和促进市场运营的通畅。

FTC 的形成源于对垄断行为和不公平竞争的担忧。19 世纪末，美国经济迅速发展，垄断企业的出现引发了公众对于垄断行为和不公平竞争的担忧。并且这些垄断企业通过操控价格、排挤竞争对手等手段破坏市场竞争，损害消费者利益。而后，以《谢尔曼反托拉斯法案》（Sherman Antitrust Act）和《标准石油案》（Standard Oil case）为代表的一系列案件也助推 FTC 的成立。最终美国国会于 1914 年颁布了《联邦贸易委员会法》（Federal Trade Commission Act），正式建立了 FTC。该法案赋予 FTC 反垄断和保护消费者的职责，授权其调查和起诉违法行为。

FTC 成立后有效限制了垄断行为，揭示了垄断对市场竞争和消费者权益的潜在危害，并且通过打破垄断企业的统治地位，确立了对垄断行为进行监管和制约的重要原则，同时促成了一系列反垄断法案的制定和修订，如 1890 年的《谢尔曼反托拉斯法》和 1914 年的《克雷顿法案》（Clayton Act）等反垄断法案提供了明确的法律依据，以限制、预防和打击垄断行为，保护市场竞争和消费者权益；奠定了维护市场竞争的原则，通过限制垄断和恶意拖拉斯行为，确保公平竞争、促进创新和保护消费者权益。

总之，FTC 的成立不仅强化了反垄断执法的机构化和专业化，还为维护市场竞争、保护消费者权益和推动国际反垄断合作作出了积极的贡献，为经济治理版图贡献出创新与竞争问题的解决的有效方案。

在元宇宙经济治理原则以及上述三个经济治理组织经验的指导下，一个健康有序的元宇宙经济治理系统应包括：货币发行和管理系统、税务系统、市场秩序维护系统。

第二节　货币发行和管理系统

货币发行和管理系统：构建货币管理系统以处理元宇宙中虚拟货币的发行、流通和管理，而其过程可能会由于具体的加密过程和底层技术产生差异。

一、货币系统的创建

1. 虚拟货币的概念

元宇宙货币系统创建者将虚拟现实（VR）、增强现实（AR）、区块链技术以及数字资产等结合，对虚拟货币的用途、目标以及功能作出具体明确的界定。决定该虚拟货币流通所要解决的问题有以下三个。

（1）区块链技术：区块链作为提供去中心化的交易记录和账本，可以实现货币的创建、交易，确保交易的安全性以及透明性；

（2）数字资产：类比现实资产，元宇宙货币可与数字资产（例如虚拟艺术品、虚拟房产）的价值挂钩，以元宇宙货币作为媒介和价值储存工具在元宇宙经济社会中进行自由交易；

（3）元宇宙经济生态系统：元宇宙货币涉及元宇宙经济生态系统的搭建，包括供应链、商业模型、交易市场和金融服务等为元宇宙内的用户和企业提供交易以及商业机会。

2. 白皮书

元宇宙货币系统创建者准备一份白皮书概述虚拟货币的技术细节、功能和实施计划，通过揭示虚拟货币背后的技术机理、现实功能及用途，详尽地分析探讨虚拟货币的底层技术、功能、实施计划、分布模型和任何其他相关信息，致力于提供全面清晰的虚拟货币认知指南。

3. 代币创建

基于选定的技术，创作者开发虚拟货币的代币。这些代币既可以是可替代的（可互换的），也可以是非可替代的。代币通常使用智能合约在区块链上创建和发行。

4. 首次代币发行（ICO）

元宇宙货币系统创建者可以通过 ICO 资助虚拟货币的开发和分销。在最初的加密货币繁荣时期，ICO 是一种流行的分发方法，一个项目或公司将其新创建的加密货币代币的一部分出售给投资者，以换取例如比特币或以太币等已建立的加密货币。而此过程在元宇宙货币系统应同样适用，以 ICO 或代币销售期筹集的资金将用于支持项目的开发和运营。

5. 代币销售和首次交易所发行（IEO）

与 ICO 类似，代币销售和 IEO 涉及向投资者出售新创建的代币。然而，这些销售是通过加密货币交易所进行的，为投资者提供了一个监管更严密、更安全的环境。进行代币销售或 IEO 的项目通常与交易所合作，在其平台上举办销售。

6. 分发和分配

代币销售完成后，创作者将购买的代币分发到投资者的钱包中。分发可以通过自动化流程或手动分配进行，具体取决于项目的规范。

7. 二级市场交易

初始分发后，代币可以在加密货币交易所或其他平台上进行交易。代币的价值可能会根据市场需求和供应动态而波动。

二、货币系统的管理

1. 建立中央银行

应在元宇宙经济建立虚拟中央银行。中央银行固有的三大职能是发行的银行、银行的银行和政府的银行，主要通过制定、执行货币政策管理货币、调节经济和维持市场秩序等方面发挥作用；同时，中央银行将监督货币的发行、流通和估值。

1913 年成立的美联储是美国经历 1893 年经济恐慌、1907 年金融危机等一系列金融恐慌和经济危机的产物，其成立的主要动机是解决银行业危机，主要目标是维护货币和金融体系的稳定，为美国提供稳定的货币供应和信贷体系，以及在经济萧条时提供支持。而后在美国经济发展过程中，美联储也在稳定金融体系、控制通货膨胀、应对经济危机、外汇管理和金融体系改革等方面发挥了重要的作用。

2. 货币供应、通货膨胀和通货紧缩机制

货币系统的管理者需要决定货币的初始供应量，并设计通货膨胀或通货紧缩机制来控制货币供应的增长，经济过热时，经济中总需求大于总供给，为控制总需求应采用紧缩性政策，反之亦然。通过引入控制通货膨胀和通货紧缩的机制，控制货币量影响利率，进而影响总需求，有助于维持货币的稳定价值，避免通货膨胀或通货紧缩对经济系统的不利影响。

20 世纪 70 年代，由于 1973 年石油禁运和随后的 1979 年能源危机引发的原油价格大幅上涨，美国面临着严重的通货膨胀问题，联邦储备银行使用货币政策成功控制通货膨胀，具体的措施为：使用紧缩货币政策，包括提高利率以减少消费者支出和商业投资，减少能源成本增加对价格造成的上涨压力；控制货币量的增长，以减少流通货币扩张的方式试图限制信贷的可用性，并鼓励提高储蓄率；"沃尔克冲击"，美联储主席保罗·沃尔克领导美联储实施将价格稳定置于经济增长之上的政策，大幅加息，以经济衰退的代价最终遏制了通货膨胀；控制预期，美联储作出了维持价格稳定的承诺，并表示愿意采取严厉措施控制通胀，以稳定长期通胀预期……通过多项货币政策应对原油价格下降，美国尽管遭受着短期经济痛苦，但其相关措施在遏制油价冲击下的通胀压力和在随后几年建立更稳定的经济环境方面发挥了至关重要的作用。

3. 经济政策与调控

管理者需要制定和实施适当的经济政策，包括货币政策、税收政策、贸易政策、市场监管以及社会福利政策等引导和促进元宇宙经济稳定增长、资源合理配置和社会公平。

4. 治理和决策机制

管理者需要建立有效的治理和决策机制，包括社区投票、代币持有者治理、委员会或基金会的设立、治理协议、社区协商和讨论等形式，以民主原则、程序化决策过程、开放式的沟通和参与机制等对元宇宙货币系统的特点、社区需求和治理目标进行权衡，确保治理机制具有透明度、代表性和可执行性，以保证系统的可持续发展和社区的利益。

5. 安全和防护措施

综合考虑技术、监测、教育和合规等方面，采取安全和防护措施来保护元宇宙货币系统免受安全漏洞、黑客攻击和欺诈行为的威胁，包括使用加密技术、多重身份验证、智能合约审计、安全漏洞修复、审查和监测交易、恢复和备份机制等手段最大限度地保护用户的资产和数据安全，并确保系统的可信度和稳定性。

6. 交易监管和反洗钱措施

制定适当的监管政策和反洗钱措施，通过合规审查、交易监测、合作与信息共享、法律合规和合规审计、技术创新和监管适应性等措施提高元宇宙货币系统的合规性和安全性，减少非法活动的风险，促进元宇宙经济的健康发展。

为虚拟世界构建货币管理系统需要仔细规划，考虑用户需求，并注意安全和经济原则。要平衡虚拟货币的设计与虚拟世界本身的目标和机制，以创建一个平衡稳定的可持续经济体系。

税收政策是国家或地区政府在一定的经济学理论指导下，根据当前政治经济形势因时制定的。自互联网诞生，其对全球范围的税收政策及体制或多或少产生了一些影响，除了税收本身的电子化管理升级之外，最显著的影响莫过于催生了一些新的税种，比如电子商务税、广告营销税、数字经济税等。互联网电商的兴起，使得传统实体店面的销售额下降，政府开始对电子商务征税。在中国，电子商务企业需要按照相关规定缴纳增值税和消费税，同时，对跨境电子商务的进口商品也会征收关税和进口环节增值税。同样，互联网信息传播的广泛性也扩大了企业广告营销的规模，进行广告宣发的平台从高昂的广告费中获取了巨额利益，政府会对在线广告平台征收一定比例的税。例如，谷歌、Facebook 等平台需要在每年广告宣发利润中缴纳所得税，并根据不同国家的法律规定缴纳适当比例的税款，随着数字经济的发展，政府需要调整税收政策以适应新的经济形态，数字经济出现以来，规模在飞速扩大，到如今产生的营收和税收都已经非常庞大。未来 Web 3.0 以及元宇宙的经济体系依然以数字经济为基础，但元宇宙具有一些与当前互联网行业税收政策异化的特点。

自"元宇宙"这个概念在 2021 年提出以来，与元宇宙有关的构想不断地诞生、更新，前所未有的发展势头和发展速度正在推动元宇宙产业链飞速成型。然而目前元宇宙的发展并未呈百花齐放的多元格局，而是呈现多巨头控制全产业链的局面，这样一来，就很容易出现市场操纵、欺诈等市场失灵的问题，因此必须针对元宇宙制定相应的税收政策以控制这些问题。

在现实经济下，有不少互联网龙头企业因涉嫌市场操纵、垄断而被处罚，也有因为偷税漏税等违法行为而被处罚。譬如，2021 年 4 月 10 日，在中国电商领域处支配地位多年的阿里巴巴被市场监管总局责令停止"滥用支配地位"的违法行为，并处以 182.28 亿元的罚款。无独有偶，2021 年 12 月 9 日，亚马逊集团被指控"涉嫌滥用其在电子商务物流领域的主导地位"，遭意大利反垄断机构处以约 11.3 亿欧元的巨额罚款。这些事件凸显了互联网企业在税收合规方面面临的挑战，以及政府为确保税收公平和有效征税所采取的行动。为了处理这些垄断问题，互联网企业通常需要与反垄断监管机构合作，提供相关数据和证据，并接受对其垄断行为进行整改的要求，并支付相应的罚款。这有助于维护市场竞争的公平性，保护消费者利益，促进行业的健康发展。

依据现实经济中的税收政策以及案例，国家或地区政府可以对元宇宙经济体系采取类似的税收政策并增加更严格的监管措施。这里对几个具有代表性的市场失灵的情形应当采取的税收政策举例。

1. 实施货币供应监管

为了控制通货膨胀，相关部门可以在元宇宙内设立一个独立的监管机构来监测和控制数字货币的供应量。该机构应具备专业的经济分析能力和监管经验，以便准确评估货币供应与经济发展之间的关系。通过建立有效的监控系统，监管机构可以及时获取有关货币供应量的数据，并进行分析和预测，以制定相应的调控政策。

监管机构可以根据经济状况，决定是否需要增加或减少货币供应。当通货膨胀压力较大时，监管机构可以采取限制发行新的数字货币或调整货币流通速度的措施，以稳定价格水平。同时，监管机构还可以制定相应的监管规定，约束虚拟经济中的金融机构和数字资产发行者，防止过度发行和滥用货币。

2. 征收通货膨胀税

元宇宙高速发展不可避免会引起或大或小的泡沫，通货膨胀也就随之产生。通货膨胀税是一种根据通货膨胀水平和物价指数进行调整的税收，旨在减少过度货币供应带来的通胀压力。该税项可以根据通货膨胀率来设定，当通货膨胀率超过一定阈值时，税率相应增加。通货膨胀税的征收可以在货币流通环节进行，例如交易、兑换和购买虚拟资产等。征收通货膨胀税可以提供一个调控机制，使过度发行货币的成本增加，从而减缓通货膨胀的速度。

此外，通货膨胀税的征收也可以为元宇宙的财政收入提供来源，用于支持公共服务、社会福利和基础设施建设等，从而实现财政可持续发展。

3. 征收交易税

为了防止市场操纵、减少欺诈交易的吸引力，相关部门针对元宇宙可以适当征收一定比例的交易税。这项税收政策可以减少高频交易和短期投机行为，降低市场操纵的可能性，增加欺诈者的成本和风险，降低其从欺诈行为中获得利润的动机。

交易税的征收可以根据交易额或交易频率进行调整，通过征收交易税，可以对交易者施加一定的成本，使其更加谨慎和理性地进行交易。在现实经济体中，与高交易频率相关的税务主要发生在金融领域，由于股票、期货等金融产品的价值价格瞬息万变且交易频率并不固定，于是有一些投机者就会利用金融市场的这些特点采取高频交易的手段来获取高额收益，而高频交易税正是为避免大规模高频交易出现而产生。高频交易者和操纵者往往依赖于大量的短期交易来获取利润，而交易税的存在将使这些行为变得更加昂贵和不划算。征收交易税时可以采用差异化税率的方式，对不同类型的交易设置不同的税率。例如，对于高风险和高频交易，可以设定较高的税率，以阻止欺诈行为。与此同时，对于普通交易和长期投资等低风险行为，可以设置较低的税率或豁免交易税。

4. 加强信息披露要求

为了防范欺诈行为，相关部门应加强元宇宙的虚拟经济平台和数字资产发行者对信息披露的要求。他们应该提供足够的信息，包括项目的背景信息、风险提示、财务状况等，以便用户能够全面了解投资和交易的情况。

现实经济体中，尽管互联网企业的信息披露流程可能因国家、地区和上市规则的不同而略有差异，但基本大同小异，信息披露的流程可以大致分为准备数据、内部审核、信息发布与披露、投资者回应和合规检查等步骤。根据这些步骤中需要准备的内容材料，元宇宙经济体系作为虚拟经济和数字经济发展的新产物，其信息披露要求可以包括虚拟经济平台和数字资产发行者披露其运营背景、团队成员、业务模式、收入来源等关键信息。此外，还可以要求披露项目的风险因素、潜在回报、合规措施等。通过信息披露，用户可以更好地评估投资和交易的风险和潜在回报，从而减少受欺诈行为的风险。

5. 加强监管执法力度

为了有效打击市场操纵行为，相关部门应当针对元宇宙建立专门的监管机构，负责监管和执法。该机构应设有专门的执法团队，负责监测市场行为、调查可疑交易以及对违规者实施惩罚。

监管机构可以建立监测系统，监控市场中的交易活动和价格变动。通过分析市场数据和行为模式，监管机构可以识别潜在的市场操纵行为，并采取相应的调查和处罚措施。此外，监管机构还应加强与执法机构和司法部门的合作，确保市场操纵者受到应有的法律制裁。

强化监管和执法不仅需要严格的法律和规章制度，还需要投入足够的人力和技术资源。监管机构应吸引和培养专业人才，提供先进的监测工具和技术支持，以保持监管的高效性和及时性。

在元宇宙的经济体系中，这些税收相关政策具体措施的实施需要与其他监管和法律制度相互配合，形成协调一致的框架，以保护元宇宙经济的正常运行和用户的利益。同时，政策的制定和执行应充分考虑元宇宙的特殊性和发展需求，与利益相关方进行广泛的讨论和合作，以确保税收政策的公平性、有效性和可持续性。

第三节　创新与竞争问题的有效解决

在打造元宇宙环境的道路上，我们需要实现数字生态系统中各种设备和平台的紧密互连和高效操作。

如今，大型科技公司正在以惊人的速度扩张规模，甚至通过并购来塑造构建虚拟环境的拼图。以 Meta 公司为例，该公司一直在视频游戏和社交媒体领域展开大规模的收购行动。

Meta 并不是唯一在这个竞技场上挥舞巨资的选手。许多其他巨头公司也在奋力拼搏，争相夺取这个新兴市场的控制权。这种情况引发了许多担忧，人们担心这种竞争可能导致市场被少数几家巨头公司所垄断，进而影响到创新和竞争的多样性。可能造成的问题有以下三种。

一、融汇贯通：标准化与互操作

在元宇宙的构建过程中，标准化和互操作性变得至关重要。标准化和互操作性是任何技术发展和进步的重要支柱，尤其是互联网行业。

首先，标准化确保了不同系统之间的一致性和统一性，使不同的设备、软件和平台能够协同工作。

另一方面，互操作性是异构系统之间的桥梁。它类似于通用翻译器，允许设备和网络理解彼此的信号并在没有冲突的情况下共享数据。互操作性消除了曾经分隔技术的障碍，将它们像错综复杂的挂毯上的丝线一样连接起来。这种连通性产生了一个巨大的可能性网络，协作和集成成为常态。

互联网发展过程中标准化的一个经典案例是传输控制协议（TCP）和互联网协议（IP），统称为 TCP/IP。这些协议构成了数据在互联网上传输和路由的基础。通过定义一套设备在传输和接收数据时必须遵循的规则，TCP/IP 使来自不同制造商和不同网络的设备之间的无缝通信成为可能。另一个重要的标准化过程是超文本传输协议（HTTP）的创建。该协议定义了 Web 浏览器和 Web 服务器如何相互通信，使我们能够访问网站和浏览互联网。HTTP 建立了请求、发送和显示信息的统一方式，彻底改变了我们访问和共享全球信息的方式。

域名系统（DNS）是互联网发展过程中标准化的另一个显著例子。DNS 将人类可读的域名（如 www. example. com）转换为机器可读的 IP 地址（如 192.0.2.1）。这个标准化的过程使我们能够使用直观的名称访问网站，而不是烦琐的数字地址。此外，可扩展标记语言（XML）在 internet 上数据表示的标准化中起着至关重要的作用。XML 定义了一组结构化数据的规则，使得在不同的系统和应用程序之间交换信息变得容易。它是各种基于 Web 的技术的基础，包括 RSS 提要、SOAP 和 Web 服务。

标准化和互操作性是我们今天所知道的互联世界的隐形架构师。它们提供了技术进步所依赖的脚手架，允许无缝通信、协作和创新。如果没有它们，互联网和其他技术将成为脱节系统的杂音，限制我们探索新领域的能力。

大型科技公司可能会在定义技术标准和协议方面发挥关键作用，推动元宇宙的整体架构。然而，这种做法也存在风险，因为某些科技公司可能会试图塑造新兴的元宇宙标准，以符合他们的商业实践，甚至为其带来利益。这引发了一些人的担忧，他们认为应该注重技术解决方案、协议和支持互操作性，以构建一个真正开放的虚拟世界生态系统。他们警告说，如果我们不谨慎，这可能会导致开发者被局限，消费者的选择受限，进而阻碍竞争性创新的发展。

这种争议的核心在于平衡。我们希望元宇宙能够迎合各种需求，满足不同用户的期望，同时又不至于让少数人过度掌控和限制创新。因此，我们需要建立开放和透明的讨论机制，确保标准制定的过程公正而包容。

二、商战巅峰：杀手级并购与掌控合纵连横

杀手级并购和合并控制是一个引人关注的问题，尤其在虚拟环境中。我们首先来了解一下什么是杀手级并购以及合并控制。

假设有两家智能手机公司，A 公司和 B 公司。A 公司是一家拥有很大市场份额的老牌公司，而 B 公司是一家规模较小但创新性强且增长迅速的公司。认识到 B 公司的创新产品所构成的威胁，A 公司决定收购它，不是因为他们想培育小公司的成长，而是为了消除一个竞争对手。这次收购是合并控制发挥作用的地方。就像在体育比赛中有裁判来确保公平竞争一样，也有监

管机构负责监督并购,以确保公平竞争。

当杀手级并购发生时,它会引起这些监管机构的注意。他们审查拟议的合并,以确定它是否会损害竞争和消费者。他们评估各种因素,如合并公司的市场份额,对价格和产品选择的潜在影响,以及合并后仍然存在的竞争水平。继续我们的例子,监管机构可能会审查 A 公司对 B 公司的收购,如果他们发现合并会显著减少智能手机市场的竞争并损害消费者的利益,他们可以阻止收购或对收购施加条件。例如,他们可能要求公司 A 出售某些资产或将其技术许可给其他竞争对手,以维持竞争格局。

合并控制的目标是防止占主导地位的公司扼杀创新和消除竞争。它确保市场保持活力,多个参与者提供不同的产品和服务,使消费者有更好的选择和公平的价格。总而言之,杀手级并购是指大公司收购小公司以消除竞争,而合并控制是监管机构审查这些收购的过程,以确保它们不会损害竞争和消费者利益。这就像在商业世界里有裁判,确保每个人都按照市场及其参与者的利益行事。

在一个熙熙攘攘的市场,不同的企业相互竞争。有时,一个大公司试图收购一个小的竞争对手,以消除竞争,保持其主导地位。这种策略被称为"杀手级收购"。

在现实生活中,我们所熟知的 Facebook、谷歌、微软等互联网巨头公司在市场竞争中也采取过并购的策略。

在 Facebook 崛起的日子里,年轻的马克·扎克伯格(Mark Zuckerberg)创造了一个团结朋友和敌人的虚拟王国。社交网络的爆炸式增长就像一颗超新星,它耀眼的光芒吸引着来自全球各个角落的用户引发了一场激烈的主导权争夺战,竞争对手争相效仿它的成功。

谷歌的创始人拉里·佩奇(Larry Page)和谢尔盖·布林(Sergey Brin)策划着他们自己的征服。搜索引擎的无所不知使它能够窥探到互联网的最深处,谷歌在改进搜索算法方面的坚韧确保了它在搜索领域无可争议的统治者地位,坚韧抵御挑战者。

在微软王国,比尔·盖茨(Bill Gates)塑造了个人电脑领域的格局。Windows,微软的旗舰操作系统,成了数字革命的基石。随后与监管机构就反垄断问题展开的斗争,但这个帝国经受住了考验,在小规模冲突中焕发出新的活力。

在照片分享领域,出现了一款名为 Instagram 的应用。它以其神奇的滤镜和视觉魅力吸引了大量用户。Facebook 看到了 Instagram 的吸引力,感觉到了未开发的潜力,试图将它们的版图统一在一个旗帜下。Facebook 富有远见的掌权者马克·扎克伯格看到了这两个市场之间的协同效应。扎克伯格向 In-stagram 的凯文·斯特罗姆（Kevin Systrom）发出了邀请。在那里，这两个未来的盟友达成了一项协议———一笔 10 亿美元的惊人收购——对于一个尚未充分发挥潜力的初创公司来说，这是一个难以想象的数字。

扎克伯格对扩张的渴望是无止境的，他把目光转向了另一个领域——信息王国。WhatsApp 出现了，这是一个令人敬畏的通信领域，拥有数十亿忠实的用户。扎克伯格再次选择通过并购扩大商业版图，最终达成了一笔价值 190 亿美元的巨额交易。WhatsApp 很快就被纳入了 Facebook 旗下，成为历史上最大的科技收购之一。

就这样，虚拟世界开始形成———一个相互关联的宇宙，Facebook、Insta-gram、WhatsApp 和其他领域并存，通过无数的虚拟途径相互联系。

在元宇宙中，界限模糊，创新没有限制。新的联盟将被建立，新的领土将被征服。就像 Facebook 试图将 Instagram 和 WhatsApp 联合起来，创造一个更加互联的领域一样，未来的虚拟世界先驱将寻求在虚拟领域之间建立桥梁，推动可能性的界限。

Facebook 凭借战术大师般的战略，收购了 Instagram 和 WhatsApp，巩固了其在社交媒体和通信领域的地位。谷歌也不甘示弱，将 YouTube 加入了自己的武器库，控制了蓬勃发展的在线视频领域。微软也通过收购扩大了自己的领域。

但即使在他们争夺霸权的时候，也有不稳定的联盟时刻。就像敌对的部落联合起来对抗共同的敌人一样，Facebook 和微软结成了战略伙伴关系，集中力量对抗谷歌的蚕食。

但在战场之外，他们竞争的影响是深远而广泛的，改变了现代社会的结构，影响了人们联系、沟通和消费信息的方式。

元宇宙的竞争环境就像是一座庞大的竞技场，不同公司就是彼此的对手。然而，一些巨头公司却选择了一种更低调的战术。他们像隐形杀手一样潜伏在暗处，等待时机，然后突然发动收购行动，将那些充满创新力的新兴竞争对手吞并。这样一来，他们就可以掌握未来竞争的主动权，将其他竞争对手排除在外。

这个问题不仅在元宇宙的发展中引起了关注，也引发了监管机构的担忧。他们开始思考，现有的监管机制是否足够强大，能否应对高科技行业中的垄断问题。特别是欧盟委员会在谷歌收购可穿戴健身设备公司 Fitbit 的案例中，是否能有效运用并购授权来解决这一问题。

我们需要认识到杀手级收购的潜在危害。当这些巨头公司吞并创新型企业时，整个市场环境可能会变得单一、缺乏多样性。这可能会抑制创新的蓬勃发展，损害用户的选择权，以及对竞争性创新的破坏。

三、撼天动地：反垄断之剑与维护市场自由

反垄断问题是构建元宇宙时需要面对的一个重要挑战。这个新兴的数字市场为一些公司提供了无与伦比的机会来垄断市场。

想象一下，走进一家超市，货架上整齐地摆放着一排排的商品。有一家大公司不仅销售自己的商品，而且拥有超市。现在，该公司战略性地将自己的产品放在视线水平的位置，给它们提供突出的货架空间和精美的展示，而其他品牌则被隐藏在较低或模糊不清的货架上。这就是自我偏好。

在数字世界中，当一家公司（通常是一家占主导地位的公司）对自己的产品或服务给予比竞争对手更优惠的待遇时，就会出现自我偏好。例如，一家大型科技公司拥有的搜索引擎，它没有提供公正的搜索结果，而是始终把自己的产品或服务放在搜索结果页面的顶部，即使它们可能不是最相关或最适合用户的选择。这种自我偏好的做法会扼杀竞争，限制消费者的选择。这就像超市里的大公司利用自己的影响力把自己的产品推到前面，让小品牌更难竞争，让顾客更难寻找替代品。

当你正在浏览一个网上购物网站，兴奋地发现了一双完美的鞋子。当你在选项中滚动时，会出现一个弹出窗口，敦促你"立即购买"，倒计时时钟正在滴答作响。该网站使用有说服力的策略来制造一种紧迫感，促使你匆忙做出购买决定。这些用于影响用户行为和决策的欺骗性和操纵性设计技术被称为黑暗模式。他们就像一个狡猾的销售人员，他们用诡计让你买一些你可能并不真正需要或想要的东西。

黑暗模式有多种形式。例如，你注册了一项服务的免费试用，但当你试图取消它时，取消过程被故意复杂化。该网站隐藏了"取消订阅"按钮，用恐吓信息轰炸你，或者要求你浏览多个页面，希望你放弃取消订阅，继续付费。

黑暗模式利用我们的认知偏见和情感来推动我们采取某些行动，通常有利于设计背后的公司，而不是优先考虑用户的最佳利益。它们可能会让用户难以做出明智的选择，操纵他们的决定。

无论是自我偏好还是黑暗模式，他们的目标都是让消费者只使用他们自家的产品和服务，从而排除其他竞争对手。这种做法可能导致缺乏选择、缺乏创新和缺乏公平竞争。

为了解决这个问题，监管机构需要发挥作用。一些监管机构，比如德国联邦卡特尔局（Bundeskartellamt），已经开始努力解决新兴虚拟现实市场的黑暗模式问题。

Oculus 在其富有远见的领导者帕尔默·拉基（Palmer Luckey）的领导下，试图通过虚拟现实的魔力将人们带入幻想的领域，从而重新定义人类对虚拟现实的体验。

Oculus 吸引了科技爱好者、游戏玩家和梦想家的想象力。他们的发明，Oculus Rift——一个光滑的头戴式设备，允许用户进入另一个维度的世界，沉浸在一个数字魔法的宇宙中。软件和游戏发行商 ZeniMax Media 声称，Oculus 窃取了其技术，以打造其革命性的虚拟现实设备。

这两家公司之间的冲突引发了一场规模空前的法律战。ZeniMax Media 的律师指控 Oculus 及其年轻的领导者帕尔默·拉基窃取了他们的神圣知识。法庭变成了战场，双方都展示了他们的证据、他们的证人和他们对真相的看法。

最终，Oculus 的命运掌握在法院手中，一群公正的法官将决定这场激烈争端的结果。全世界都屏息以待，等待可能永远改变虚拟现实历史进程的裁决。当木槌敲出最后一击时，判决传遍了整个领域——Oculus 被判犯有部分不法行为。法院裁定 Oculus 必须为其违法行为付出沉重的代价，他们新获得的财富中有一大笔要交给 ZeniMax Media。

Oculus 一案被载入了科技传奇的史册——一个关于创新、野心和背叛的故事，与知识产权的复杂性和对虚拟梦想的追求交织在一起。尽管遭遇了法律上的挫折，但 Oculus 仍在继续它的旅程，它的技术进入了数百万人的心灵和思想，塑造了虚拟现实的未来，并在数字领域留下了持久的印记。

在元宇宙环境的构建中，竞争对手需要进行沟通、协作，并确保平台的互操作性，这也可能引发一系列反垄断挑战，如涉及敏感信息的共享、定价问题，以及涉及受到竞争法审查的竞争对手之间的协议。

在元宇宙的构建过程中，我们必须要求竞争对手进行沟通和协作，确保平台的互操作性。这样一来，我们才可以建立一个公正、多元化的数字世界，让不同的公司和创新者共同参与，推动元宇宙的繁荣和发展。

然而，这种合作也可能引发一系列反垄断挑战。例如，在敏感信息共享方面，我们必须确保数据的安全和隐私；在定价方面，我们需要确保公平的竞争环境；而受到竞争法审查的竞争对手之间的协议需要符合公平和透明的原则。

这一系列的问题会对监管造成一定的影响。例如，当涉及并购的监管问题时，引发了欧盟范围内激烈的辩论。人们开始讨论是否需要修改现有的并购法规。有一些变化已经实施或正在考虑中，旨在应对数字市场中的合并和"杀手级收购"。在美国，也有人呼吁对并购控制进行改革，以解决来自设备数据收集、定向广告、黑暗模式以及其他形式的强制性选择架构等问题，这些都是构建元宇宙环境的基石。

针对反垄断问题，政府需要通过监督管理来确保虚拟世界中的公司遵守相关的数字法律和竞争框架。现有的竞争法，包括最近通过的《数字市场法案》（DMA），在某种程度上解决了一些反垄断问题，比如虚拟世界平台对自家内容的自我偏好或拒绝竞争对手进入虚拟世界空间。一些专家认为应该对反垄断法进行调整，以解决虚拟世界中出现的竞争问题。另一些专家则建议在更广泛的范围内推动消费者自主权，禁止使用黑暗模式，并实施数据孤岛政策，以阻止跨市场数据流。

在规范标准设置和互操作性方面，一些专家呼吁我们努力推动开放元宇宙标准的发展，而不是专有标准。我们应该为所有人打造一个开放、共享的环境，而不是让少数人垄断规则。通过促进开放标准的制定，鼓励元宇宙社区的蓬勃发展，让每个人都能参与其中，创造出一个充满创意和交流的繁荣世界。

第十一章 元宇宙发展现状与限制

第一节 世界主要国家和地区的元宇宙发展现状

一、中国:"十四五"数字梦想与元宇宙崛起

在元宇宙的编年史上,2021 年是"元宇宙元年",开启了一场数字奥德赛——激发数字化力量、建设数字中国。这一年,元宇宙第一次成为人们关注的焦点,并在《中华人民共和国国民经济和社会发展第十四个五年规划和2035 年远景目标纲要》的指导下,将数字发展与实体经济紧密结合。

在"十四五"经济高质量发展的大熔炉中,两个关键目标占据了中心位置。首先,国家致力于开启新的基础设施时代,包括光纤网络的快速扩张,5G 技术的广泛应用,以及第六代移动通信 6G 的诱人前景。其次,数字经济成为人们关注的焦点,国家在追求数字工业化的道路上取得了突飞猛进的进展。随着云计算、大数据和人工智能等技术日益发展,区块链技术以及数字孪生、城市智能、脑机共生等元宇宙奇迹的突破为数字发展指明了新的方向。

这些努力共同讲述了中国政府为塑造其数字命运而不懈努力的故事,用无限的愿景架起了想象与现实的桥梁。

二、美国:元宇宙与市场法案的交响乐

据统计,从 2021 年到 2022 年,美国共发布了 11 项法案和报告,这些法案和报告都随着元宇宙的节奏翩翩起舞。在这首充满活力的交响乐中,美国国会研究服务部(CRS)以一份杰作占据了舞台中心——一份启发性的元宇宙报告,《元宇宙:国会的概念和问题》于 2022 年 8 月 26 日发布。该报告,不仅对基础概念和关键技术进行了精确剖析,还为国会的信息统计和清算奠定了基础。

三、欧盟法规：数据与元宇宙的守护者

2018 年和 2020 年欧盟《通用数据保护条例》（General Data Protection regulation）出台。2020 年，《数字市场法案》出台，它的作用是保护新生的数字技术领域及数据。2023 年，《加密资产市场法规》和《Web 4.0 和虚拟世界倡议》相继发布，呼吁提高透明度，坚定不移地保护用户隐私的神圣性，并对高风险应用程序施加沉重的约束。

四、日本：Web 3.0 与元宇宙的政策潮

2023 年 4 月，日本发布《Web 3.0 白皮书：迈向人人都能利用数字资产的时代》，准备抓住 Web 3.0 时代展开的机遇，推动日本经济的发展。它预示着数字政府时代的迅速到来，预示着数字化转型的飞速发展席卷了整个企业领域。

日本专门设立了与 Web 3.0 相关的职能部门，并发布了多个支持 Web 3.0 产业发展的政策，证明了它对 Web 3.0 技术的无限热情，这种热情为虚拟世界的壮观崛起奠定了基础。在动画和游戏内容领域的肥沃土壤中，日本一直在不懈地追求，渴望成为虚拟世界创新的先锋。

五、韩国：元宇宙联盟和金融浪潮

2021 年 5 月，韩国科学技术和信息通信部发起成立了"元宇宙联盟"，该联盟由现代、LG 和三星等行业巨头和包括韩国移动产业联合会在内的 25 家知名企业组成。它是世界上第一个元宇宙联盟，一个致力于交换元宇宙技术和项目的思想聚会。

在首尔熙熙攘攘的街道上，韩国政府展开了宏伟的蓝图——首尔愿景 2030（Seoul Vision 2030）计划。从 2021 年 10 月到 2022 年 1 月，在令人兴奋的三个月里，8 只元宇宙 ETF 基金进入韩国的金融领域，掀起了超过 10 亿美元的惊人资本浪潮。在韩国政府的大力支持下，元宇宙产业蓬勃发展，在创新的画布上描绘出蓬勃发展的生动画面。

第二节 元宇宙建设的领军企业

一、Meta：元宇宙的先行者

Facebook 一头扎进了无限广阔的元宇宙，在 2021 的暮色中以大胆的新身份重生。这种转变使 Facebook 一跃成为全球范围内元宇宙先驱的先锋，标志着它大胆地跨入了未知领域。

Meta 展开了一个错综复杂的计划网，将自己塑造成一个开放的、相互联系的、充满可能性的虚拟领域的首席建筑师。在这个领域中，用户注定会沉浸在丰富而深刻的元宇宙体验中。

在 Meta 的元宇宙总体规划中，掌舵人马克·扎克伯格设想创造一个数字领域，沉浸在虚拟现实的虚幻奇迹中，用户可以无缝地工作、发现、建立联系，并享受游戏。这是一个超越传统互联网边界的愿景，创造了互动和交流的新前景——"下一代计算平台"。为了实现这一愿景，Meta 运用了一系列强大的变革性技术：虚拟现实（VR）、增强现实（AR）、人工智能（AI）、全息显示，以及自然语言处理等。这些技术融合成一曲创新的交响乐，创造出身临其境、栩栩如生的虚拟体验，智能互动在其中蓬勃发展。

然而，Meta 的雄心远不止于技术。Meta 对一个广阔、开放的虚拟世界生态系统有着宏伟的愿景，它吸引着开发者和创造者参与到这个数字宇宙的创造中来。

二、腾讯：探索数字世界的创新乐曲

腾讯（Tencent）是中国最大的互联网公司之一，在元宇宙领域积极布局。在"元宇宙＋"战略的旗帜下，腾讯准备将元宇宙与他们在游戏、社交网络和娱乐方面的强大优势融合在一起。他们的愿景是打造一个领域，让用户获得全新的虚拟体验，一个互动无界的空间。这是一个大胆的计划——线上和线下世界的大整合，虚拟现实、增强现实和人工智能——重塑我们的数字生活。

腾讯虚拟现实实验室致力于开拓虚拟现实和增强现实的前沿，释放其在游戏，娱乐和教育等不同领域的潜力。

除了游戏，腾讯还在社交领域施展其虚拟世界的魔力，将社交互动与虚拟现实技术融合在一起，打造出更丰富、更身临其境的社交体验。

腾讯还是投资合作领域的积极参与者，为创新和产业发展提供了动力。他们在众多的虚拟世界创业公司背后投下了自己的力量，培育了技术革命的种子。与此同时，他们还与其他企业结成了联盟，形成了一个统一战线，以推动虚拟世界技术和应用的发展和进步。

三、字节跳动：数字领域的革命性旅程

字节跳动建立了元宇宙实验室。在这里，他们培育着虚拟现实、增强现实和互动媒体的土壤。

凭借开放的虚拟世界平台和工具库，字节跳动使开发人员能够编织自己的虚拟世界，在数字前沿创作大量应用程序和内容。虚拟现实和增强现实成为人们关注的焦点，为用户提供了一个充满超现实的诱人的存在。

字节跳动计划将元宇宙扩展得更远。他们利用自己的资本实力作为催化剂，投资了一大批虚拟世界初创企业。这些金融贡献支持了技术创新，推动了虚拟世界行业走向新的前沿。

四、微软：塑造未来虚拟世界的强大力量

微软重新定义我们的数字视野的开创性概念，其中，"企业元宇宙"（enterprise metaverse）显得尤为突出。围绕这一富有远见的概念，微软推出了 Dynamics 365 互联空间和团队网格。

微软的虚拟世界核心是 Azure 云平台，这是一个巨大的创新引擎，为虚拟世界的崛起提供了动力。Azure 强大的云基础设施和工具集使开发人员能够制作、部署和扩展元数据应用程序。它建立在虚拟机、容器服务、数据存储和分析基础之上，是实时性能和无限可伸缩性的基石。混合现实技术是微软皇冠上的一颗明珠，它结合了虚拟现实和增强现实。通过 HoloLens 系列头显，用户可以穿越虚拟世界和现实世界的边界，沉浸在互动和沉浸的舞蹈中。HoloLens 不仅允许用户访问虚拟世界，还为开发人员提供了工具和平台，为虚拟世界的应用和内容注入活力。

微软的虚拟世界延伸到了社交网络和平台，LinkedIn 就是其中之一。在虚拟世界的沉浸式拥抱中丰富用户的社交互动、专业网络和内容共享。

在游戏和娱乐领域，Xbox 游戏平台是它皇冠上的明珠。在这里，他们巧妙地将游戏与虚拟世界融合在一起，将虚拟世界和现实世界融合在一起，

为玩家提供超乎寻常的体验。但微软的虚拟世界之旅并不是一个人的表演，它是对开发人员的协作和支持的集合体。它们为开发人员提供了宝贵的资源——软件开发工具包、API、文档等等，以激发虚拟世界的创建狂潮。与其他公司和组织的合作加强了这个生态系统，为虚拟世界技术的蓬勃发展铺平了道路。

微软还积极支持虚拟世界领域的标准和治理。他们站在第一线，与行业同行和协会合作，塑造虚拟世界的命运，支持其可持续发展，并为互操作性开辟道路。

五、苹果的 AR 时代：科技与人类的和谐共舞

苹果是 AR/VR 领域无畏的开拓者，长期以来一直将目光投向了增强现实（AR）的广阔领域。他们坚定不移的奉献催生了一个强大的基础设施——一个贯穿 AR 硬件结构的底层技术。每一条线都代表着一个核心环节，一项关键技术——芯片、显示屏、光学、声学、传感器、感知和交互——所有这些都和谐地交织在一起。

2023 年 6 月 6 日，MR 头戴式视觉 pro 的诞生开启了一扇通往个性化技术奥德赛的大门，这是一段超越想象和现实界限的旅程。

六、英伟达：元宇宙的科技巨头

当一些科技巨头开始了转型之旅时，英伟达（NVLDIA）选择了一条不同的道路——坚定不移地致力于 GPU（图形处理单元）技术，这是一项英伟达长期占据绝对优势的领域。

随着对 GPU 领域的深入研究，英伟达的势力范围也在不断扩大，涵盖了数据中心、高性能计算和庞大的人工智能（AI）领域。

正是在英伟达的元宇宙计划中，我们看到了他们的愿景真正成型。进入 Omniverse——一个虚拟世界的天堂——一个虚拟现实和增强现实碰撞的平台，创造了一个超越行业的协作和创造力领域。在这里，在一个共享的虚拟空间中，来自各行各业的用户一起交流、设计和模拟场景，所涉及的内容从工业制造到娱乐和艺术领域，可谓是畅谈所想无约无束。

英伟达的虚拟世界产品组合的核心在于其 RTX 系列显卡。这些产品以实时光线追踪和渲染方面的实力而闻名，是虚拟世界中逼真图形的基石。英伟达与 HTC 和 Pico 等 VR 制造商携手合作，增强 VR 体验。英伟达与软件开

发人员和内容创作者合作，培育了虚拟世界生态系统，培育了创新萌芽的土壤。

人工智能（AI）是英伟达王冠上的另一颗明珠，在虚拟世界中扮演着重要角色。人工智能为元空间中引入了智能、个性化的交互——语音识别、情感分析和自动化控制。英伟达的 GPU 技术以其在加速人工智能计算方面的实力而闻名，为在虚拟世界的数字领域实现智能、实时性能铺平了道路。

虚拟世界吸引着英伟达进行不懈的研究和投资。他们是虚拟现实、增强现实、模拟等领域的先驱。他们与学术界、初创公司和行业领导者合作，播下虚拟世界创新的种子，培育现实和数字之间界限模糊的未来。

第三节　参与元宇宙建设的主要目的

参与元宇宙的建设，又是为了哪般？

建设者一——公司：为了利润。

首先，建设元宇宙源于对新的商机和利润的追求。公司的存在以营利为目的，在元宇宙这样一种全新的数字化空间中，公司渴望着数不尽的商业交易在新的交易空间衍生，以虚拟的物品、各类全新体验和服务赢取来自顾客的鲜花和掌声。他们是创造者，也是风险承担者。而元宇宙，则是他们投资的舞台，一片属于财富与商业机会的乐土。

其次，建设元宇宙是基于对用户需求的洞察和满足。虚拟商品和虚拟开发商以创意叩开用户的心灵之门，以立体的笔尖描绘独一无二的数字艺术品，满足用户对个性化和独特体验的渴望；虚拟商城和电子商务平台以引导者的角色连接起跨越时空的贸易之路，使用户能够穿行于世界各地，感受各地美食和手工艺品，满足用户对消费和探索的欲望；虚拟娱乐和游戏开发商化身创造者以沉浸式虚拟空间搭配上无尽的想象与艺术的火花，打造专属的娱乐仙境，满足客户超越感官的娱乐体验需求……各类公司建设元宇宙，致力于洞悉用户的内心渴望，满足用户的需求，为用户带来前所未有的体验。

再次，建设元宇宙与品牌推广和市场拓展密切相关。公司的品牌就是旗帜，品牌开辟出更为广阔的市场，向全世界展示自己的理念与产品。公司参与元宇宙建设，建立自己的虚拟形象和虚拟店铺，扩大品牌知名度，吸引潜在客户，并通过虚拟交易和广告合作等方式实现销售增长。品牌推广和市场拓展的力量，在元宇宙的广阔天地中得以充分展现。

最后，建设元宇宙是对未来科技发展的探索和实践。元宇宙以人工智能、虚拟现实、增强现实等前沿技术备受关注，公司的参与一方面是积极掌握和应用先进技术，提高自身的科研能力，追逐未来科技的奥秘；另一方面是通过与其他企业和科研机构的合作，共同推动元宇宙技术的发展和应用，共同打造未来科技的尖塔，打造未来科技的殿堂。

公司参与元宇宙建设，在谋求自身发展的同时也将为用户提供丰富多样、沉浸式的体验，并通过创造和交换虚拟的商品、服务和娱乐内容来实现盈利。在元宇宙这样充满商机的全新领域，公司在获取经济效益的同时也将塑造企业形象、拓展市场，并与科技前沿保持紧密联系。

建设者二——政府：为了发展。

首先，政府建设元宇宙是为了推动经济发展和创新。元宇宙作为一个数字化的虚拟世界，孕育着全新的商机和发展空间。政府参与其中，以推动经济发展和创新为使命，制定相应发展政策和规划，引导资本进入全新的商业空间。

其次，政府建设元宇宙旨在加强社会连接和文化交流。元宇宙跨越时空的属性创造出虚拟的全球社群，不同地域、不同背景、不同文化的人可能因此产生联系。政府通过建设和管理元宇宙平台，能让虚拟的文化中心展示来自世界各地的包括绘画、雕塑、摄影、手工艺品等的艺术品和文化作品，让人们的心灵、思绪、情感进行多轮碰撞与交汇，跨越国别共同欣赏、学习、创作，以文化多样性和包容的力量传递彼此的情感和思想，推动全球范围内的教育、文化、艺术等方面的合作与交流，增加人们之间的联系和互动，促进社会和谐与文明进步。

再次，政府参与建设元宇宙是为了保护公民权益和社会安全。元宇宙作为一个数字化的空间，也存在着虚拟世界中的治理挑战和安全风险。政府看守着公民的信息和数据，守护着每个公民的隐私和安全；政府建立相关的法律法规和监管机制，打击网络犯罪和虚拟世界中的不正当行为，维护虚拟空间的秩序和安全，挫败危险于萌芽；政府还通过技术手段，注入公正、透明和法治的力量，使每个公民的权益受到保护，确保每个公民在元宇宙中都能享受到平等和安全权益。

最后，政府参与建设元宇宙还可以促进社会伦理的发展。在元宇宙中，人工智能遵循的伦理准则是否尊重人类意愿、数据收集和使用是否透明合规、虚拟研究室中跨学科的科学研究是否符合道德准则……种种因人工智能、虚拟现实、区块链等先进技术的广泛应用而造成的社会伦理问题都值得引起人类的重视。政府参与可以推动元宇宙发展的道德规范和道德框架的形成，引导元宇宙的发展与应用符合伦理原则，避免滥用和剥削，确保元宇宙的发展与人类的尊严、安全和福祉相辅相成。

公司谋利润，政府求发展，在不同的建设目标中又交织着同样的建设需求，通力合作的双方势必构筑起高耸入云的元宇宙大厦。

第四节　元宇宙技术基础的发展现况

元宇宙的发展速度取决于关键的物理条件和技术的发展。高速、稳定的网络连接、强大的计算能力以及大规模的存储系统是构建元宇宙所必需的基础设施，虚拟现实（VR）、增强现实（AR）、人工智能（AI）等前沿技术的不断突破和应用，为元宇宙的交互性、感知能力和创造力提供了巨大的推动力。这些物理条件与技术的不断改进和创新，是推动元宇宙快速发展的主要动力。

一、VR/AR/XR 技术：开启元宇宙的无限可能

VR/AR 技术是元宇宙发展的必经之路，而 AR/VR 终端是目前可知的元宇宙第一入口。VR 通过创造虚拟世界，使用户可观察、触摸虚拟环境中的事物并与之进行交互，赋予用户在虚拟世界中的深度沉浸式体验。AR 则是将虚拟信息与真实物理环境叠加至现实画面或空间，使用户可看到虚拟环境的同时与现实世界进行交互。

VR/AR 应用在元宇宙中的创新性体现在 VR 和 AR 通过提供沉浸式体验、实现混合现实交互、支持空间计算、促进远程呈现和社交交互、改变商业和房地产以及加强教育和培训，为虚拟世界带来创新。通过这些技术，元宇宙变成了一个动态的交互式虚拟世界，为用户提供了广泛的体验和创造机会。

因此，VR 和 AR 头显对于元宇宙发展至关重要。目前 VR/AR 硬件行业经历多年发展，持续迭代下硬件成熟度迎来较大提升。并且各大厂商早已布局并研发 XR 产品。

在 VR 产业中，VR 头显设备市场竞争激烈，主要有 Oculus、HTC Vive、Sony PlayStation VR 等产品。硬件设备逐渐减小体积、提高分辨率和帧率，使用户体验更加逼真和舒适。而在应用领域，VR 应用广泛，涵盖游戏娱乐、教育培训、医疗保健、建筑设计等多个领域。VR 技术已逐渐应用于虚拟旅游、模拟训练、沉浸式娱乐等场景，并在心理疗法和康复治疗方面展现出

潜力。

在 AR 产业中，AR 设备主要包括智能手机、AR 眼镜和头显。智能手机通过 AR 技术提供增强现实体验，如 Pokemon Go 等。AR 眼镜和头显逐渐发展，例如 Microsoft 的 HoloLens、Google 的 Google Glass，苹果公司的 Vision Pro 等。在应用方面，已经广泛应用于游戏、广告营销、教育、零售等领域。AR 技术使得虚拟物体与现实环境互动，提供了更加丰富和沉浸的用户体验，改变了人们的互动方式和信息获取方式。

XR 是 VR/AR/MR 的最终形式与集合体，XR 融合了 VR 和 AR 技术，提供了更加综合和全面的用户体验。XR 设备包括头显、眼镜和手持设备，能够切换虚拟和现实环境，将虚拟元素与现实世界相融合。XR 技术在游戏、虚拟会议、远程协作、培训模拟等方面展现出巨大潜力。XR 能够为用户创造出身临其境的感觉，使其能够与虚拟环境进行互动，并与其他用户进行实时交流和协作。

2023 年 6 月 6 日，苹果公司在 WWDC 23 开发者大会上正式发布了预热多年的新一代头显设备 Apple Vision Pro，这一产品是用手势、肢体、眼睛或语音就能灵活控制的新型 MR/VR 头显。

总体而言，VR/AR/XR 产业正处于快速发展阶段，也是元宇宙产业中具有核心竞争力的部分。随着技术的进步和成本的降低，越来越多的企业和开发者参与其中，推动了应用场景的多样化和创新。未来，VR/AR/XR 有望在娱乐、教育、医疗等领域发挥更大的作用，并与其他前沿技术如人工智能、物联网等融合，创造出更加丰富和智能的体验。

二、高性能图形处理单元与中央处理单元

元宇宙是一个高度计算密集型的环境，需要高性能计算器、高性能图形处理单元和中央处理单元来满足其复杂的需求。这些硬件不仅需要能够通过渲染高精度、高分辨率、高灵活性的 3D 图像来提供更好的视觉和互动体验，还要能够支持大规模的用户实时互动和高强度内容创作，从而使元宇宙成为一个令人沉浸和引人入胜的虚拟空间。

图形处理单元（Graphics Processing Unit，GPU），是对图形进行渲染、处理的显示芯片，它是实现高质量高分辨率图形图像的核心组件，同时在计算等领域也具备加速器的功能。多年来，全球 GPU 显卡领域几乎被三大巨头（Intel，AMD，NVIDIA）垄断，三家公司市场占有率总和超过 99%。英伟达的 RTX 系列 GPU 凭借强悍的实时光线追踪和图像渲染能力驰骋显卡市场。

2022 年 9 月，英伟达发布了芯片工艺达到 4nm 的 GeForce RTX 4090 显卡，这一款显卡被誉为当前全球最强的游戏显卡。同年年底，AMD 发布了 Radeon RX 7900 XTX，采用了台积电 5nm 的芯片工艺，图像渲染能力相比前几代都有不小的提升。这些高端显卡的 GPU 芯片的性能提升和创新使得开发者和设计师能够创建更真实、沉浸式的虚拟环境，对于在元宇宙中实现逼真的图形图像效果至关重要。

中央处理器（Central Processing Unit，CPU），作为计算机系统的运算和控制核心，是信息处理、程序运行的最终执行单元，被称为"计算机的大脑"。在全球 CPU 市场上，Intel 和 AMD 总市场占有率超过九成，是 CPU 行业的霸主。截至目前，Intel 的酷睿 13 代 i9 – 13900 系列 CPU，AMD 的锐龙 ZEN4 R9 – 7950 系列 CPU，是市场上高端 CPU 中最顶尖的产品，这些尖端 CPU 极强的性能和极为高效的运算速度给元宇宙需要的强大算力提供了支撑。

高端 CPU 与 GPU 的默契奏鸣，使得元宇宙能够以前所未有的方式呈现给用户。它们相互协作，共同构建起元宇宙的基础设施和运行环境。高端 CPU 负责处理元宇宙的数据和逻辑，而高端 GPU 是辅助 CPU 的，可以进行一些运算任务则负责呈现元宇宙的图像和视觉效果。这种默契的配合使得元宇宙在计算和图形处理方面达到了前所未有的水平，为用户创造出更加逼真、交互性更强的元宇宙体验。

随着高端 CPU 与 GPU 技术的不断创新和进步，元宇宙将会不断演进和完善。它们的默契奏鸣将为元宇宙带来更多惊喜与可能，让人们在这个虚拟与现实交织的奇幻世界中尽情舞动，探索无限的未来。

三、元宇宙融合超导力量

在过去的几年里，研究人员取得了高温超导体方面的重大突破。传统的低温超导体需要极低的温度才能实现超导，但高温超导体可以在相对较高的温度下工作，这使得超导技术更加实用。新材料的发现和合成技术的改进推动了这一领域的发展。

倘若未来室温超导得到突破，并且超导材料实现量产，那么芯片行业将迎来翻天覆地的革命。体现最为显著的就是芯片的散热能力，根据物理学原理中的焦耳定律，电流通过电阻时的产热可以简化为电流大小的二次方与电阻大小、时间的乘积（$Q = I^2 Rt$，Q：热量，R：电阻，t：时间（秒），I：电流），当电阻为 0 时，发热就会无限接近于 0，对于需要极高算力的元宇宙空间来说，低发热带来的算力提升将是一个巨大的推力。除此之外，在解决功耗高、电磁干扰等问题时，超导体也能起到四两拨千斤的奇效。

超导材料的低电阻特性和高电流密度使得 GPU 和 CPU 能够以更高的效率运行，提供更强大的计算能力和图形处理能力。这为元宇宙中复杂的计算任务和逼真的视觉呈现提供了坚实的基础。同时，超导电缆和超导磁体的高效能传输和储存能力，为元宇宙提供了可靠的电力供应和能源管理解决方案。这不仅保证了元宇宙系统的稳定运行，还为大规模的虚拟环境和复杂的模拟任务提供了稳定的能源支持。更重要的是，超导技术的出色性能为元宇宙的数据存储和传输提供了突破性的解决方案。超导量子比特和超导存储器的出现，极大地提高了数据处理和存储的速度与容量。这为元宇宙中的海量数据处理、全球性交互和跨平台协作提供了强大的支持，实现了即时的信息传递和无缝的用户体验。

第五节　元宇宙相关算法的发展现状及限制

一、元宇宙算法的发展现状

元宇宙这一概念不管是从何种层面来看都不可避免地与大数据和人工智能这两种技术接轨，而支撑在大数据和人工智能的背后的便是算法。

算法，用我们通俗的语言来讲便是一组有序的操作步骤，一环扣着一环，最终目的是解决特定的问题或是去执行某种特定的任务。算法可以说是计算机科学和数学领域的一种基本概念，通过用户输入相关信息，算法就会按照提前精确定义好的规则来对数据进行处理，最终得出数据在该规则下的输出结果。算法的应用十分广泛，几乎是涉及了我们人类生活里的各个领域，从排序和搜索数据到机器学习和人工智能，都依赖于不同类型的算法来实现各种计算和决策任务。而有效的算法设计则可以十分显著地提高计算的效率水平和对问题的求解能力。在科学技术的不断发展下，各式各样的算法被人们所挖掘以及使用，算法的使用又能在硬件设备的加持下促进众多不同的技术的实现，正是如此，元宇宙的各个领域的各种设想才得以发展和实现。

元宇宙所涉及的算法领域十分宽泛，元宇宙世界的搭建更是涉及各种各样的算法，这些算法被用于实现虚拟世界的构建、互动和管理，其中包括三维建模和渲染算法、物理引擎算法、人工智能算法、分布式系统和区块链技术以及大规模数据处理等等。这些算法的集成使元宇宙成为一个复杂的、高度互动的虚拟世界，能够模拟现实世界并提供各种沉浸式体验。

元宇宙通常包含着大量的虚拟场景，因此对高效的 3D 渲染和图形算法的需求极为庞大，以此来让元宇宙世界获得更为生动逼真的视觉效果。而且元宇宙的核心功能之一便是它能提供令人惊叹的虚拟现实体验，这一功能的实现就更加需要用到先进的图形渲染技术。而 3D 渲染技术便可以被用来创造出虚拟世界的视觉奇迹。

1. 元宇宙的视觉奇境：三维建模和渲染算法的妙用

元宇宙的 3D 渲染是指将虚拟世界中的三维场景和对象转化为平面图像或视频的过程。这个过程需要高度复杂的计算和算法支持，以呈现出逼真的视觉效果，光线追踪（Ray Tracing）便是其中的一种。

光线追踪技术近几年以来在社会各行各业中得到了极为广泛的应用，简单地说它是一种可以模拟光线在虚拟世界中的传播和反射的技术。它可以精确模拟光线与物体之间的相互作用，从而产生高质量的光影效果，例如它可以生成近乎真实的阴影、反射和折射。正是光线追踪技术的不断发展，使得整个虚拟世界变得更加的真实，让用户在虚拟世界中仿佛置身于真实世界之中。

虽然光线追踪技术可以提供高质量的渲染效果，但是由于该算法技术的计算成本过于高昂，因此该算法的使用通常需要有极为强大的硬件来给予支持。而为了可以使得虚拟世界在实时应用中提供平滑的用户体验和在不降低质量的情况下在普通硬件上运行，实时渲染技术便被科学家们研究发明了出来。实时渲染技术是一组计算机图形渲染方法，包括基于栅格化的渲染、阴影映射、LOD（细节层次）技术等，其主要目的是实现实时或即时地生成高质量的图像和视觉效果，这种算法技术通常被用于视频、游戏、虚拟现实、增强现实、电影特效和模拟等应用中。实时渲染技术在元宇宙中的作用是在用户互动的瞬间通过高性能图形处理单元和先进的图形引擎来即时生成高质量的图像和视觉效果，从而实现在元宇宙世界中创造出逼真的虚拟环境，并且能让用户与元宇宙世界实时互动，进而获得沉浸式的视觉体验，使用户能够感受到虚拟世界的真实性和互动性。

除上面的两种技术以外，3D 渲染技术还包括图形算法技术。图形算法是一组计算机程序和数学技术，用于创建、处理和渲染图形图像。这些算法能够对抽象的数学公式进行细致的描述进而将其转化为可视化的图像，在此基础上实现各种图形任务，如绘制线条、填充形状、模拟光照、处理图像数据和创建视觉效果，从而在计算机图形学、游戏开发、计算机辅助设计、虚拟现实和电影制作等领域发挥关键作用。图形算法在元宇宙中的作用不仅仅局限于渲染，它们还被用于生成虚拟世界中的内容、优化互动体验以及增强用户感知。

　　元宇宙的 3D 渲染和图形算法是构建虚拟世界的重要基石，它们为用户提供了沉浸式、逼真的体验，给人们带来观感上的冲击和震撼。而随着科学技术的不断进步，3D 渲染和图形算法的应用也会变得更加先进和广泛，元宇宙世界也将会变得更为逼真、更具多样化，从而为人们提供一个可以进行无限创造和探索的虚拟奇境。

　　2. 物理引擎算法：元宇宙的仿真之路

　　元宇宙世界除了需要 3D 渲染技术这一在视觉观感领域的算法以外，为了能在元宇宙中更加真实地模拟出现实世界中的物理行为，如重力、碰撞和运动等，还需要有强大的物理引擎算法来为整个元宇宙世界搭建和架构出物理学的基本科学框架。

　　物理引擎算法作为一类常用的计算机程序，多被用于模拟和模仿物体在现实世界中的物理行为，这些物理行为包括物体的运动、碰撞、重力、摩擦、弹性等。而物理引擎算法的最终目标便是在虚拟环境中创造出同现实世界一样真实的物理效果，使用户在与虚拟世界进行互动中能够感觉像是在现实世界中一样。物理引擎算法的框架下面又涉及多种的科学算法，如碰撞检测算法，这是基于包围盒（Bounding Box）、网格（Grid）或更复杂的几何形状进行碰撞检测进而用于确定虚拟世界中的物体是否相互碰撞，以及在哪里发生碰撞时需要用到的算法，可以确保虚拟世界中的物体行为与现实世界一致；又如刚体动力学模拟，它可以通过考虑物体的质量、力、扭矩和惯性等因素用于模拟物体的运动和旋转，从而计算出物体的位置和姿态随着时间变化而发生的演变，进而使虚拟世界中的物体表现出真实的动态行为，如自由落体、滚动、弹跳等；还有弹性和变形模拟，这一算法可以模拟物体在受到外部力作用时的变形和弹性行为，例如弹簧的拉伸或橡胶球的变形，这种模拟可以使虚拟世界中的物体看起来更加的真实；另外还有流体动力学模拟，在元宇宙中可能包括液体和气体等流体，流体动力学模拟算法便可以用于模拟这些流体的流动、湍流和相互作用，从而创建出更为逼真的水流、烟雾、火焰等效果，让元宇宙世界拥有更加丰富多彩和更具冲击力的视觉效果。

　　未来，物理引擎算法将会继续发展以满足对逼真性和互动性不断增长的需求。而随着计算能力的提高和算法的优化，元宇宙也将能够更好地模拟现实世界，为用户提供更丰富、更沉浸的虚拟体验。同时，物理引擎算法的进步也必然将推动元宇宙的发展，创造出更多更为新颖、更具创造性的虚拟世界。元宇宙的未来充满了无限的可能性，而物理引擎算法正是这个数字化未来的关键组成部分之一。

3. 元宇宙的数字化大融合：区块链与智能合约的巧妙交织

人工智能和机器学习算法也同样是元宇宙世界建构和发展所需的算法之一。元宇宙世界中可以包含众多虚拟的智能实体和NPC，这些实体的存在、行为表现以及同用户和环境的互动都需要用到人工智能和机器学习算法。这种算法可以让虚拟世界中的智能实体变得跟人类一样去思考和理解问题，自己去从虚拟世界中去找寻和学习知识，让智能实体在与人类互动交流的过程中变得更加符合社会所需，更加贴近现实世界中的环境与人物。

人工智能和机器学习算法在元宇宙中的应用同样是十分的广泛。元宇宙中的虚拟角色为了能更好地与用户进行互动从而需要具备高度的智能化和自主性。人工智能算法可以赋予元宇宙世界中的虚拟角色自主决策的能力，使其能够对不同的情境和用户需求进行适应，这也同样使得虚拟角色能变得更加生动和逼真，进而可以有效提高用户的沉浸感。虚拟世界中用户之间或者智能实体之间的交流通常是通过文字或者语音形式来进行，而人工智能算法中的自然语言处理（NLP）算法便可以使元宇宙世界中的虚拟角色自行根据交流环境进行理解和生成自然语言，从而实现与用户的流畅沟通，这也为虚拟世界中的虚拟社交、教育和商务交流提供了便利。另外，为了能更好地理解用户的情感和需求，人工智能算法还可以识别用户的情感表达，如语音语调、面部表情等，这一应用可以使得元宇宙世界中的虚拟角色可以更好地适应在交流环境中用户的情感状态，并根据情感状态的反馈提供更为贴近用户情感的互动体验服务。人工智能算法还可以用于管理和维护元宇宙的基础设施，包括让元宇宙中的智能实体实行自动化任务、虚拟城市规划和资源管理等。以上便是人工智能算法在元宇宙世界中的可能应用，也是人工智能算法的发展应用展望，这些应用使得元宇宙能成为一个生动且高度智能的数字环境。

区块链技术在元宇宙世界中也同样扮演着极为关键的角色，通过区块链和智能合约的算法为数字资产管理、身份验证、虚拟经济、社交互动和虚拟土地管理等方面提供了强大的支持，在提高元宇宙的安全性和可信度的同时，还为用户创造了更丰富、更安全的虚拟体验。

区块链作为一种分布式记账的技术，最初被用于比特币的发展和流动。这项技术的核心思想是将数据存储在一个去中心化的网络中，从而让每个参与者都有机会去查看和验证所收集和储存的数据。这些被收集的数据都会被以区块的形式添加到链中，然后让每个区块都包含着前一个区块的相关信息和一个时间戳，从而确保了区块链中数据的完整性和安全性。同时，区块链的去中心化特性也意味着将不会有单一的中央机构来对整个网络进行控制，大大降低了网络上潜在的欺诈和篡改风险。

而区块链技术中的智能合约简单地讲的便是一段自动执行的代码，这些代码被存储在区块链上，也就是所谓的上链。智能合约的原理包括以下几个关键要素：条款、自动执行、不可篡改性、去中心化，也就是说，智能合约包含了合同中的基本应用的具体条款和条件，而且这些条件都会在拟定合同的时候被签约双方进行明确定义，当合约中的条款被满足时，智能合约就会自动执行，不需要进行人为干预，同时，智能合约会被存储在区块链上，从而使得智能合约不依赖于中央机构，而是由区块链网络上的节点共同验证和执行，进而保证了合同的不可篡改性，从而防止数据被篡改或删除。作为数字技术发展的重要产物，智能合约通常被用于数字化合同，如贸易、房地产交易和金融服务，以此来简化交易流程并降低交易成本。

作为区块链技术中的两个核心要点，区块链和智能合约之间存在密不可分的联系。区块链提供了一个安全、透明和不可篡改的数据存储平台，而智能合约则利用区块链的这些特性来自动化合同执行过程。这种协作使得交易更加高效、可信，同时降低了风险和成本。用房地产交易来进行举例，传统的房地产交易可能需要多个中介机构、大量文件和时间来进行。但是在区块链和智能合约的帮助下，房地产交易的买卖双方只需要将交易详情编写为智能合约，一旦资金到位和相关法律手续满足条件，合同就会自动得到执行，紧接着房地产公司自动转移产权并得到买家存入的资金。

区块链技术可以被形容成是元宇宙的信任背书和信任基石，在元宇宙世界中发挥着关键的作用。在元宇宙中，虚拟土地、虚拟物品和数字资产的所有权至关重要，区块链技术可以确保这些资产的真实拥有权，使用户能够安全地买卖、交换和展示它们。元宇宙通常采用去中心化的经济系统，区块链技术使这一目标成为可能。用户可以通过智能合约参与虚拟经济活动，而无需中心化的第三方。区块链可以提供去中心化的身份验证系统，用户可以在不暴露私密信息的情况下证明自己的身份，增强了虚拟世界的安全性和隐私保护。区块链技术使虚拟世界中的所有交易和活动都变得可追溯，这有助于防止欺诈和不正当行为，并确保虚拟经济的透明性。智能合约则可以说是元宇宙世界中的自动化规则。在元宇宙中，用户可以购买虚拟土地和建筑。智能合约可以自动化地处理这些交易，确保交易的透明性和可靠性。用户可以购买、卖出和交换虚拟物品，如服装、配饰等。智能合约可以管理这些交易，确保每一项物品的真实性和交易的安全性。

203

虚拟世界中的虚拟角色需要自主行动和互动。智能合约可以编程虚拟角色的行为规则，使其更加智能和逼真。元宇宙中的虚拟经济需要一种自动化的支付和奖励系统，以激励用户参与。智能合约可以实现这一目标，确保用户在虚拟世界中的贡献得到公平的回报。

元宇宙的区块链和智能合约将继续演进和创新。未来，我们可以期待更高性能、更安全、更可扩展的区块链技术，以及更复杂、更强大的智能合约系统。这将为元宇宙提供更多可能性，使其能够更好地满足用户的需求并创造更丰富多彩的虚拟体验。总而言之，区块链技术和智能合约是连接和推动元宇宙建设的关键要素。它们为元宇宙提供了可信赖的基础和自动化的规则，为我们打开了一个充满创新和无限可能性的数字奇境。

4. 元宇宙中的数据处理与分析：解码虚拟世界的奥秘

元宇宙作为一个由数据交织组成的庞大的虚拟世界，时时刻刻都在生成大量的数据，这些数据规模庞大，其中包括用户行为数据、虚拟世界数据等，因此不可避免地需要有强大的数据处理和分析算法来为其提供有关用户和虚拟环境的报告。

数据处理作为元宇宙的信息织网，在元宇宙世界中发挥着至关重要的作用。它可以进行大数据存储与管理，将元宇宙中产生的海量数据进行高效的存储与管理，以确保用户可以随时访问并且保障数据的安全性。还可以进行实时的数据流处理，保障元宇宙世界中用户之间的互动的即时性，数据流处理技术还可以通过实时分析、处理用户的行为和反馈，从而提供实时的互动体验。此外，数据清洗与净化也是数据处理算法的主要功能之一，大量用户生成的数据中可能包含噪音或者错误信息，数据处理算法则能够自动清洗和净化这些数据，保证数据的质量和准确性。

而另一种算法——分析算法则是元宇宙的智能引擎。它可以对用户的行为进行分析，追踪和分析用户在虚拟世界中的行为，从而了解用户的兴趣、偏好，为虚拟体验的个性化提供基础。也可以进行虚拟的经济模拟，在元宇宙中形成的虚拟经济体系需要得到精密的模拟和分析，以便优化资源的配置，保持经济系统的稳定和可持续发展。数据分析算法还能帮助虚拟环境进行优化，评估虚拟环境的性能和质量，提升用户的体验和增加用户的满意度。此外，数据分析算法可以基于用户行为和偏好的分析开发智能推荐系统，为用户提供个性化的虚拟体验和服务，提高用户的参与度。

5. 元宇宙安全与隐私算法：数字领域的安全守护者

用户的隐私安全不管在何时何地都是社会关注的重点，同样的，对用户的数据和隐私的保护也是元宇宙的重要问题，因此，安全和隐私算法也就被运用到了元宇宙世界中来确保用户信息的安全性。

安全算法作为元宇宙的数字堡垒在元宇宙中具有关键作用。它可以进行身份的验证与权限的管理，通过多因素身份验证和生物识别技术来加强身份验证，同时确保权限管理系统的精确性。数据加密与保护是其另一项重要功能，元宇宙中涉及大量敏感信息和虚拟资产，数据加密算法可以确保这些信息在传输和存储过程中得到保护，防止数据泄露和盗窃。还有便是安全和隐私算法可以通过检测和防止虚拟世界中的恶意行为来防止虚拟世界遭受恶意的攻击，如虚拟世界内的黑客攻击、虚拟货币的欺诈行为等，以此来维护虚拟环境的稳定和安全。

用户的虚拟身份在元宇宙世界中很容易面临着被盗用的风险，而安全算法可以通过身份验证和监控系统来防止虚拟身份的盗用和滥用。

隐私算法是保护用户隐私的关键。它可以为元宇宙世界提供匿名交易与交互的功能，确保用户在元宇宙中的交易和互动是匿名的，不泄露个人信息，从而增强用户的隐私保护。隐私控制与选择权的保护也是这一算法的职能，用户应该有权决定哪些个人信息可以共享，哪些需要得到保护。隐私算法可以为用户提供更多的隐私控制选项，确保他们的隐私得到尊重。元宇宙应当遵守数据最小化原则，只收集和使用必要的信息，隐私算法可以帮助实现这一目标，减少个人信息的不必要暴露。隐私算法还可以确保用户在元宇宙中的通信是加密的，防止第三方窃听和拦截。

二、元宇宙算法的局限性

1. 性能和效率问题

元宇宙的吸引力在于它能够容纳大量用户，让他们在虚拟世界中互动和合作。然而，当数百万乃至数千万用户同时访问元宇宙时，当创建逼真的虚拟世界、处理复杂的图形渲染、物理模拟和大规模数据传输等任务时需要大量的计算资源和高效的算法，便有可能引发严重的性能问题。因此，虚拟世界的服务器和网络基础设施需要有足够的扩展性来应对这一需求。此外，元宇宙中的虚拟世界需要大量的数据来维护地图、物品、用户信息等，这些数据需要高效地存储和管理，以确保用户可以快速访问所需信息。数据的安全性同样也是一个重要问题，特别是涉及用户隐私和交易数据时，用户的信息以及交易过程信息的安全性更应得到保障。元宇宙的用户还有可能使用的是不同类型的设备和平台，包括 PC、VR 头盔、智能手机等，为了确保所有用户都能够无缝访问元宇宙，还必须解决跨平台的兼容性问题，因此不同平台的性能和输入方式也需要纳入考虑。元宇宙中用户之间的实时互动和物理模拟也是性能和效率的挑战之一，例如，在虚拟世界中，用户可能需要进行实时的互动、交易和合作，这要求系统能够快速响应用户的操作。

2. 内容生成和自动化

元宇宙的成功在很大程度上依赖于其内容的多样性和创造力。用户们期望在虚拟世界中可以找到各种各样的体验和活动，从虚拟社交到数字娱乐和教育，用户身处其中欢乐无穷。然而，生成如此丰富多彩的内容需要大量的时间和人力，这对开发者和创作者来说是一个巨大的挑战。虽然在算法的加持下内容的自动化生成可以大大提高其生产速度，但同时也带来了质量和真实感方面的问题，如生成的内容可能缺乏深度、情感和真实感，这些都会极大地降低用户的参与度和满意度。此外，自动化内容生成引发了一系列知识产权和版权问题，生成的内容可能会侵犯到创作者的权益，又或者引发法律争议。这个时候就需要在其中寻找到一种平衡，做到既能够推动创新，又能够保护知识产权。

3. 隐私和安全问题

算法在元宇宙中运行产生大量的数据交换和互动可能会涉及隐私和安全问题，故而算法需要确保用户数据的安全性，并预防有可能发生的滥用问题。在元宇宙中，用户会不断产生和共享各种类型的数据，包括位置信息、交易记录、社交互动和个人资料，这些数据涉及用户的隐私，因此需要妥善保护，以防止未经授权的访问和滥用。元宇宙允许用户创建虚拟身份并与他人互动，但这也引发了身份验证的问题：如何确保虚拟世界中的用户是真实的、合法的，如何防止出现虚假身份和欺诈的不法行为。此外，元宇宙中的用户可以创建和共享各种内容，包括文本、图像、音频和视频。这些内容可能包含不当、恶意或侵犯他人权益的信息，如淫秽、仇恨言论或侵犯版权的材料。虚拟货币在元宇宙世界中的使用和交易也会变得普遍，这也带来了金融欺诈和交易安全的问题，包括虚拟货币盗窃、假冒交易和投机行为。

4. 伦理和道德问题

算法在元宇宙中的应用可能引发伦理和道德争议，如虚拟人工智能的行为、虚拟世界的道德准则等。元宇宙中的算法通常需要大量的用户数据来提供个性化体验和推荐内容，但是这也很容易引发数据隐私和个人权利的问题。用户的个人信息可能被滥用或泄露，而他们可能没有足够的控制权来管理自己的数据。并且元宇宙中的算法决策可能会受到开发者的偏见的影响，导致不平等和歧视问题。这可能表现为虚拟世界中的不平等待遇或虚拟角色的不公平对待。社交算法在元宇宙中扮演着重要角色，但它们也可能导致信息过滤、信息茧房和信息泡泡，影响用户的意见形成和社交互动。虚假信息和欺诈的困扰在元宇宙中的虚拟世界是极易发生的，这些问题很容易会误导用户从而导致发生不当行为。

5. 可持续性

元宇宙的持续运营需要可持续的算法，包括资源管理、能源效率和环境影响等方面的考虑。元宇宙需要庞大的计算资源来维持其复杂的虚拟世界。虚拟环境的建模、物理仿真、图形渲染等任务都需要大量的计算能力，这导致了巨大的能源消耗。元宇宙中的算法通常需要大量的用户数据来进行个性化推荐、虚拟环境优化等任务。然而，数据隐私问题和算法的不透明性引发了用户关注。元宇宙中的社交算法可以塑造用户的虚拟体验，但也可能导致信息过滤、信息茧房和极端观点的传播。这引发了社会责任问题。元宇宙的发展可能导致数字鸿沟扩大，因为不是每个人都能轻松访问和参与其中的，这引发了包容性和社会公平性的问题。

在元宇宙的蓬勃发展中，算法无疑是推动其不断演进的引擎。它们赋予了虚拟世界惊人的个性化和互动性，为用户带来前所未有的体验。然而，我们也必须正视算法所面临的挑战和限制，因为它们不仅塑造着我们的数字未来，还在某种程度上反映了我们社会的价值观和伦理标准。尽管算法发展前景光明，但解决算法所带来的限制和挑战需要多方面的努力。我们需要持续投入研究，以优化计算资源的使用，确保元宇宙的可持续性。同时，保护用户数据隐私将成为至关重要的任务，要通过法规和技术手段，确保数据的安全性和隐私保护。

审查和透明度也将在算法发展中扮演关键角色，以减少偏见和不公平性的存在。我们必须建立强有力的机制来监管和规范算法的运行，同时加强用户教育，提高他们的数字素养，从而让用户可以更好地使用和参与元宇宙。最重要的是，元宇宙的发展必须注重社会包容性，确保每个人都能分享其好处。数字鸿沟的扩大不仅将威胁到公平，还会削弱元宇宙的潜力。因此，我们必须采取积极措施，为全球社会的多样性提供平等的机会，让每个人都能在元宇宙中找到属于自己的一席之地。

元宇宙是一个令人兴奋的数字未来，但它也是一个充满挑战的领域。只有通过不断的创新和合作，我们才能确保元宇宙的发展是坚实的、可持续的，并且以人类福祉为导向。这是一个值得追求的目标，一个需要全球社会通力合作的使命，我们期待着元宇宙未来的辉煌。

第六节　元宇宙经济发展的条件需求

一、技术层面

1. 先进的虚拟化技术

元宇宙经济的基础是虚拟化技术，包括高质量的虚拟现实和增强现实技术、3D 建模和渲染技术等。虚拟化技术从其初期的服务器虚拟化开始，已经发展成为一个复杂多样的生态系统。现如今的虚拟化技术包括计算虚拟化、网络虚拟化、存储虚拟化和应用程序虚拟化等。元宇宙是一个联网的虚拟空间，因此网络虚拟化至关重要，这项技术允许网络资源的虚拟分割和隔离，为不同的虚拟世界提供独立的网络环境，确保安全性和性能。大规模的虚拟世界需要大规模的存储，存储虚拟化技术能够有效地管理和分配存储资源，确保数据的可靠性和可用性，这对于元宇宙中的数据密集型应用至关重要。元宇宙中的应用程序同时还需要高度灵活性和可扩展性，应用程序虚拟化技术使应用程序可以独立于底层硬件和操作系统运行，从而实现轻松的部署和管理。服务器虚拟化是虚拟化技术的开端，它允许多个虚拟机在一台物理服务器上同时运行，提高了硬件资源的利用率。在元宇宙中，这一技术变得更加重要，因为它支持在同一硬件平台上运行多个虚拟世界，实现资源共享和节省成本。

元宇宙的发展面临着许多技术挑战，而先进的虚拟化技术有助于克服这些挑战。首先，它们可以实现资源的高效共享，降低了元宇宙的建设和运营成本。其次，虚拟化技术增强了安全性和隐私保护，确保用户的虚拟体验是安全可信的。最重要的是，虚拟化技术提高了元宇宙的可扩展性，使其能够容纳日益增长的用户群体和应用需求。然而，虚拟化技术的发展并非没有限制。性能、延迟和带宽仍然是需要解决的问题，尤其是对于要求高度互动性和真实感的元宇宙应用。此外，虚拟化技术需要更多的标准化和互操作性，以确保不同平台和系统可以无缝地协作。随着先进虚拟化技术的持续发展，元宇宙的未来将更加光明。这个数字奇迹将不仅仅是一个虚构的世界，而是一个深刻融入我们现实生活的数字次元。从虚拟会议和教育到虚拟旅行和娱乐，元宇宙将重新定义我们的交流方式、学习方式和娱乐方式。

2. 高速互联网连接

元宇宙需要高速、稳定的互联网连接，以支持用户在虚拟世界中的互动和数据传输。元宇宙的核心概念是将虚拟和现实世界融为一体，创造出一个无缝交互的数字环境，而要想实现这一愿景，高速互联网连接就起到了关键作用。它可以使用户能够在虚拟世界中实时沟通、协作、交流，就像是在现实世界中一样。无论是与远程同事进行虚拟会议，还是与朋友在虚拟空间中共享体验，高速互联网连接都让这一切变得更加流畅和逼真。

元宇宙的应用场景多种多样，从虚拟会议到在线游戏再到远程医疗，都需要高速互联网连接。超低延迟和高带宽是高速互联网连接的两个关键要素。低延迟确保用户的虚拟体验与现实世界同步，而高带宽则允许传输大量的数据、图像和视频，为高质量的虚拟体验提供支持。在元宇宙中，用户可能需要实时地与其他用户互动、共享虚拟环境、观看高清视频内容或者操作大规模的虚拟数据。只有高速互联网连接才能满足这些需求，确保用户能够享受流畅、逼真的虚拟体验。虽然高速互联网连接在元宇宙发展中扮演着重要的角色，但要建立起高质量的连接基础设施并不容易。这涉及在全球范围内扩展光纤网络、卫星通信、5G 和 6G 技术等。此外，需要投资于云计算和边缘计算，以提供更快的数据处理和存储能力。在一些偏远地区，高速互联网连接可能面临更大的挑战，这需要政府、企业和技术公司的合作来解决数字鸿沟问题，确保每个人都能享受到元宇宙带来的益处。

高速互联网连接是元宇宙发展的关键驱动力，它将改变我们的数字生活方式。从虚拟现实游戏到远程办公，从虚拟旅游到在线教育，元宇宙将为我们带来更加丰富、多样化的体验。

3. 数据和内容创造

数据是内容创造的基础。在元宇宙中，虚拟世界需要不断更新和丰富的内容，包括虚拟建筑、虚拟景观、虚拟商品等等。数据将成为内容生成的动力，元宇宙中的经济系统将依赖于数据，从虚拟货币到虚拟商品的交易，数据都将成为价值的衡量标准。在元宇宙中，内容创造将成为一门新兴的艺术和产业，不仅包括虚拟物品的设计和制造，还包括虚拟世界的故事叙述、虚拟活动的策划和虚拟场景的建设。

4. 数字经济基础设施

元宇宙经济需要数字货币和虚拟资产的支持，以便用户可以购买虚拟物品、土地和服务。区块链技术和智能合约可能用于管理虚拟经济。区块链技术被视为元宇宙数字经济的关键支持，它提供了安全的交易和合同机制，允许虚拟世界中的用户进行价值交换和数字资产管理。区块链还有助于保护知识产权和数字版权，同时它也能促进虚拟商品和艺术品的交易和管理。元宇宙中的交易将更多地依赖加密货币，因为这些数字货币允许用户在虚拟世界中进行快速、安全的交易。比特币、以太币和其他加密货币现如今已经在元宇宙中占据重要地位，它们为整个元宇宙世界提供了数字经济的支付和结算体系。虚拟经济平台将为企业和创作者提供进入元宇宙市场的途径，这些平台将允许创作者发布虚拟商品、数字艺术品和虚拟活动，同时也提供了市场监管和数字资产管理工具。元宇宙需要庞大的计算和存储能力来支持虚拟环境的创建和维护，云计算和边缘计算技术将为元宇宙提供高性能的计算资源，使虚拟世界变得更加逼真，响应更加迅速。随着元宇宙的发展，数据隐私和安全将成为至关重要的问题。数字经济基础设施必须包括强大的数据加密、身份验证和隐私保护机制，以确保用户的虚拟身份和交易安全。

二、治理层面

1. 法律和监管框架

为了确保元宇宙中的交易和互动的合法性和安全性，元宇宙内需要建立适用的法律和监管框架，包括虚拟财产权、争端解决和隐私保护等方面的规定。元宇宙是一个复杂多样的数字生态系统，涉及虚拟社交、虚拟经济、数字艺术和虚拟地理等多个领域。因此在制定元宇宙的法律和监管框架时必须要保持平衡，一方面，需要确保法律规则不会阻碍创新和发展，给予企业和创作者足够的空间。另一方面，必须确保法律保护用户权益，防止虚拟世界中用户出现不当行为。

在元宇宙中，用户将拥有虚拟资产、虚拟身份和个人信息。因此，首要任务是确保这些数字权益得到充分的保护。明确虚拟资产的所有权和转移规则，以防止虚拟资产的盗窃和滥用。此外还需要建立强大的虚拟身份验证机制以防止虚拟身份被盗用或伪造，制定严格的数据隐私法规来确保用户的个人信息不会被滥用或泄露。元宇宙还应该建立交易监管机制追踪虚拟世界中的交易确保虚拟货币的合法使用，以此来防止洗钱和非法交易，确保公平和透明。此外，定义用户在虚拟世界中的行为准则也是势在必行，这其中包括对待他人的尊重和不歧视原则，建立起内容审查机制，防止虚拟世界中的仇恨言论、暴力和不当内容。

2. 数字身份和安全

安全和身份验证对于元宇宙经济至关重要。数字身份和生物识别技术可以确保用户身份的安全，并防止欺诈和未经授权的访问。在元宇宙中所有用户都将拥有自己的虚拟身份，这也是他们在数字世界中的身份代表。虚拟身份将用于访问虚拟环境、交易、社交互动等各种活动。因此，数字身份的安全和可信是元宇宙发展的关键。在这方面元宇宙欠缺的条件仍有很多，元宇宙需要借助区块链等技术，实现去中心化的身份验证，使用户更好地控制和保护他们的虚拟身份。还要制定和执行数据隐私法规，保护用户的虚拟数据不被滥用和泄露。同时身份管理平台的存在也是必不可少的，发展统一的数字身份管理平台，使用户能够有效管理他们的虚拟身份，实现跨虚拟世界的互操作性。不仅如此，引入多因素身份验证机制也是必需的，提高虚拟身份的安全性，减少身份盗用风险。同时还要保障有合法合规监管，政府需要制定和实施合法合规的监管框架，监督数字身份和安全条件的合规性。

3．可持续性和资源管理

元宇宙经济可能会导致能源消耗和资源利用，因此需要考虑可持续性和资源管理的问题，以减少对环境的负面影响。政府可以利用可再生能源如太阳能和风能来供电，以减少对传统能源的依赖，降低碳足迹，采用数据压缩、存储优化和分布式存储技术，有效管理和减少数据存储需求。此外，借助边缘计算和分布式计算技术也不失为提高计算资源的效率和降低成本的好方法。同时，创造虚拟资源共享和再利用机制，建立有效的虚拟经济监管框架，同样可以减少资源浪费，提高资源利用率，防止资源过度消耗和不合理竞争。

4．多样化的经济模型

元宇宙经济可能采用多种经济模型，包括广告支持、虚拟商品销售、虚拟地产租赁等。多样化的经济模型可以支持不同类型的用户和业务。为了满足元宇宙的多样化需求，以下是建立多样化经济模型的关键条件：建立虚拟商品和服务市场，允许用户创建、买卖和交换虚拟物品和服务，包括数字艺术品、虚拟房地产、虚拟旅游等；发展多种虚拟货币，以满足不同经济模型的需求，包括智能合约平台的代币、虚拟世界内部的货币等；建立社交互动经济模型，允许用户通过虚拟社交、社交娱乐和虚拟活动获得收益；创建虚拟地产市场，鼓励用户购买、开发和出售虚拟土地，以支持虚拟世界内的经济活动；促进虚拟教育和培训市场的发展，为用户提供技能和知识，以支持虚拟职业的增长；鼓励不同虚拟世界之间的合作和互操作性，以实现经济生态系统的互联互通。

三、用户层面

1．用户教育和参与

用户需要了解如何使用元宇宙，了解其潜在风险和机会。因此，教育和培训计划对于推动元宇宙经济的发展至关重要。提供在线教育资源，包括教程、培训课程和指南，帮助用户了解元宇宙。建立活跃的用户社区，使用户可以分享经验、提出问题并相互支持。设立奖励机制，鼓励用户创新和参与虚拟世界的发展。提供安全保障措施，保护用户的虚拟身份和资产。

2. 社会接受和参与

元宇宙经济的成功需要社会的广泛接受和参与。政府、企业和社会组织需要积极参与和合作，以促进元宇宙经济的可持续发展。提供社会教育和宣传活动，帮助公众了解元宇宙的概念和潜力。创建多样化的参与机会，包括创作、社交、商业和教育等方面，吸引不同兴趣和背景的用户。制定明确的法律和伦理框架，保障用户权益和虚拟世界的稳定发展。创建社交平台，让用户可以分享虚拟世界的经验、交流创意和建立联系。

参考文献

[1] 艾萨克森.创新者：一群技术狂人和鬼才程序员如何改变世界［M］.关嘉伟，牛小婧，译.北京：中信出版社，2017.

[2] 贝佐斯，艾萨克森.长期主义［M］.靳婷婷，译.北京：中国友谊出版公司，2022.

[3] 伯纳斯李，菲谢蒂.编织万维网［M］.张宇宏，萧风，译.上海：上海译文出版社，1999.

[4] 陈浩磊，邹湘军，陈燕，等.虚拟现实技术的最新发展与展望［J］.中国科技论文在线，2011，6（1）：1-5，14.

[5] 陈吉栋.超越元宇宙的法律想象：数字身份、NFT 与多元规制［J］.法治研究，2022（3）：43-54.

[6] 陈昌凤，黄家圣."新闻"的再定义：元宇宙技术在媒体中的应用［J］.新闻界，2022（1）：55-63.

[7] 程金华.元宇宙治理的法治原则［J］.东方法学，2022（2）：20-30.

[8] 戴森.图灵的大教堂：数字宇宙开启智能时代［M］.盛杨灿，译.杭州：浙江人民出版社，2015.

[9] 邓建鹏，李嘉宁.数字艺术品的权利凭证——NFT 的价值来源、权利困境与应对方案［J］.探索与争鸣，2022（6）：87-95，178.

[10] 杜骏飞.数字交往论（2）：元宇宙，分身与认识论［J］.新闻界，2022（1）：64-75.

[11] 方凌智，沈煌南.技术和文明的变迁：元宇宙的概念研究［J］.产业经济评论，2022（1）：5-19.

[12] 弗赖伯格，斯韦因.硅谷之火：PC 从梦想到现实［M］.王建华，译.北京：机械工业出版社，2001.

[13] 弗赖伯格，斯韦因.硅谷之火：人与计算机的未来［M］.张华伟，译.北京：中国华侨出版社，2014.

[14] 格雷克.信息简史［M］.高博，译.北京：人民邮电出版社，2013.

[15] 龚强，班铭媛，张一林.区块链、企业数字化与供应链金融创新［J］.管理世界，2021，37（2）：22-34，3.

[16] 郭春宁.元宇宙的艺术生成：追溯 NFT 艺术的源头［J］.中国美术，

2021 (4)：14 – 19.

[17] 郭全中，肖璇.数字藏品（NFT）发展现状、新价值、风险与未来 [J].新闻爱好者，2022 (10)：32 – 36.

[18] 何德旭，张庆君，陈思，等.资产数字化、银行风险与"双支柱"调控 [J].经济研究，2023，58 (1)：38 – 55.

[19] 何蒲，于戈，张岩峰，等.区块链技术与应用前瞻综述 [J].计算机科学，2017，44 (4)：1 – 7，15.

[20] 胡泳，刘纯懿."元宇宙社会"：话语之外的内在潜能与变革影响 [J].南京社会科学，2022 (1)：106 – 116.

[21] 黄欣荣，曹贤平.元宇宙的技术本质与哲学意义 [J].新疆师范大学学报（哲学社会科学版），2022，43 (3)：119 – 126.

[22] 贾生华.中国房地产市场制度结构行为和绩效 [M].杭州：浙江大学出版社，2019.

[23] 贾沃斯基.微软风云：见证软件帝国的成长、迷茫与创新 [M].李文远，译.杭州：浙江大学出版社，2019.

[24] 坎贝尔 – 凯利.计算机简史：第三版 [M].蒋楠，译.北京：人民邮电出版社，2020.

[25] 拉奥，斯加鲁菲.硅谷百年史：伟大的科技创新与创业历程（1900 – 2013）[M].闫景立，侯爱华，译.北京：人民邮电出版社，2014.

[26] 李海峰，王炜.元宇宙 + 教育：未来虚实融生的教育发展新样态 [J] 现代远距离教育，2022 (1)：47 – 56.

[27] 李敏，韩丰.虚拟现实技术综述 [J].软件导刊，2010，9 (6)：142 – 144.

[28] 里吉门纳姆.商业元宇宙：开启万亿规模社会经济 [M].赵英霞，译.北京：中译出版社，2023.

[29] 利维 – 巴奇.世界人口简史 [M].王帅，束田，毕天宇，译.北京：中国友谊出版公司，2022.

[30] 利维.黑客：计算机革命的英雄 [M].赵俐，刁海鹏，田俊静，译.北京：机械工业出版社，2011.

[31] 林军.沸腾十五年：中国互联网：1995—2009 [M].北京：电子工业出版社，2021.

[32] 刘革平，高楠，胡翰林，等.教育元宇宙：特征、机理及应用场景 [J].开放教育研究，2022，28 (1)：24 – 33.

[33] 刘革平，王星，高楠，等.从虚拟现实到元宇宙：在线教育的新方向

[J].现代远程教育研究，2021，33（6）：12－22.

[34] 邵朝对，苏丹妮，邓宏图.房价、土地财政与城市集聚特征：中国式城市发展之路 [J].管理世界，2016（2）：19－31，187.

[35] 邵奇峰，金澈清，张召，等.区块链技术：架构及进展 [J].计算机学报，2018，41（5）：969－988.

[36] 司晓.区块链数字资产物权论 [J].探索与争鸣，2021（12）：80－90，178－179.

[37] 斯蒂芬森.雪崩 [M].郭泽，译.成都：四川科学技术出版社，2018.

[38] 斯泰尔.布雷顿森林货币战：美元如何统治世界 [M].符荆捷，译.北京：机械工业出版社，2019.

[39] 斯通.贝佐斯传：贝佐斯及无边界的亚马逊 [M].张琪，译.北京：中信出版社，2021.

[40] 斯韦因，弗赖伯格.硅谷之火：个人计算机的诞生与衰落：第3版 [M].陈少芸，成小留，朱少容，译.北京：人民邮电出版社，2019.

[41] 谭明军.论数据资产的概念发展与理论框架 [J].财会月刊，2021（10）：87－93.

[42] 王陈慧子，蔡玮.元宇宙数字经济：现状、特征与发展建议 [J].大数据，2022，8（3）：140－150.

[43] 王文喜，周芳，万月亮，等.元宇宙技术综述 [J].工程科学学报，2022，44（4）：744－756.

[44] 吴江，曹喆，陈佩，等.元宇宙视域下的用户信息行为：框架与展望 [J].信息资源管理学报，2022，12（1）：4－20.

[45] 吴军.硅谷之谜 [M].北京：人民邮电出版社，2015.

[46] 吴军.浪潮之巅 [M].北京：人民邮电出版社，2019.

[47] 夏皮罗，范里安.信息规则：网络经济的策略指导 [M].张帆，译.北京：中国人民大学出版社，2000.

[48] 许宪春，贾海，李皎，等.房地产经济对中国国民经济增长的作用研究 [J].中国社会科学，2015（1）：84－101，204.

[49] 喻国明，耿晓梦.元宇宙：媒介化社会的未来生态图景 [J].新疆师范大学学报（哲学社会科学版），2022，43（3）：110－118，2.

[50] 喻国明.未来媒介的进化逻辑："人的连接"的迭代、重组与升维——从"场景时代"到"元宇宙"再到"心世界"的未来 [J].新闻界，2021（10）：54－60.

[51] 袁勇，王飞跃.区块链技术发展现状与展望 [J].自动化学报，2016，

42 (4)：481 - 494.

[52] 袁园，杨永忠.走向元宇宙：一种新型数字经济的机理与逻辑 [J].深圳大学学报（人文社会科学版），2022，39 (1)：84 - 94.

[53] 曾诗钦，霍如，黄韬，等.区块链技术研究综述：原理、进展与应用 [J].通信学报，2020，41 (1)：134 - 151.

[54] 翟雪松，楚肖燕，王敏娟，等.教育元宇宙：新一代互联网教育形态的创新与挑战 [J].开放教育研究，2022，28 (1)：34 - 42.

[55] 张凤军，戴国忠，彭晓兰.虚拟现实的人机交互综述 [J].中国科学：信息科学，2016，46 (12)：1711 - 1736.

[56] 张洪忠，斗维红，任吴炯.元宇宙：具身传播的场景想象 [J].新闻界，2022 (1)：76 - 84.

[57] 张亮，刘百祥，张如意，等.区块链技术综述 [J].计算机工程，2019，45 (5)：1 - 12.

[58] 张钦昱.元宇宙的规则之治 [J].东方法学，2022 (2)：4 - 19.

[59] 张夏恒，李想.国外元宇宙领域研究现状、热点及启示 [J].产业经济评论，2022 (2)：199 - 214.

[60] 赵国栋，易欢欢，徐远重.元宇宙 [M].北京：中译出版社，2021.

[61] 赵沁平.虚拟现实综述 [J].中国科学（F 辑：信息科学），2009，39 (1)：2 - 46.

[62] 赵星，陆绮雯.元宇宙之治：未来数智世界的敏捷治理前瞻 [J].中国图书馆学报，2022，48 (1)：52 - 61.

[63] 赵星，乔利利，叶鹰.元宇宙研究与应用综述 [J].信息资源管理学报，2022，12 (4)：12 - 23，45.

[64] 中国经济增长前沿课题组，张平，刘霞辉.城市化、财政扩张与经济增长 [J].经济研究，2011，46 (11)：4 - 20.

[65] BEZOS J, ISAAESON W. Invent and wander：the collected writings of Jeff Bezos [J]. Harvard business review press books, 2020.

[66] BOGICEVIC V, LIU S Q, SEO S, et al. Virtual reality is so cool! How technology innovativeness shapes consumer responses to service preview modes [J]. International journal of hospitality management, 2021 (93)：102806.

[67] KARUPPPASAMY S, SINGH S, CUKOVIC S, et al. Smart VR/AR/MR systems for professionals [M]. Boca Raton：CRC Press, 2023.

[68] KLAUS P, MANTHIOU A. Metaverse retail：pioneering research avenues

for tomorrow's marketplace [J]. Journal of retailing and consumer services, 2024, 78 (10): 37 –82.

[69] LEVY S. Hackers: heroes of the computer revolution –25th anniversary edition [M]. Sebastopol: O'Reilly Media, 2010.

[70] LI D, XIONG H, XU M, et al. Cloud VR: technology and application [M]. Boca Raton: CRC Press, 2020.

[71] LI Z, MARIA K, JUSSI R, et al. Evaluation of haptic virtual reality user interfaces for medical marking on 3D models [J]. International journal of human-computer studies, 2021 (147): 102561.

[72] PAN Z, YAN J, TAKEDA H, et al. Data-and management-driven metaverse research [J]. Data science and management, 2024, 7 (2): 75 –78.

[73] RAHUL S, SIVAKUMAR R. Effects of visual referencing on backward and forward treadmill walking in VR environments [J]. Displays, 2021 (66): 101975.

[74] SHAPIRO C, HAL R V. Information rules: a strategic guide to the network economy [M]. Boston: Harvard Business Review Press, 1998.

[75] ZHANG X, LIU J, XU Z. Tencent and Facebook data validate Metcalfe's Law [J]. Journal of computer science and technology, 2015, 30 (2): 246 –251.